村庄内源性组织与乡村治理

浙东刘村老人会的人类学研究（1990—2020）

阮云星　相丽均　褚雯莉　崔若淋／著

上海社会科学院出版社

目 录

001 / 序章　一项乡村内源性公共组织与村民自治视角的老人会研究

第一篇
发现、呈现乡村社会事实的田野与撰写

015 / 第一章　村民自治的内源性组织资源何以可能？
015 / 一　镜头与景观：ZM乡村生态中的刘老会
018 / 二　现场与记忆的"自治"：刘老会的实践与书写
023 / 三　村民自治的政治人类学诠释：刘老会的契机与意义
027 / 第二章　研究方法反思：团队田野的可能性
028 / 一　团队田野之舞：复数对象与碎片时空的光影
031 / 二　置于村庄角力中的刘老会
041 / 三　回眸两度走中门
050 / 四　田野"蒙太奇"：复数"互主性"的结构与过程

第二篇
内源性老人协会与"空巢村"治理

057 / 第三章　刘村社会治理的基础结构

057 / 一　刘村的地理环境、人口与经济

062 / 二　刘村的历史、社会和文化

066 / 三　刘村的政治生态

073 / **第四章　刘老会内部自治的制度与惯习**

073 / 一　自治组织构架：自治历程与课题

086 / 二　吸纳与流动：刘老会的人事制度

095 / 三　规程与"阳光"：刘老会的财务制度

099 / 四　理念的惯习化：日常的"制度"性格

105 / **第五章　刘老会的村庄治理参与**

106 / 一　刘老会与村庄老人"福利"

111 / 二　村庄非营利性组织：部分村庄公共产品的直接供给者

115 / 三　刘老会的经营活动：可持续地提供村庄公共服务之探索

第三篇
刘老会治理绩效的条件和机制

131 / **第六章　交织的村庄"公共领域"**

131 / 一　村民自治中的"公共领域"系统

145 / 二　刘老会：从内聚到开放的公共空间

153 / 三　参与和妥协：两个公共领域子系统的对接

163 / **第七章　"社会资本"视域下的公共组织化过程**

163 / 一　"社会资本"概念及其理论体系

174 / 二　刘老会核心成员个人的社会资源

180 / 三　从个人社会资源到组织社会资本

187 / 四　刘老会组织的社会资本性状

195 / **第八章　村庄传统、"新传统"与刘老会的内源性成长**

195 / 一　社区传统：家族和宗族的记忆和实践

205 / 二 "新传统":社会主义革命与改革的惯习

213 / 三 张力与融合:文化多元社区背景下的乡村组织化

223 / 终章 刘老会个案中的现代国家建设、"内源性"与
　　　　　"公共性"课题

235 / 参考文献

| 附 录 |

249 / 附录1 刘村回访田野报告(2016、2019)

269 / 附录2 部分田野访谈录(FT001-006)

297 / 附录3 部分田野照片

307 / 附录4 刘村家庭结构、规模与形态

311 / 附录5 刘老会史记(SJ001-045,SJfl001-002)

359 / 附录6 刘老会部分"契约"文书

序章
一项乡村内源性公共组织与村民自治视角的老人会研究

中国现代国家建设的重要内容之一是推进社会建设,培育基层自治型的内源性社会组织。"一个好的社会,既要充满活力,又要和谐有序。浙江桐乡市启动'三治融合'建设以来,始终以构建'好的社会'为目标。2013年9月,桐乡市委、市政府印发《关于推进社会管理"德治、法治、自治"建设的实施意见》。这份文件明确将'三治融合'建设的总目标设定为'促进社会管理方式由防范控制向服务与管理并重、有序与活力统一的多元治理转变'"①。2020年11月初,《中共中央关于制定国民经济和社会发展第十四个五年规划和二〇三五年远景目标的建议》(下文简称《建议》)正式发布,明确将继党的十九大报告、十九届四中全会提出的"健全党组织领导的自治、法治、德治相结合的城乡基层治理体系"之要求载入《建议》文本②,标示着"自治、

---

① 郁建兴."三治融合"的持续创新与推广[N].光明日报,2020-11-7(11).
② 《建议》第十二条(改善人民生活品质,提高社会建设水平)第48款(加强和创新社会治理)明确指出"完善社会治理体系,健全党组织领导的自治、法治、德治相结合的城乡基层治理体系,完善基层民主协商制度,实现政府治理同社会调节、居民自治良性互动,建设人人有责、人人尽责、人人享有的社会治理共同体。发挥群团组织和社会组织在社会治理中的作用,畅通和规范市场主体、新社会阶层、社会工作者和志愿者等参与社会治理的途径。推动社会治理重心向基层下移,向基层放权赋能,加强城乡社区治理和服务体系建设,减轻基层特别是村级组织负担,加强基层社会治理队伍建设,构建网格化管理、精细化服务、信息化(转下页)

法治、德治"之"三治融合"体系已扩展为我国城乡基层治理的基本体系。从桐乡地方社会建设实验最先提起的"德治、法治、自治"之"三治",到地方创新实验不断完善过程中"三治"内容建设与表述的调整、完善,再到此实践经验上升为国家城乡基层治理的导向性路径以至基本治理体系之定位,"自治、法治、德治"之"三治融合"的表述,明确把"自治"作为夯实城乡基层治理的重要基础——内源性城乡居民社会自治组织建设之关键意涵突显出来,放置到基层治理"三治融合"表述之首,具有重要的实践和学理意义。本书以对浙东一个山村自治老人会个案的十余年之考察,来参与这一夯实城乡基层治理重要基础的学理讨论。

本书研讨当代中国乡村大转型过程中,与自上而下的国家规制相对应的,自下而上的村庄自组织和共同体之孕育和其中的社会联接、内生秩序、自治机制等议题。书中的各章主要依据民族志书写的逻辑展开,在描述刘老会实践的经验事实的基础上,分别对援用的"合作治理""社会资本""公共性""新传统"和"参与观察"等有关理论和方法展开讨论。在此,我们先就中国语境的"内源性组织""乡村自治"等问题的关联性制度史、研究史中的重要言说和实践做一简要的对接性点描和讨论,以明确本书议题的学理背景、位相,刘老会的经验研究和理论探讨与过往相关人文、社科研究的关联或衔接。

本书的议题激发想象力的最为切近的实践和学术勾连,是民国时期的乡村建设学派,尤其是其重要的代表人物梁漱溟的有关著述和实践。梁氏针砭传统中国旧的"社会构造"中缺乏"团体组织"之问

(接上页)支撑、开放共享的基层管理服务平台。加强和创新市域社会治理,推进市域社会治理现代化。"《中共中央关于制定国民经济和社会发展第十四个五年规划和二〇三五年远景目标的建议》[EB/OL]. http://www.gov.cn/zhengce/2020-11/03/content_5556991.htm

序章 一项乡村内源性公共组织与村民自治视角的老人会研究

题,指出"中国人从来缺乏团体生活,处处像化整为零的样子","中国人切己的便是身家,远大的便是天下了。小起来甚小,大起来甚大……西洋人不然。他们小不至身家,大不至天下,得乎其中,有一适当范围,正好培养团体生活"①。梁漱溟自信并探寻民族自救之中国传统文化的转化,由此批评和论证改变中国"科学技术"和"组织团体"缺失的问题,并在其主持的邹平乡建实践中,针对性地组织建设乡村农校(村学乡学)、倡导各种合作社,这些洞见和举措谅为其思想和实践中最具生产性的遗产。② 因此,包括邹平乡建实践在内的力图改变中国农人(超越家族·宗族关系的)团体生活之缺乏、培育社会之实践,成为民国乡村建设的特色内容,也在往后的中国国家与社会建设过程中,被不断地从不同脉络、不同形式的实践和理论探讨中提起。

对于当代中国乡村社会建设或曰村庄大转型的时代而言,带有制度建设意义的重要举措,莫过于改革开放初期的联产承包责任制、废除人民公社制度和法定村民自治之《中华人民共和国村民委员会组织法》(以下简称《村组法》)的颁布实施。尤其是乡政村治、村民自治的确立,为中国农民在乡村社会生活中的自主团体生活和社会基层自治提供了法理依据和基础性的制度保障,开启了中国改革开放后,建设现代国家的进程中,农民在乡村(村庄)中自主结社、"三自"(自我管理、自我教育、自我服务)实践和构建村庄共同体的现实可能性。这种衔接现代法治民主国家构建之公民养成、社会建设的重要的乡村制度与机制的确立,与应对和反思社会主义革命时期全体主义式的国家管理带来的经济社会以至政治危机有关,亦即,在现代世

---

① 梁漱溟.乡村建设理论[M].上海:上海世纪出版集团上海人民出版社,2006:47,48.
② 参阅,郑大华.民国乡村建设运动[M].北京:社会学科文献出版社,2000:261-319. 李善峰. 儒学的现代转型与传统社会结构的重建——以梁漱溟的乡村建设实验为核心的讨论[J].山东社会科学,2016,10:57-63.

界经济一体化和政治民主化的国际背景下,当代中国如果不融入国际社会,采用市场经济和培养社会、现代管理的国家治理方式,就会被开除球籍;中国农村社会如果不改变"政社合一"——政治上"阶级专政"(包括成分论在内的"五类分子"敌我阵营及管制)机制和经济、文化与社会生活方面"均贫大锅饭""破四旧、立四新"(摧毁一切民间组织和传统文化)——的形貌和机制,经济社会的活力和发展都将难以为继,整个中国社会和国家管理也将因最终无法获得稳定性和合法性而难以为继。因此,乡村研究者在自己的学术实践中需有一些起码的全球政治经济、中国乡村史的素养和问题意识,何况,尤其在村庄共同体的议题上,无论从比较文明史视角,还是本土社会发展直面之问题的脉络看,中国社会与文化中结构性地缺失小共同体的社会机制与制度保障的问题,都是需要探究和应对的课题。

在笔者看来,晚近学界有关"大共同体本位"论、"权力的文化网络"论和"内发型"发展论等的讨论和研究成果,也对理解和对话本书课题提供了丰厚的学术资源和若干生产性的话题。

秦晖的"大共同体本位"论辩驳了比较文明论视角下有关传统中国(乡村)社会具有强韧的血缘地缘组织和自治功能的小共同体传统的持论,主张儒表法里、实质上秉承法家传统的中华帝国的治理结构和机制特色是"大共同体本位",并提出不同于西方的以"公民与大共同体的联盟"为中介之方式的现代化,而以"公民与小共同体的联盟"为中介方式的中国现代化路径之观点。[①] 这一论述对我们认识秦帝国建立以来,尤其是经历了唐宋转型以降的中华帝国域内的宗族等小共同体的性质和伦理及自治性的社会功能的边界性等问题颇有教益,也对人们思考上述梁漱溟尖锐指摘的,传统中国社会缺少小共同

---

① 秦晖."大共同体本位"与传统中国社会——兼论中国走向公民社会之路[C]//传统十论.上海:复旦大学出版社,2003:61-126.

序章　一项乡村内源性公共组织与村民自治视角的老人会研究

体性质的"组织团体"和社会生活之问题的因由颇有帮助。尤其后者,对我们认识建构现代国家之中国的历史遗产及主要问题,以至对于回答为何当代中国乡村建设必须强调依法坚持村民自治和培育乡村内源性组织,建构城乡衔接的内源性共同体,都具有重要的学理意义。

杜赞奇的"权力的文化网络"论,力图超越现代化理论的思维框架,转化、吸收晚近西方文化研究(文化政治)的成果,从重视微观层面的复杂要素的实际关联及其文化政治机制的视角,研究20世纪前半期中国国家政权的扩张对华北乡村社会权力结构的影响。杜赞奇指出,中国地方社会中存在着(民间)宗教、宗族、行会甚至亲朋、中人等各种交错叠加、不断互动的等级组织和非正式关系网络,权威体现在这些由组织和象征符号构成的网络之中,亦即"权力的文化网络"。这一概念指涉虽不等同于秦晖所言"小共同体",但却是立足于类似"小共同体"层级的"地方"和"基层"的层面,将帝国政权、绅士文化与乡民社会纳入一个共同框架,把权力、统治等抽象符号与中国社会特有的文化体系连结起来进行考察,产生了颇具生产性的新范式,提示了国家政权合法化的重要内容乃是政权和文化网络的契合这一论题(即使国家政权企图在传统文化网络外建立新的政治体系,该体系也应是基于传统文化网络的可行替代物———一种文化甚至在经历巨大的历史变革时仍保持自身认同的方式),为我们提供了探析20世纪上半叶中国国家政权建设,乃至当下国家、社会治理模式建构的又一视角和学理解释路径。① "权力的文化网络"提示了一种更为注重内在机制和相关因素分析的研究方法,它有别于"冲击与回应""传统与现代"一类范式较为外在的二分与互动的研究方法,对"内源性"研

---

① 参阅,[美]杜赞奇.文化、权力与国家:1900—1942年的华北农村[M].王福明译,南京:江苏人民出版社,1994.

究具有方法论意义。

发展研究源自发展中国家的现代化实践及其理论诠释。后发国家的实践、成就和理论检视过程中有关"内源性"概念等跨学科成果的援用①,发展出"内发型"发展学的理论和方法。晚近日本社会学界的理论研究和比较研究成果不菲②,欧美人文学科始于中国历史研究"中国中心观"的探索也继续产出超越二分范式的研究成果③。人类学研究拥有的"主位"视角与"内源性"的注重和呈现具有亲和性。不同区域和个案的人类学农民研究的发现和抽象也许各异,然而,综观各自的发现,则有益于对乡村和农民的主位的全面的认知④;正如最近"赞米亚"⑤和"全球化"⑥研究发现的重要启示,蕴含内外互动意涵的社群内源性的动力是应对各种生存发展问题、形成社群(区域)内外互动秩序的重要内核和依据。

以上,我们简要点描、讨论了本书研讨议题的人文社会科学的学

---

① "内发性"(endogenous)来自植物学术语。参见,[日]三石善吉.传统中国的内发性发展[M].余项科译,北京:中央编译出版社,1999.
② 参见,[日]宇野重昭,鹤见和子.内発の発展と外向型発展:现代中国における交錯[M].东京:东京大学出版会,1994.[日]吉沢 南.個と共同性[M].东京:东京大学出版会,1987.[日]中村則弘.脱オリエンタリズムと日本における内发的発展[M].东京:东京经济情报出版社,2005.
③ 参阅,[美]柯文.在中国发现历史:中国中心观在美国的兴起[M].林同奇译,北京:中华书局,1989.罗祎楠.激活传统:中国治理内生性发展的新探索[EB/OL].http://mp.weixin.qq.com/s/MJR7NqFWaOaGRqqUoYvyyw
④ 颇为典型的是斯科特的"道德农民"说和波普金的"理性农民"说之争,秦晖认为"大共同体"膨胀的王朝时代的中国农民也许在"道德农民"和"理性农民"之外,庄孔韶则在经济人类学视角的农民社会的评述中,强调恰亚诺夫在"非资本主义的家庭农场"意义上定义农民("农民经济有自己独特的体系,遵循自身的逻辑和原则"),这些讨论和不同学科视角的侧重丰富了人们对农民的认识,也具有"主位"方法论与研究关系的启迪。参阅,[美]詹姆斯·C.斯科特.农民的道义经济学:东南亚的反叛与生存[M].程立显,刘建等译,南京:译林出版社,2001.秦晖.传统十论[M].上海:复旦大学出版社,2003:71-79.庄孔韶,等.时空穿行:中国乡村人类学世纪回访[M].北京:中国人民大学出版社,2004:414-418.
⑤ 参阅,[美]詹姆斯·斯科特.逃避统治的艺术:东南亚高地的无政府主义历史[M].王晓毅译,北京:生活·读书·新知三联书店,2016.
⑥ 参阅,[美]康拉德·科塔克.远逝的天堂:一个巴西小社区的全球化[M].张经纬,向瑛瑛,马丹丹译,北京:北京大学出版社,2012.

序章　一项乡村内源性公共组织与村民自治视角的老人会研究

术背景。

具体到本书的田野点和个案,则是源于笔者一直以来关于社会关系·组织的现代转型研究之旨趣,以及刘村案例与此研究旨趣的高度吻合。

笔者的研究旨趣首先来自学术探求的"心路历程"。在本研究中期成果①的"引言"中,笔者曾指出:

"从闽东义序的'宗族'研究到浙东的'刘老会'研究,政治人类学或者说人类学的政治分析的视角始终是笔者重要的或曰主要的研究路径。若从十多年前选择义序'宗族乡村'的政治人类学回访研究作博士论文论题时的一个素朴的问题意识——传统中国颇具代表性的宗族之组织·文化(关系·观念)的现代转型及其研究成果,无疑有助于转型期其他社会关系·组织的现代转型研究和社会实践的自觉——看,这篇'刘老会'研究的文章或许把这种期望体现得更加明晰和具体;村民自治的落实很大程度上取决于村庄自组织资源的状况,村庄自组织的培育势在必行却又是难题,浙东'刘老会'研究的较为细密的资料和问题梳理的呈现,或许可以(部分)回答'村民自治'的自组织资源何以可能之问题,权且作为引玉之砖。"②

笔者的研究旨趣还来自社会文化人类学的研究方法和对中国乡

---

① 即指阮云星,张婧. 村民自治的内源性组织资源何以可能?——浙东"刘老会"个案的政治人类学研究[J]. 社会学研究,2009,3:112-138.
② 上揭文,112.(原文中的注释省略)。在这样的问题意识之下,当时具体的学术探求实为验证"宗族风土论"(尤其其中的"社会结构变迁的宗族论",要而言之,即,现代"宗族"的"后制度性的'宗族'"说)的研究假说。"宗族风土论"既是宗族诠释论也是方法论,这种方法论力求把宗族变迁放到近现代中国的国家建设运动和传统德治政治文化之基层结构中加以综合考察,强调考察包括"草根"权威观念在内的乡村民俗生活这一文化的社会的以至潜层的文化要素或曰民众心性对于研究地域宗族的重要性。这种方法论包含:1)人类学、政治学、历史学等"多学科方法并用"的研究方法;2)两个宗族诠释假说:其一,"显潜重层复合结构"的近世宗族解释模式,其二,"结构转换的宗族形态论"之通史观察假说。参见,笔者日文拙著:阮云星. 中国の宗族と政治文化:現代「義序」郷村の政治人類学の考察. 創文社,2005. 部分中文内容参见,阮云星. 宗族风土的地域与心性:近世福建义序黄氏的历史人类学考察[J]. 中国社会历史评论,2008,9:1-32.

村转型进程及其研究路径的判断。

像村庄一类的"小社会"是参与观察及"深描"的恰当单位,可以用"拓展个案法"来作象征后实证主义的"实验人类学"(包括对接"大社会""世界体系"的"政治经济学"等方法在内)的展开,并进一步拓展了民族志方法的有效性。这种视野下的乡村(村庄)社会事实的呈现(描述以及诠释),无论是对乡村建设实践(如"建设新农村""乡村振兴战略""三治融合"),还是对乡村治理研究以至城乡基层治理体系建设的学理探讨而言,都颇为重要。

在全球化背景下中国整体规划国家发展战略的新时代,中国的乡村发展呈现出喜忧参半、愿景与现实互构的复杂的局面。无论是国家对城乡社会发展的整体规划,或是发展战略的阶段性展开和实现的过程性,还是这种发展战略实施所需的,包括从部分调整到摸索新央地关系等(法治建设、赋权"三治"),直至社会基层的社区自治、社会资本及其文化认同的培育和建构(社会及文化建设)在内的一系列改革的启动和落实的复杂工程性,都预示着国家整体规划社会、国家战略实施过程中的不确定性和各种问题出现的常态性,以及直面课题的挑战性。

其中,村庄大转型过程中的村民自治的落实和完善,即"探索不同情况下村民自治的有效实现形式"[1],培育乡村公共组织,"激发农村社会组织活力"[2]尤其重要;让村民自治有个坚实的基础,让内生社会活力与内生社会秩序共生融合,就是我们需直面的挑战性课题。

近年,不乏理论关怀和"战略转型""治理转型"及"大社会"(社会转型等)视野的自觉的村庄研究(强调其为乡村基本的社会单元)

---

[1] 中共中央,国务院.关于全面深化农村改革加快推进农业现代化的若干意见.2014-1-19.
[2] 中共中央,国务院.关于加大改革创新力度加快农业现代化建设的若干意见.2015-2-1.

序章　一项乡村内源性公共组织与村民自治视角的老人会研究

路径在顽强地拓展①。浙江大学地方政府和社会治理研究中心的村庄转型(经验)研究项目是一项有意义的实验。在"村庄大转型"的构架下,研究团队的研究者从各自的问题意识和擅长方法切入村庄;笔者的村民自治社会基础、村庄内源性组织培育的研究即是运用政治人类学方法研究村庄,力图呼应晚近中国乡村研究进程中的"内源发展""乡村社会关联"(包括"多样化组织建设")等讨论,并对之进行进一步的探索。

作为一种表征性、概要性的简述,以乡村研究"华中学派"②的研究演进的逻辑来概括晚近中国乡村研究进程也许可行。依笔者所见,这一研究演进的逻辑大致可分为"民主"和"治理"视角的前后两个大阶段,其中有"村庄选举的村民自治""乡政村治"和"乡村社会关联"研究等几个主要进程。"民主"阶段主要是聚焦于对村委会选举制度等的观察和思考,这些制度更多是外部嵌入形成的统一规制;而最近的"乡村社会关联""乡村多样化组织建设"的研究取向,则体现了注重对乡村治理绩效的社会基础(社会资本等)和乡村制度变革及治理目标的内生组织、机制、秩序形成的关注。设立于笔者供职的浙江大学公共管理学院、社会学系内的,浙江大学社会治理研究院、民政部-浙江大学全国民政政策理论研究基地等有关研究机构晚近的重要研究成果,也体现了学界对城乡"内源"组织和发展的关注。③ 笔

---

① 毛丹.村庄大转型[J].浙江社会科学,2008,10:2-13.郁建兴,等.从行政推动到内源发展:中国农业农村的再出发[M].北京:北京师范大学出版社,2013:31-34,366-372.等。
② 参阅,戴震(Alexander Day)在美国《中国社会学与人类学》(Chinese Sociology and Anthropology)2008年秋季卷(第41卷第1期)所发表"华中乡土派"(The Central China School of Rural Studies)专辑的编辑介绍。转引自豆瓣"华中乡土派"词条　https://site.douban.com/165220/widget/forum/8867745/discussion/50982433/
③ 代表作参阅,郁建兴,等.从行政推动到内源发展:中国农业农村的再出发[M].北京:北京师范大学出版社,2013.郎友兴.村落共同体、农民道义与中国乡村协商民主[J].浙江社会科学,2016,9:20-25.毛丹.中国城市街道与居民委员会档案史料选编1949-2000(1—10册)[G].杭州:浙江大学出版社,2019.赖金良."中国奇迹"背后的中国社会[J].浙江社会科学,2020,10:76-81,33.

者欣慰这一研究进程的重要进展,本书关于刘村案例的研究,正是聚焦内源性公共组织及相关问题,希冀通过个案村庄的精微研究来讨论市场化、城市化等几大要素交互杂糅作用下的村庄转型大问题,在精微的经验研究中借用并拷问治理、内源性、公共性(领域/规则)、"社会资本"及"新传统"等理论和范式。

本研究是一项结合研究生培养的师生团队研究。2007年初以来研究团队共先后十二次[①]到刘村及其村所在地域进行田野式调查(团队及个人的驻村参与观察、深度访谈等),参与研究的学生主要有五位,参与专著撰写的主要有三位[②]。

本书的结构及主要讨论的问题如下:

除了序章和终章外,本书主要由三篇八章及附录组成。

第一篇("发现、呈现乡村社会事实的田野与撰写")由两章组成[③],第一章("村民自治的内源性组织资源何以可能")主要是依据田野观察和刘老会的内部文书资料的研读,初步呈现了一个自治的村庄老人会的形貌;第二章("研究方法反思:团队田野的可能性")是团队田野调查反思,讨论了知识生产过程中,研究主体与研究对象的关系问题,提示了本书的方法论及其探索,尤其尝试性地讨论了短期往返的团队田野调查方法这一需求大但又缺乏讨论的问题。

[①] 分别为 20070107 – 20070110、20070404 – 20070407、20070724 – 20070727、20080404 – 20080407、20081006 – 20081008、20090403 – 20090405、20090627 – 20090705、20091028 – 20091031、20091220 – 20091223、20160401 – 20160403、20161220 – 20161221 以及 20190324 – 20190325。此外,阮云星还于 2007 年对 TP 镇的各大单姓村、主姓村作了走访考察,并于 2008 年到浙江嵊州和宁波调研刘村外出打工人员状况及刘老会赴宁波募捐刘氏宗祠修建资金等的情况;从师生第一次驻村调研至今,研究团队的核心成员始终与刘老会保持联系,交换有关资讯,保证相关资料的及时准确的更新。
[②] 五位学生是梅杰、张婧、褚雯莉、相丽均、崔若淋,后三位同学参与了本书的撰写。
[③] 这部分的内容均为刘老会研究前期的两篇论文,其中一篇曾刊载于《社会学研究》[2009(3)],3总第141期,第112—138页;作者:阮云星、张婧],另一篇收录于阮云星、韩敏主编《政治人类学:亚洲田野与书写》(浙江大学出版社,2011:309 – 331;作者:阮云星、褚雯莉、相丽均)。本书除了这两篇论文为整合旧文收录外,其他各章均为首次刊行的原创论文。

序章 一项乡村内源性公共组织与村民自治视角的老人会研究

第二篇("内源性老人协会与'空巢村'治理")由三章构成。第三章("刘村社会治理的基础结构")通过对村庄的地理、经济、社会和政治状况的考察和分析,力图提示内源性老人协会自治的乡村基本政治构架和社会基础;第四章("刘老会内部自治的制度与惯习")探究刘老会内部自治的"制度设计"和机制,提示当今"内源性"组织资源中的现代性及新旧"惯习"的内涵问题;第五章("刘老会的村庄治理参与")讨论了村庄次级组织(刘老会)提供特定的公共产品和公共服务的机制问题,提示它是多样化村庄组织参与村庄治理的重要内容和路径。

第三篇("刘老会治理绩效的条件与机制")也由三章构成,分别从"公共性""社会资本"和"传统与新传统"的视角讨论了包括村庄次级组织参与在内的乡村治理绩效的条件和机制问题。第六章("交织的村庄'公共领域'")尝试用乡村"公共领域"系统的框架来讨论村级(村两委)和村庄次级"公共组织"(刘老会)互动与乡村治理绩效的问题;第七章("'社会资本'视域下的组织化过程")承接学界关于社会资本属性(个人的抑或团体的)的讨论,从个案中析出组织的社会资本论域,尝试性地论及了其与乡村(组织)治理绩效的关系;第八章("村庄传统、新传统与刘老会的内源性成长")用刘老会个案对话国际学术界晚近提起的传统与新传统的议题。刘老会的治理绩效表明,乡村公共组织的良性运行,与遵循和利用传统、新传统交织作用下形成的村庄政治生态、经济发展状况、社会文化等村庄内源因素密切相关。

收录刘老会重要的原始资料等作为附录供学界分享、检视和再研究,亦为本书的特色之一。附录主要包括三部分内容,一是田野调查资料,包括田野报告、访谈录、照片等,其中的田野报告追记于2016年和2019年田野调查后,浙东刘村及刘老会的近况可从中窥视一二;

二是刘村家庭结构、规模与形态统计;三是浙东刘老会的内部文书,包括"史记"、契约等。

此外,终章既是对刘老会研究个案拓展的学理小结,又是一项关联研究展望的备忘;其中,从衔接"内源性""自治"学理讨论的积极老龄化视角,以再评价刘老会的内源性互助养老为契机,着重讨论乡村内源性组织与本土新型社会资本之"互构机制"及其理论拓展之可能性的尝试,也许能体现笔者的终章设定(既为小结,又作问题提起),抛砖引玉、就教同仁。

本书中多视角的刘老会的个案诠释是否具有诠释力,是否部分回答了乡村内源性组织成长与村民自治的落实的关联性问题,期待读者和学界的评判和讨论。

第一篇
发现、呈现乡村社会事实的田野与撰写

第一章
村民自治的内源性组织资源何以可能？

一 镜头与景观：ZM 乡村生态中的刘老会

"我们的在场"被认为是反思性科学的前提①，按此认识来自觉研究者与研究对象的关系的话，或许可以说他们有大致如同镜头与景观之关系的一面。

镜头

这种人类认识之"镜头"构成复杂，不同要素的构件——大到对人类认识论新探索的自觉，小至对具体研究的理论、方法的设定——以怎样的结构进行组合，决定了镜头的规格和品质。笔者赞同布洛维（Michael Burawoy）的"知识的增长"说②，期待知识的增长带给"镜头"新的品质、新的魅力。

刘老会进入笔者的镜头也许属于"无心插柳"的偶然，可这"意料之外"的景观，却又似乎是在笔者举目聚焦的"情理之中"。

---

① [美]麦克·布洛维.公共社会学[M].沈原,等译.北京：社会科学文献出版社,2007：77 - 138.这里具体指布洛维提出的"拓展个案法"中强调的"在场"。
② 同上,79.

2005年下半年,一位学生提交的暑期调研报告让笔者颇为欣喜。首先,这是一篇选择了自己的家乡(刘村)进行乡村选举的田野调查式的研究报告;其次,这一来自一个具有宗族传统的主姓村的调查报告,同时还提供了一个可供备选的浙江宗族乡村研究点的信息①。

2007年初,笔者在这位学生的陪同下第一次来到刘村。

景观

景观也有其复杂的结构,表象,里面的内容和凝聚的意义,包括"在场"要素在内的各种"对话"形成的情景流动。

刘村是浙东三门县ZM社区的一个人口千余人(平时在村人口三四百人)的刘氏主姓村庄。ZM社区位于县城海游镇南部约10.7公里,地处浙东沿海腹地的半山区地带,历史上经常处在几个县级行政区划交界的边缘地带,1940年以后隶属三门县,直到2001年大致保持着一个乡镇行政级别的建制,此后撤乡并入TP镇,姓氏文化发达。刘村建于1948年,位于ZM社区西北部,该地块山田参半,村的东北隅是山地,两条溪流——沿山从东到西的一条小溪流(板溪)汇入从南向北的溪流(南溪;合并后向西北方流淌而去的大溪流为"金溪")——把村庄分割成村东南和村西两个一大一小的自然聚落②。

冲着"宗族"变迁研究(村落的选点预备调查)而去,自然特别关注有关宗族的蛛丝马迹。宗祠、族谱、姓氏与聚落首先进入了笔者的视野,有了局内人的社会网络,笔者不但一睹轻易不示(外)人的刘

---

① 笔者在博士论文(日文)中提出"宗族风土论"(中文文献参见阮云星.义序宗族的重建[C]//庄孔韶,等.时空穿行:中国乡村人类学世纪回访.北京:中国人民大学出版社,2004:84-115.尤其其中第108—115页;阮云星.宗族风土的地域与心性:近世福建义序黄氏的历史人类学考察[J].中国社会历史评论,2008,9:1-32,尤其其中第26—31页)。这个假说,还需要相关研究的对话和验证。

② 这部分文字主要依据《浙江省三门县地名志》(1986),第215,217页。但文中地名(溪流名等)均为学名。

第一章　村民自治的内源性组织资源何以可能？

氏、梅氏和王氏的族谱①,还走访了周边村落,初步确认了具有颇为鲜明的宗族记忆的 ZM 社区的文化中心区域,尤其刘村的研究价值。

定睛这个曾经在历史上有着几度喧嚣而眼下颇为静寂的刘村,如果将镜头聚焦在具有象征意味的公共空间的话,大致有四大设施悄然定格,成为一道古色流水、老树新枝的景观风景线。

日夜流淌的金溪划分了刘村的自然格局,也成为这一景观风景线的一种背景。金溪东岸(村东南自然聚落)坐落着本村主姓刘氏的刘氏宗祠(村两委会办公室现就设在其间);金溪西岸(村西自然聚落)面溪耸立着 ZM 社区地方大姓梅氏(仅中心区域有 2 000 余人,刘村为 100 余人)的梅长者祠(晋代弃官隐居此地的梅氏始祖之祠);西岸的西北一隅,南傍民国刘家 GH 中学②旧院落而建的是三层高的原 ZM 中学教学楼(村两委会曾一度设在二楼的一个大间里);而西岸的西南角有一围别致的两层楼的"四合院",它原为民国时期一位刘姓将军的府邸,几年前还一直为 ZM 乡政府的办公楼,眼下,位于院东面靠北的不大的院门门框上挂着的牌子是"三门县 ZM 乡刘村老人协会"③。

与平日大门紧闭的梅长者祠、空荡闲置的刘氏宗祠和显得冷清的村两委会相比,刘老会的院落内外散发着较为浓厚的公共空间的气息。

院落周遭,零星贴有县、镇政府的有关公告,不时可见进出往来的村民们(老年人居多)的身影。跨进"四合院",进入天井的通道两旁是黑板报(南间理发室北墙面)和通告张贴栏(北间器物间的南墙

---

① 这次田野调查翻阅的族谱有:《刘氏宗谱》(1994 甲戌年重修)、《宁海刘氏宗谱》(民国癸酉年修)、《梅氏宗谱》(1997 年春重修)、《王氏宗谱》(1994 年重修)。
② 关于这所私立学校一说为中学(《浙江省三门县地名志》,1986:216),一说为军校(SJ070108)。
③ 2005 年底刘老会搬入此院落,此前则设在刘氏宗祠内。

面);视线的尽头是院落的西北角(院西厢的北外间内外和北厢西间物品收纳室外面是棋牌活动室/区),只见阳光下三五成堆的老人或在棋牌桌上娱乐,或在与谈伴或孙辈孩童静享融融日光。步入天井,豁然开朗,天井虽不大,但以它为中心的场院干净整洁。环步院内,院西厢是一个可用于集会和餐饮的大通间,其北头的院墙(即北外间院墙,北端内间是厨房)是"刘老会财务月结公布"栏,上面抄写着月收支大项明细,其南头的院墙上张贴着不久前乡村人大代表选举时的村选民资格红榜;北厢中央间也是棋牌活动室;东厢中间室是简易厨房,南间为图书阅览室;院南厢中间室为刘老会的办公室,两旁室是库房。一楼图书室南侧和北厢西头收纳室西侧为楼梯,拾阶而上,二楼有数间房间,存放历年账目文书资料等。[①]

　　人类学者的职业敏感,使笔者对如此井井有条的景观背后的关系和组织充满兴趣,闻讯而来的会长、理事们把笔者迎进刘老会办公室;当刘老会的组织者们打开他们的话匣子和抽屉、匣柜时,鲜活的"自治"记忆话题和记录收存完好的各种刘老会文书资料[②],更让笔者喜出望外。

二 现场与记忆的"自治":刘老会的实践与书写

　　"在场"给"自治"现场增添了新的酵素。为了鸟瞰,为了翻阅记忆,以下还是让我们与生动具体的现场拉开距离,以静听书写的记忆诉说为主,而辅之以有限的现场动态,概观十多年来刘老会的"自治"

[①] 现在,刘老会各房间的功能布局有局部调整,但格局基本保持不变。
[②] 《史记 2000—2001》45 篇,《民间契约文书 1998—2007》30 份,年度/按月结算账目/票据等多数。下文(尤其本章第二部分中前半部分的描述)主要是依据这些资料和实地访谈内容整理而成。注中用简易编号,如,SJ001,FT001 等,其中,SJ 表示"史记",FT 表示访谈,数字为资料顺序编码。2007 年后,"史记"和"契约"均有增加。本书附录部分原文登载了这些资料。

第一章　村民自治的内源性组织资源何以可能？

历程。

(一) 刘老会的缘起和发展概述

刘老会缘起于政府的推动,进而逐渐成为实际的基层老龄群众的自治性民间团体。

1993年,村两委指定原村支部书记担任会长,动员村老人入会,成立了第一届刘老会①。从第二届(1998年初)开始,在会员们的要求下,刘老会采取选举方式产生协会的领导集体,并逐步明确了"集体领导,民主管理,广抓经济,紧缩开支,扩展事业,勤俭办会"②等原则;第三届(2000年底)起,选举更为规范化了,较为实质性的、程序化的民主选举在这里实践,刘老会"理事会—组长—会员"的民主管理的组织和构架基本成型③。

刘老会成立之初,无外部的资金资助,2001年ZM乡政府的撤销更加剧了局地经济资源的匮乏,协会经济状况不佳。在村委会的支持下,刘老会发扬"自立、自治、自律、自造"④精神,先后承接了村农用电户头和圩日市场场务卫生的收费管理,承办村碾米厂和小商店,接手坟圹毛竹园的经营,还结合村务参加村域内的农田(水利)和道路建设等工程来拓展经济收入来源;同时发动会员以自愿集资购置器物再用于出租经营的方法增加经济收入。刘老会先后集资购置了办公室和娱乐场所内的基本设施,还购置了餐桌餐具等器具以供老人

---

① 动员入会的会员有102人,会长外还有副会长一人,会计一人,出纳一人,娱乐场管理员一人。(SJ033等)
② SJ003。
③ 1997年底至1998年初,由大多数会员提议,采取选举方式产生刘老会第二届领导集体,成功改选会长一人(退休回乡人员LXK),副会长一人,再由会长提议聘请副会长、会计、总务、日常管理员各一人,出纳和财务审查各由一名副会长兼任;协会以七人组成一个核心小组,以十三人组成一个理事会,对协会进行管理和监督。此外协会内下分四个组,配有正、副组长。理事扩大会议由组长参加。2000年农历11月18日,刘老会选举领导小组组织了新一届领导班子的民主选举,他们制作、发送"选票",选举产生了第三届领导班子:会长一人,副会长两人,理事四人。详细情况参见第四章。
④ FT002。

低价娱乐使用及村民红白大事的物件租用。经过十几年的发展,刘老会立足"自治"并抓住与局地经济退潮、村庄"空巢化"和行政边缘化造成的小额经营以及村务治理真空等发展机遇,从白手起家到渐成规模,目前已拥有价值三万多元的固定资产,"年年有投资、收支有结余"①,解决了协会存续的资金问题,并在此过程中逐渐走向实际的基层老龄群众的自治。

在发展过程中,刘老会逐渐形成了协会自治章程②。章程共分七章,规定了集会总则、会员的义务和权利、组织结构、领导人分工、核心组成员、理事会成员、市管负责等内容。其他辅助性章程《管理和有关细则说明》《各物件出租收费规则》《经管员职责》《娱乐管理条例》《有关对会员病探及终别的规定》《关于新集会有关规定》《有关餐具租借附加的细则说明》《有关老人会三年一届选举决议》等,均以书面形式明确载入刘老会的文书档案③。自治章程注重规定会员与协会之间的权利义务关系,协会内部的管理分工和财务审查关系,强调协会事务的公平、公正、公开。

在权利义务方面,刘老会奉行"集会自愿,退会自由"的入会原则,规定凡本村年满60岁④的男女老人,只要自愿入会并能一次性缴纳当年规定的入会费和会员组织费,经办理手续即可成为刘老会的正式会员⑤。会员拥有协会领导人员的选举权和被选举权,提出协会

---

① FT001。
② 该会自拟定文稿,并非"官方"统一文稿图版的署名复制。章程从第二届老人会开始逐步完善,于2002年2月4日(农历辛巳年12月23日)的年终总结大会上被通过。
③ 主要体现为《刘村老人会史记》(SJ001-SJ045)。
④ 关于入会年龄的规定有所变化:2005年之后规定为60虚岁,之前规定为55虚岁。
⑤ 入会费为新加入会员一次性缴纳的费用,以后每年还需要缴纳一定的组织费。凡在前半年入会的老人,享受当年的临时性的福利;后半年入会的老人只能享受当年参加后临时性的优待,第二年开始享受全年性的优待。会员入会费(文献上为"集会费")与组织费按当年规定的标准缴纳,每年标准根据实际情况变动。由于刘老会会产的添置,入会费逐年增加,由最初的5元到目前的50元,组织费一直稳定在每年2.5元(入会当年3元)。组织费若一年不交,则免去当年一切福利,连续三年不交,则做自动退会处理。

第一章 村民自治的内源性组织资源何以可能?

事务意见和建议的权利,监督协会产业、财务的权利以及享受协会一切福利的权利,同时履行参与公益事业、调节邻里矛盾、爱护协会物资等义务①。

在分工管理方面,有关章程明确规定了协会领导人员的职责范围及问责机制。协会以理事会为主,全体理事和各组长每月月底开一次碰头会,小结本月工作情况、研究明确下月工作计划。

在财务审查方面,特别制定《管理制度和有关细则说明》,坚持严格的票据手续,财务月清月结,年终选派代表清点核算,进行公示。在通常情况下,财务方面的问题会召开每月例会和特别会议。每月例会,除了通报财务审计状况之外,还会以"勤俭办公"为原则,讨论如何紧缩不必要开支等问题。如果在月底审查时发现协会固定资产或出租物件有缺损,则召开特别会议,讨论追究经管人责任的问题,视情况制定酌情赔偿的标准,保障刘老会财产不受损失。

在协会理念方面,倡导自我服务,以服务会员为工作中心,着重考虑会员精神上和物质上的福利享受,协会收入除用于固定投资和日常办公耗费外,大部分用于会员的福利。协会以文件形式规定了会员的主要福利,如,日常享受低廉的棋牌等娱乐活动、免费理发服务等②。此外,每年例行的会员福利有,重阳节全体会员聚会聚餐,发放福利;年终召开总结评比颁奖大会,表扬好人好事,分发礼品;对80岁以上高龄会员每年公布高龄榜,赠送慰问品③;为过世的会员送终、举办追悼会等④。

由于刘老会的出色工作,吸纳会员的方式已经由原来的动员老

---

① SJ002 第二章。
② SJ012。
③ SJ035。
④ SJ003。

人入会发展到如今的自愿入会①(常年有在籍会员 130—140 人),并有邻村一些老人申请加入刘老会②。

(二)"刘老会"的主要自治工作

1. 组织管理

刘老会组织的民主管理是其自治工作的重要部分,主要体现在实行民主选举,进行组织机构和工作运作制度建设、制度与治理的文书档案建设以及规范透明的财务管理流程。③

2. 经营管理

一定的财力是维系一个组织存续和运作的重要的物质基础。刘老会主要是通过自力更生解决经济收入问题,他们经营有少量的"产业",因此,经营管理就成了实现自治的一项基础性的重要的工作。刘老会的经营管理专人负责、分工明确,经营管理大致可分为:协会资产自运作管理、协会资产承包管理、协会投资经营管理等。④

3. 公共产品供给管理

刘老会立会时强调"尽义务为公、各负其责、愿做公仆、甘当勤务员"⑤,提供老人福利方面的公共产品。其一,创办麻将室、电视室等场所,组织茶话会、运动会等集体活动;其二,聘请理发员为会员提供理发等生活服务,提供"医疗保险补贴"等生活补贴;其三,注重老终残弱抚恤服务,对会员病探及终别制定了抚恤制度,并通过聘用残疾

---

① SJ033。
② FT001。平时,在刘老会娱乐场中经常可以见到邻村老人的身影。刘老会并不拒绝非会员的参与,但非会员无法享受会员的全部福利,且需缴纳更多的娱乐费(主要是棋牌费)。
③ 详见第四章。
④ 详见第五章。
⑤ SJ011。"义务为公"是刘老会领导班子倡导的价值观念,也是协会十几年来蓬勃发展的主要动力。在农村,大部分的老年人是没有退休金的(刘村全村老人中仅有5、6人为退休人员;在第五届刘老会理事会成员中,有4人为退休人员),儿女们给的赡养费也并不多,刘老会的理事们多是依靠自力更生,如养蜂、种田、看山等维持生计,可谓一方面为生计奔波,一方面在为刘老会尽义务。

人等措施帮助部分因残疾而生活困难的村民自食其力。

4. 协助村庄治理

近年刘村大部分青壮年外出打工,村内常住人口只有总人口的三分之一,留村老人成为村两委协助村庄治理的主力军。刘老会参与的主要自治工作如下:其一,协助村两委完成有关村政事务,如乡镇下派的村庄治安、农业普查、发放医保卡/老人优待证/山林证、张贴重要公告[①]等任务;清明、春节等节日的村庄安全巡逻和"三防"。其二,协助村两委参与有关基础设施建设,部分村财村产的经营管理、维护修缮,如主持了村内刘氏宗祠的集资修缮工作。其三,参与村庄的宣传、教化工作。利用黑板报等方式,学习重要的政治时事和通报县镇村相关的中心工作;宣传和表扬好人好事,树立楷模,培育乡村的良好风俗。其四,除提供日常娱乐设施外,还组织演戏等专项文娱活动,丰富村庄文化生活。

三 村民自治的政治人类学诠释:刘老会的契机与意义

"村民自治"制度作为后人民公社时期以降的农村社会基层组织和管理制度,其内在的、由具有单一制——党领导的"民主集中"原则和体制特征的中国现代国家政权建设进程所决定的行政化和民主化的张力,一直是当代乡村建设实践和研究的重要内容和课题。

已有的一些研究成果和问题提起,基本上将改革以来"村民自治"制度与实践的进程逻辑和问题所在呈现了出来。徐勇指出,"村民自治"制度本质上是国家政权建设内在的民主国家建设内容(另一内容为以国家政权下沉为重要特征的民族国家建设)的重要制度,20

---

① 如村选举时期,在村民较集中的老人会所张贴选民名单、选举方法、选举结果等。

村庄内源性组织与乡村治理

世纪90年代后期以来"三农"问题的凸显,反映了"村民自治"制度运行和发展遭遇了"瓶颈";问题的解决需要行政放权和社会培育①。(笔者以为相对而言,在行政放权仍然面临制度性、实践性方面的巨大障碍的情况下,现实的经济社会变迁给自下而上的社会培育提供了许多的契机和范例。)社会培育的重要内涵是现代公共规则的确立。张静以规范主义的分析视角的研究,强调确立现代公共规则是国家政权建设的题中要义,指出了现代中国乡村社会这种理念、原则和行动规则的贫乏②。毛丹、任强从经验研究出发,发现村民自治等制度在乡村的实施,已经促成了中国农村的村庄性公共领域(具有村级、村庄内部和村际这样三个面向)的生长;近年来的村庄经济结构转型、社会层化的加剧等变化,导致实践意义上的村庄性公共领域的变化超出了国家既有制度的预期;进而提出村民自治制度的完善应在解决这一重要问题的过程中实现,国家需要在成文制度上进行调适和创新③。庄孔韶等人的乡村人类学(村落回访)研究则通过不同地域、类型的村庄的微观研究,从乡村产业生计、家庭宗族、权力权威以及乡村都市化等方面,对包括"村民自治"制度实行以来的变化在内的近现代中国乡村变迁的多种样态,进行了生动地展示,多角度具体地讨论了诸如"不死的小农经济""农民社会的文化传统"以至"农民的回应和反抗"等乡村经济、政治和社会变迁和当下中国农业、农村、农民的实践和理论问题,为人们理解和研究包括"村民自治"制度在内的"三农"问题提供了丰富的社会事实和理论话题④(贺雪峰近些年的研究也有类似的贡献)。

---

① 徐勇.村民自治的成长:行政放权与社会发育——1990年代后期以来中国村民自治发展进程的反思[J].华中师范大学学报(人文社会科学版),2005,44(2).
② 张静.现代公共规则与乡村社会[M].上海:上海书店出版社,2006.
③ 毛丹,任强.中国农村公共领域的生长:政治社会学视野里的村民自治诸问题[M].北京:中国社会科学出版社,2006.
④ 庄孔韶,等.时空穿行:中国乡村人类学世纪回访[M].北京:中国人民大学出版社,2004.

第一章　村民自治的内源性组织资源何以可能？

现代国家的重要基础是成长中的现代公民社会·公共领域。对乡村而言,是现代农村公民社会·公共领域的形成,其重要的基盘和路径谅是村庄及村际的农民自组织的发育成长。浙东"刘老会"的个案为我们展现了一个村庄内的次级自组织及其自治何以可能的图景。

贺雪峰对江浙的老人会曾有过观察,指出温州和苏南地区的老人会组织健全,且前者活动多作用大,而苏中和苏北地区的老人会大多流于形式①。卢晖临对福建一个村落的走访观察比较细微,具体的描述中提出了民间"老人会"和政府倡建的"老人协会"之差别的重要问题②。依据笔者对闽东义序宗亲会·老人会和浙东刘老会的考察,从当代乡村老龄群体自组织③的视点看,后者的组织化程度较高,在村庄治理中的作用较大。为了讨论问题的方便,我们可以依据老龄群体自组织·"自治"程度的高低把乡村的老人会大致分为两类:其一,主要是以国家的范导为契机建立和维持的"准动员的老人会"④(或许如上述苏中、苏北以至义序的老人会);其二,主要是以村庄老龄群体内源性自治诉求为主要动力的"自为的老人会"(或许如上述温州、苏南和浙东"刘老会")。

通过对刘老会的初步考察,我们看到刘老会从"准动员的老人

---

① 贺雪峰.老人协会[C]//新乡土中国.桂林:广西师范大学出版社,2003.
② 卢晖临.老人会的故事[J].中国改革(农村版),2004,4.
③ 徐勇认为,自组织是现代社会的基础。他指出"理性化社会的组织建构是自组织过程,即个人基于共同需要和利益而自我形成的组织"。徐勇.村民自治的成长:行政放权与社会发育——1990年代后期以来中国村民自治发展进程的反思[J].华中师范大学学报(人文社会科学版),2005,44(2).笔者在此借用他的表述。
④ "准动员的老人会"是笔者提起的概念,与"自为的老人会"概念相对应地使用,以为了能较好地说明现阶段村庄次级组织老人会的现状、组织培育与推进"村民自治"的关系。"准动员的老人会"力图表达这样一种作为分析性概念的内在规定性:准动员性、低功能性与自为的可能性。这里的"准动员性"无疑具有被政治动员的义涵,但它还蕴含着与20世纪80年代之前的政治动员不同的重要的"法律的合法性"的义涵。"低功能性"指其当下与"自为的老人会"相比的被动式的、作用十分有限的特性。"自为的可能性"指其具有在一定的条件下,利用法律等的合法性发展成"自为的老人会"的可能性,这也是与20世纪80年代之前的不具备"法律的合法性"的动员性组织有所不同之处。

会"成长为"自为的老人会",至少有以下契机和条件:(1)一个社会保障程度较低的山村留守老人群体的存在和需求成为刘老会这个村庄内次级自组织形成的群体基础;(2)国家的《村组法》《老年人保护法》,以及村民委员会制度和自上而下的老龄委组织,成了刘老会建立的制度背景和法律、政治、社会的合法性依据;(3)"空巢"村和村组织反而成为刘老会成长为自为的自治组织的一个条件,为村庄内次级组织提供了发展空间和自治可能;(4)受现代正式组织制度的组织和理念规制、熏陶,秉承了传统良俗中的公共精神的乡村"赋闲"精英的存在和作为,成为自为的刘老会成长的重要契机;(5)村庄传统、新传统是刘老会发展的土壤和养分,扎根于村庄文化的内源性发展路径是其自治、有为的深层缘由。

以下章节,将在更为具体地陈述刘老会个案的基础上,分析其成长的内外部契机,进而论及乡村自治组织培育和村民自治的可能路径。

第二章
研究方法反思：团队田野的可能性

电影的发明为人类构筑经验世界和文明想象提供了更为广阔自由的空间，电影以及对蒙太奇的迷醉制作的隐喻，对包括民族志（田野及其书写）创作在内的人类知识的生产也具有辐射力。

射程之一，指涉了田野作业的构建性，一如彩色影片的拍摄制作，它是在蒙太奇的诸种镜头的切换、声与色的交叠剪接中构建的。

对于团体田野而言，射程之二点击了其"'工作室'性质"，这使人想起"吉卜力"（Ghibli）之于宫崎骏动画、欧罗巴电影公司（Europa Corp）之于吕克·贝松的巨作影片，它似夜行列车上小千一族（无面人、小老鼠）对于《第五元素》的黎明想象。

拉比诺（Paul Rabinow）的《摩洛哥田野作业反思》（1977），展示了西北非一隅百年《象征支配》（1973）历史大片延展线上的逆向性切入的田野构建过程；20年后的《PCR传奇》（1996）则是一个"向上研究"（study up）的新型科研实验室的民族志构建，说的是西特斯公司——试验基地的氛围里，穆利斯（Kary Mullis）等一伙新型科学工作者发明"基因扩增（PCR：聚合酶链式反应）"技术（包括概念和实验系统）的故事，隐喻的一粒蛹，或许如耳顺之年的作者在别处的公共人类学实验的破茧道白:当代人类学倡导团队合作精神和建立"新型人类学实验室"(学科实验室机制)颇为重要,舍此,人类学难以在现代社会担当人权(人道、人伦和人格)卫士之重责①。

中国的语境中,田野、团队作业及反思人类学都有自己的多意变奏。本章的视角为复数"互主性"讨论尝试(这也正是本书的研究方法),从中国学界相关田野实践的现实出发,进而言及些许学科学术的普遍性议题。

一 团队田野之舞: 复数对象与碎片时空的光影

学科人类学田野实践风雨百年,反思对象的田野却闺内羞答姗姗来迟;然而,当代中国语境中的反思讨论则时机未晚,且巨变时代之现实需求颇为迫切。在此重重课题中,笔者的契机在于授业与科研实施实践,在于好想和难说的复数"互主性"。

京都大学留学期间独往独行,"独行"的田野不但符合人类学"成年礼(rite of passage)"规则,另辟蹊径也契合导师之"独帜",实然京大之学术自由、融汇图新之精神。归国执教,科研也多了一重的"授业"构建。国内高校导师招生机制"改革"、教师业绩评价指标及课题经费的"行政"垄断,都指使"捆绑式"授业作业,也造成非人类学系所的田野授业之困境与契机。

国内人类学各层次学历学位教育齐全的大学屈指可数,授业育

---

① 拉比诺(Paul Rabinow)的简介参见 http://anthropology.berkeley.edu/rabinow.html. 上文提及著述 *Reflections on Fieldwork in Morocco* (University of California Press, 1977)(《摩洛哥田野作业反思》),参见:拉比诺,2008/1977。此中译本内还收有 *Symbolic Domination: Cultural Form and Historical Change in Morocco* (University of Chicago Press, 1975)(《象征支配:摩洛哥的文化形态和历史变迁》)的汉译概要(王玉珏译)和张海洋内容丰富的序言(代前序),本段文字末尾的内容转引自此序言。上文提及的拉比诺另一部著作 *Making PCR, A Story of Biotechnology* (University of Chicago Press, 1996)也有汉译本(《PCR 传奇——一个生物技术的故事》),参见:拉比诺,1998/1996。

第二章 研究方法反思：团队田野的可能性

才的实践探索时间也短，以此为对象的探讨就更是凤毛麟角了。近年，中山大学人类学系所的授业育才摸索总结出一些经验。以田野为例，大学本科有三、四年级的假期和教育实习期间的田野实践（数周），硕士生的田野要求为三个月，博士生的田野要求不少于十个月；田野作业形式有教师指导的团队田野（本科生为主）、教师课题"捆绑"的小团队田野（研究生为主）和个人选题独立进行的"成年礼"田野（博士生）等；人类学系所有一定数量的教师指导田野，经费除了常规高教经费外，学生们还可申请《中国田野调查基金》（基金办公机构设在中大人类学系内）等资助基金。这种制度和机制较好地保证了学生的田野作业训练，其成效可从师生的科研成果中窥知一斑[1]。然而，我国在学的人文社科院系的绝大多数学生的经验研究（包括定性的实地研究，如人类学的田野作业）训练的制度和机制问题重重、不容乐观。仅以笔者从教的两所大学为例（其对象，一为人类学专业硕士研究生，另一为政治学专业本科高年级学生及硕士研究生），田野作业（经验研究）训练无论从教学制度、经费提供还是教师指导方面都缺少基本保障，更遑论系统的田野实践与教研（包括田野反思）的展开。

刘村的田野是幸运的，它有赖于场所"田野"建立的基本条件的"齐备"（谅也是"互主性"构建的一个层级），它是笔者携学生（非人类学专业）同行的定性实地研究实践。

预备调查与笔者指导本科高年级学生的社会调查、提倡人类学式的参与观察的结果有关，刘村是一位学生的家乡；课题前期研究（2007）同行的小张是本科校内保送读研的学生，也来自该方言区域。随着研究的扩展，先前校外保送到南大读研的小褚也加盟调研，小相

---

[1] 可参见"中山大学人类学系田野调查实习成果"[OL]. http://www.docin.com/p-122965326.html.

村庄内源性组织与乡村治理

则是2008年校内保送读研由笔者担任导师的学生,她们俩也来自浙东,初通方言;2016年以降,师门的崔若淋博士生也两度同往刘村,从互助养老的视角考察刘老会实践。刘村(中门)田野,师生数年来来往往,可谓一种团队田野。①

本章的田野反思主要结合关于刘村(中门)的两篇(前期)田野追记,来讨论团队田野尤其突出的复数对象(诸多的"互主性"及其反思)的一些问题。

第一篇田野追记是选定刘村来做硕士论文的政治学专业研究生(褚雯丽)第一次田野后(2008-10)的追记,如其标题"置于村庄角力中的'刘老会'"所示,田野的观察和访谈扎进了问题的核心;第二篇田野追记"回眸两度走中门"则出自"探路"心情的研究生(相丽均)之手(2009-04),讲述的是尝试着与备选的研究对象构建"互主性"的青涩心路历程。

反思人类学自觉"在场",每一个研究者都有关于研究对象的"复数对象",诸如客位的、主位的对象、(自觉的)"互主性"对象及其对它们的反思②;团队田野的复数研究者构成,无疑倍增了问题的复杂性;加之当下非专业体制等条件制约下的短期往返式田野,使得田野与对象更加斑驳纷繁起来。这样的团队田野,像似复数对象与碎片时空的光影之舞。

光影之舞的朦胧与升华。感悟,兴许在于同行与共舞,舞乐已奏起,让我们接受两位舞者的邀请吧。

---

① 笔者近年在福建义序等地的田野,也带领人类学专业的研究生进行过团队实习,但对人类学专业的研究生主要还是要求、指导他们分别独自做"狭义"的"家乡人类学"式的研究。"家乡人类学"反思要探讨的谅是策对"文化'迟钝'"和执持研究者立场(克服"'局内人'利害、感情偏好"等)的问题。
② 联想演员与角色的关系建构及其过程给人以启迪,试想张曼玉之于"阮玲玉"、孙红雷之于"邱如白(齐如山)"等的对话与代言。

第二章　研究方法反思：团队田野的可能性

二　置于村庄角力中的刘老会

2008年清明节,相比已经轻车熟路的阮老师和张师妹,我第一次敲开了刘村的大门。在来的车上,想起未来三天将在一个不知道是何模样的村庄调研,我心中紧张得忐忑不安。但当车子一转,一座山清水秀的村庄在眼前铺展开来,这股紧张开始幻化成为兴奋。三天的时间,在老人们的口中,这座充满传奇色彩的村庄,向我敞开了它具有雄伟古意的怀抱,用它哀伤的前世今生,时时冲击着我的思想。

调研后,心情久久不能平复。作为村庄的"他者",我无法在如此短时间中,迅速构建出村庄全貌;但作为一个研究者,身处"现场"的参与认同感与感染力却爆发出一股强烈的力量,在脑海中不成体系地激荡奔走。藉由这篇调研报告,我试图还原出一个作为初涉村庄的研究者,脑海中有关村庄图景的吉光片羽。

（一）村庄：宗族力量的"老化"

刘村是个平凡的浙东村庄,格局保存良好,分为 SG、XG 和 ZTY 三部分;新式的家庭建筑多为三层独立小楼,集中分布于 ZTY,而其他地方则大多呈现完整的旧式房屋建筑群状态。

旧式村庄建筑造型富有特色,以大块石料作为基座垒成整体构架,处处显示出村庄传统技艺——采石以及石料粗加工的手工艺痕迹。房屋布局均为围天井而居的四合院,家户之间相互衔接,构成独立院落,呼应着村庄浓重的家族主义气息。梅长者祠和刘氏宗祠的存在,更为这个山清水秀的村庄增添了几缕古老神秘的气息;正是这浓墨重彩的家族主义笔触,使村庄在"现代"想象的浙东地区,显得那么不平凡。

引领我们参观祠堂的是刘老会的骨干 LCB 和 LZC。他们一边介绍刘老会的基本情况,一边带领我们漫步在重焕光彩的刘氏宗祠中。刘老会成员言语之间透露出的那股深深骄傲,与其说是为自己倾注努力而一手经营的刘老会感到自豪(刘氏宗祠是刘老会的旧时办公场所,里面还保存有当时工作的办公室以及设施),倒不如说是源于他们排除资金以及政策环境等各种阻碍,最终达成祠堂修缮目的的成就感和荣誉感。这种支撑刘老会成员一路孜孜寻求机会重振家族族产的情结①,便是潜意识深处,无愧于祖宗与家族的传统责任感。这一点,在他们对于灾难时期奋力保留宗祠匾额的绘声描述中,表现得尤为明显。

虽然宗族的延续精神在刘老会成员中依旧富有号召力,但其凝聚力在国家行政力量的伸入和现代化的冲击下却逐渐衰弱,这也导致了年轻一辈对于姓氏祠堂的认同感以及从古到今血脉链条观念的严重淡化。从张师妹问及梅师弟为什么不随辈分取名字②,梅师弟的无从回答,到梅师弟对村庄梅姓和刘姓孩童之间势不两立,将祠堂作为斗殴场所的儿时场景描述,都让人感受到,曾几何时十分强大的宗族姓氏之间的张力正在渐渐失去力量。

村庄现时的布局③由来已久,最早可追溯至遥远的村庄记忆④,其中的主导力量便是姓氏房支关系。在物资统配年代,姓氏房支因素可视作决定村庄权力分配和公共产品分配的关键。当"家族"这股力量占据村庄权力争斗主力位置的时候,利益分配程序便复杂到无法以单个家庭作为视线基点,而必须将其放置到房支甚至是姓氏中去:在刘村,根据对政策的变通,人们根据自身的亲疏差序格局

---

① 刘老会对于族产的斗争主要目标为,将原先属于刘氏产业,而现归乡镇集体所有的 ZM 中学教学楼等处的所有权重新收归为村集体所有。
② 不只梅师弟一个人如此,刘村的后辈都越来越多地不受此约束。
③ 村庄四个村民小组,分别为 SG、XG1、XG2、ZTY,与之前的生产队划分对应。
④ 据刘老会老人解释,SG 为刘氏二房,XG 为刘氏大房,ZTY 原先为刘氏祖奶奶嫁至梅姓的陪嫁品。

第二章 研究方法反思：团队田野的可能性

组成四个生产队；村庄分配资源时，只需划为四块分发给各具利益诉求的生产队，再任其通过博弈协调，自由分配落实至每个家庭细胞——这点自发而成的智慧倒和唐军所研究的恽姓村庄有几分相似①。

可以想象，无论在利益共同体内部还是外部，尤其在不同姓氏的生产队之间，分配过程中，利益的交接总是剑拔弩张。因而如梅师弟所言的"记忆中小时候的械斗相当频繁，田地分配时候更是闹到不可开交"的现象倒也十分正常。那些处于家族"荫庇"中的孩童，虽然意识中并没有利益冲突的魅影，但不可避免受到大人世界影射，对于异姓同伴的"假想"敌意，依旧支配着他们的思维——你姓刘，我姓梅，所以你就不是我们的朋友。简单的逻辑中，却也投射着家族间斗争的现实，以及孩童对持有自身姓氏的小小神圣感。梅师弟现时忆起梅、刘小孩之间的打斗，自己也觉得有些好笑，毕竟如今的梅、刘已经"和睦"相处于村庄之中，"家族争斗"的概念也已经在孩童思维中日渐结构性地消失——同伴姓什么，丝毫不会引起任何的不快。

诚然，姓氏之间以及家族内部的冲突依然存在，在某些不为人知的地方依旧散发着力量，并驱使着一些事情的发展态势。但就访谈给人的印象而言，这股力量的影响力已远不如村庄公权力掌握者与村民之间的利益冲突和分野来得大。可见，宗族力量是一股已经逐渐"老化"的力量，在现实冲击下已然发生了"结构性"的衰退。这"老化"包含着两层意思：一方面，宗族力量已经从显性的状态转到隐性的状态发挥作用，其力量的强度和范围也逐渐衰退；从支撑乡村公共事务运作渐渐转为仅在传统领域中发挥作用，将公共权力领域让位

---

① 唐军.蛰伏与绵延：当代华北村落家族的生长历程[M].北京：中国社会科学出版社,2001.

于现代公共规则和管理①。另一方面,对姓氏房支等传统宗族力量依旧保有强烈记忆的人群,也仅是那些在传统村庄中上了年纪的人,也就是说宗族力量逐渐的"老年人化"。

(二)刘老会:置于权力斗争中的自治智慧与实践

虽是走马观花式的走访,但通过刘老会例行会议的"现场"参与以及对其成员的访谈,我对刘老会也有了些初步的认识,并着实吃惊:空巢村的老人们何以能自发自主将一个"草根"协会组织化到这个程度呢?

刘老会不同于其他研究中所呈现的那种软弱无力的"文娱组织",而是一种借由协会的组织化力量,切实实现村庄老人谋求福利的组织形态;同时它毅然承担起村庄的一些公共事务,填补了村庄公共运作中的空白。除此,刘老会在组织结构和建立文本档案等方面,拥有一整套现代组织所应该具备的现代性规则和运作章程——具有自己的会员章程、会议流程、财务管理手续,以及经济经营方面的各种细则。更难能可贵的是,目前村民自治中最难实现的财务公开工作,刘老会却做得尤为出色。在非制度性建设方面,刘老会的核心价值观——"为老人谋福利"也深深为骨干会员所认同:在对象访谈中,被老人们高频率地提及,仿佛这句话已经成为他们笃定生活的一部分。这些都令人怀疑,如此彰显现代化气息的组织,真的是由一群我们印象中传统、守旧、文化程度低的农村老人所一手创办、实施和经营的吗?

事实上,无论是组织村庄老人自娱自乐,让会员享受特别服务,

---

① 参见"后制度的宗族"概念[阮云星.义序宗族的重建[C]//时空穿行:中国乡村人类学世纪回访.北京:中国人民大学出版社,2004.阮云星.义序:昔日"宗族乡村"的民俗节庆[J].广西民族学院学报(哲社版),2000,3.阮云星.义序调查的学术心路[J].广西民族学院学报(哲社版),2004,26(1).]

第二章 研究方法反思：团队田野的可能性

还是生病时候对会员的慰问以及各种红白喜事的办理，刘老会都用组织的力量提供了村庄单个老人所无法动用和攫取的资源，这是最实在的"为老人谋福利"。联想到许多村庄的老年人连维持基本生存的物质条件和村庄舆论的支持都得不到，更别提福利的提升，刘村的老人实在是幸运之至。

村庄老人福利实现的基础是刘老会本身的组织运作逻辑，这便是，将作为弱势的老人个体重新组织成为一个网络，使得身处其中的老人可以通过动用网络中的资源，来完成单靠自身所无法企及的目标。值得注意的是，这个网络的运作由传统家族力量作为其支撑骨架。因此，相比于那些没有任何村庄和家族记忆的村落，刘老会的组织效果更具有便利性和稳固度。其中的原因并不难理解，家族力量虽然在衰退，但家族势力内部还拥有天然的凝聚力，老人们本身仍还处于各自的家族网络中；假使需要重组网络来达成组织的建设，则只需将四组分支网络相协调和衔接即可。而那些"缺失记忆"的村庄，本身已经没有任何向心力可言，要将村内散落的老人组织起来，其中的组建和维持成本就显得十分昂贵。这大概也是有些村庄虽有老人会组织形态，但其职能却仅限于打麻将而已的原因所在。

对公共组织的研究者而言，刘老会承担村庄公共服务项目的显性组织功能十分抢眼，但于我而言，更感兴趣的是刘老会的生存生态，而非它表面化的操作。对于这方面的思考如鲠在喉般地贯穿了整个调研过程，在调研前它仅是碎片化的存在，而随着访谈的日渐深入，我的疑问逐渐明朗和系统化起来：在传统力量与现代村庄权力经纪的冲突中、旧式精英和新式精英的张力下，刘老会这个农村非政府公共组织是如何生存和发展起来的？

刘老会的组织架构对应村庄村民小组的划分，将成员分为四个大组，每组均设一个组长负责全组事务。大胆作下猜想，村民小组由原先带有房支派别痕迹的生产队发展而来,那么,刘老会的四个组长应该就是村内主要四支家族力量中具有较大影响力和话语权力的家长式人物。而梅师弟则证实了我的猜想。他提到:刘老会其实是最讲究力量均衡的地方,每个家族都会安插一个能够在协会内部有影响力的人作为本组利益的代表,而这个人也必定是家族中说话有分量的人。

刘老会的经济来源很有限,在组织一些花费成本较大的活动时,如修缮刘氏宗祠,就必须调用各个派别中的这些负责人,由他们来组织动员其所处的网络中的各方资源。在这种情境下,四个带有家族"烙印"的网络必然具有自身的利益诉求,"其乐融融"主要是台面上的"冠冕堂皇",其他不为人所道的利益博弈总在看不见的地方探头探脑。那么,家族力量在刘老会中是否也会引发较大的利益冲突?如果有,会出现在怎样的情况下?如果没有,这股产生冲突的力量又是如何消解掉的?而各小组间的利益冲突又是通过什么方式来实现协调的?

刘老会成员在被问及当初加入刘老会的原因时,我发现他们"脱口而出"的均为"因为它为老人谋福利",而后在访问者的引导下,才会有"退休在家也无聊,到'刘老会'还有事做"等言论。老人们并非无私的奉献者,加入刘老会确实是有福利可享。饶有趣味的问题便紧接而来,最初这些老人的福利从何而来?最初状态的刘老会是在怎样的契机下组建的,又是如何组建起来的?刚组建时候的目的是什么?当时村民,尤其是村庄老人们对这个新组织的态度如何?组建之初的刘老会内部是如何接纳和消解宗族力量的?村两委又是如何看待这个组织的?

更为重要的是,村两委凭什么要将宗祠和市场、食堂、餐具租赁等的经营交给刘老会?老实说,我们理所当然地认为"反正这些项目

第二章　研究方法反思：团队田野的可能性

也没多大利润,因而交由老人会经营是减轻组织管理负担"的想法实在是过于武断了。市场经营、红白喜事场地租用、餐具租赁等项目,以及如祠堂修缮等大型工程经营,对于村两委而言,无论是作为政绩汇报,还是树立村庄内的垄断权力和权威话语权,都是不小的物质和文化资源。如此看来,刘老会组建之初,村庄权力掌握者为何大方地将这部分"油水"放给刘老会?

另一方面,组建一个牵涉村庄内部各方利益神经的协会并不可能是一呼百应且顺畅无比的,其中需要足够多的动力和契机。对于这样一个刚起步的组织,村两委有没有扶持过?如果有,是通过何种手段;如果没有,那村两委又如何可能将公共事务项目交由一个看起来并不值得信任的刘老会?这其中,便有两个猜想需要明确:到底是村两委有目地将资源交由刘老会,通过这种方式来扶植它,使它生存发展下去,进而让其自动担起村庄公共服务的职能,从而减轻自己的职能负担;还是刘老会在不断的自我发展中,使得村两委看到它具有实施公共服务的能力,从而自愿将资源交给它,作为维持它运作的经费保证?无论是前者还是后者,刘老会的起步阶段和各个家族以及村两委的关系都是令人无限遐想的。但可惜的是,在问及现任刘老会骨干当初没入会前对刘老会的感觉时都是闪烁其词,语焉不详,令人十分纳闷,这其中到底还有怎样的玄机存在呢?

在对前任村支书 MYQ 的访谈中,他一直强调,村里十分支持刘老会,"只有村里给'刘老会'的,没有'刘老会'给村里的"。举的例子便是刘老会修建祠堂,筹了3万多,还剩1万多,全部自己留着。他似乎在说,这个事情应该归村子管,至少剩下的钱应该归村子,或是用到村子中去。而刘老会的成员却说,村两委对什么事情都不管,需要刘老会来费心做这些事情,"老人们身体也不好,做这些事情责任太大,承担不了"——这句话在很多人口中都出现过。

村庄内源性组织与乡村治理

双方话语中出现的裂变的确很有趣。这一方面能看出村两委将资源交给刘老会其实十分不情愿,而且它也不承认刘老会所作的贡献;另一方面,刘老会则觉得自己所做的已经太多了。这两者在村庄治理方面到底能达成多大程度上的共识?而刘老会能够填补村庄公共服务中的空白的区域到底有多大,或者说它对我们村庄自治所能提供的支撑贡献到底能有多少?这些问题很值得好好思考一番。

关于 MYQ 提及的宗祠修建款项,管理人刘老会 LCL 反复强调自己根本不会管账,但是大家都觉得他可靠负责,因此委以重任。"负责"和"正气"这两个词也较高频率地出现在访谈对象话语中,这也仿佛构成刘老会权力层选举和重大任务分配中的衡量标准。如此看来,刘老会在重要事项决策过程中,还是表现出了对现代公共组织中行事方式的不信任。就如同宗祠修缮中的大额剩余款项(相比老人会日常开支)并未交由每月做结算的固定会计和出纳,而是交由大家都信任的人来独立管理。因此,我们要问,修缮款项有没有公开?由于筹款是面向整个村庄,而非仅局限于刘老会成员,刘老会是如何去动员这部分村庄力量的?是什么原因让刘老会乐于专门指定人员来负责款项,而非会计和出纳?由梅姓和刘姓代表共同构成的刘老会是如何通过修整刘氏宗祠这一决定的?这些都富有研究发掘意义。

从组织方式方面讲,刘老会讲求的是"没事就过去帮帮忙",这种活动方式有可能导致,活动起来的可能只有刘老会骨干以及骨干所亲近的人。因此,刘老会在人事组织和活动开展中,是否仅为少数会员精英的小规模互动?当然,这仅是我的猜测,或许通过对各骨干连任情况的调查能看出一些端倪。由此产生的其他相关疑问有:频繁参与活动的精英成员圈子和处于组织最底端最大量的普通会员是否也会产生脱节?这两层之间是否有流动?是如何进行沟通的?下层是否有流向上层的冲动和意愿?上层在多大程度上能够"民主"地吸

第二章 研究方法反思：团队田野的可能性

纳下层的意愿，抑或下层仅处于福利的接受和被动员的地位？

最后一个感兴趣的人是 LNY——刘老会权力层中唯一的一个女性。听梅师弟提起，刘村依旧是一个传统文化十分浓厚的村庄，有时候家族举行较大的活动，女性都不准上餐桌，只能在厨房进食。由此，村中老人辈应该更加在意各自性别角色的区分。那么，这个农村老妪怎么能够占据理事会的一个席位呢？很多访谈对象在提及此人时，都说她"热心""爱帮忙"，在我印象中出现的是一个干练热情的女性精英形象。但在对其访谈过程中，她端正的坐姿、拘谨以及不多话的态度，完全推翻了这个论断。她呈现出的，更多意义上是一个安分守己的、唯唯诺诺的农村妇女形象。她唯一值得称道的，也仅是年轻时候曾拿过一个"种田能手"的荣誉称号。在一个男人色彩十分浓重的组织中，她在理事会到底是怎么样的角色？她在重大事项决策中是否有足够大的话语权？她的存在是否真的就如同 LSF 所言"为了同一般国家机关组成人员男女比例"保持一致？我们知道，刘老会之前有两个副主席，一个管会计，一个管出纳。由于组织结构的改变，会计和出纳独立出来成为外聘，这个"副主席"的位置相当于被架空，而 LNY 刚好就是这个副主席，这中间的细节也颇令人玩味。

（三）刘村的梅家：从"好惹"到"惹不得"

梅师弟曾经和我说过，前任梅姓村支书 MYQ 是一个十分精明的人，亏本的生意他从来不做。可能是因为这个原因，他也得以多年来都盘踞在村支书这个位子上。但凡提起这个 MYQ，村中很多老人都刻意避过或是闭口不谈，可见这个梅姓人在刘姓当道的村庄中的厉害之处。

虽然地域大姓的梅氏宗祠——梅长者祠在刘村，但是刘村的梅氏在村内却是"小姓"；更何况民国时期刘家出了一位有名望的将军，这对于讲求"面子"的乡村社会而言，是一件让刘家扬眉吐气、光宗耀祖且威权大增的事情，梅家相形之下又矮了一大截。对于 MYQ 家族而言,其父本是刘村的刘姓人,入赘进了梅家;而梅家四兄弟,本该两个姓梅、两个姓刘,并且入刘氏族谱,但事实上四兄弟都姓了梅。在资源统配年代,由于梅姓势力较小,生存地位也很低,所得利益也屈指可数,因此过得十分拮据。那么,这个原本"软柿子"的梅家又是如何得势,咸鱼翻身似的成为"不好惹"的家族?

从访谈来看,老人们似乎都不敢对这个前任村支书有任何的议论,而唯一勇于说些话的 LCL 也仅闪烁其词地提到"梅家在县里有后台,很横,拳头也很硬,大家都不敢惹他"。梅师弟也曾笑称:"我们梅家可是靠打架打出一片天的……你以为像我爸爸他们梅姓四兄弟能够分到四个地基来造房子的,在村中还能有几家?"可见,梅家的确是不好惹的。

根据梅师弟的说法,上届村支书选举的时候,村中四个选区各推举一个候选人,再从中选取三个。MYQ 因其在村中自办工厂的经济利益关系,想把 LSW 这个合作伙伴选上去。于是两人表面上在村中呈现出不合的状态,但暗地里却联手将另一候选人选了下去。MYQ 更是通过发动关系,竟将不在候选人之列的另一合伙人也选进了他的班子。而在这届选举中,LSW 却和另外一个对手联手,用同样的方式将 MYQ 选了下去。据说 LSW 此次不计代价地翻脸,是觉得如果再不将 MYQ 选下去,他将永远生活在其阴影之下,无法占据村里经济利益的有利地位。

那这个村里的好处到底是什么呢?就是滩涂塘。它每年的承包收益,村里能拿二三十万,而村支书则是其中一个能够决定承包权的人。如此看来,刘老会的收益和村两委滩涂塘的经济利益相比,的确是算不得什么了。

村支书这个职位的另一慑人之处便是决定村中工程承包项目款的发放[①]。由于村两委成员具有固定任期,假使你在这届村委当班的

---

① 刘村的运作规则为:村主任拍板,村支书放款。

第二章 研究方法反思：团队田野的可能性

时候没有拿到承包工程款项，等拖到新一届班子上台后，遗留下来的款项问题很有可能因为"这件事情不归我们新班子管，要拿钱找老班子去"的理由给搪塞下去。因此，钱自然是越早拿到手越好。在MYQ任村支书的时候，村中的水泥路工程交由刘老会成员同时也是村会计LZC的儿子负责。而与此同时，另一项工程也正在进行，这项工程的负责人托关系找到MYQ，工程款在项目一结束后便立即结清了，而LZC儿子的钱却迟迟没有音讯。这使得眼看款项从自己手中转出去的LZC心中很是不舒服，自此结下了梁子。在访谈中，LZC甚至都不愿提及梅家，可见这两个曾经的合作朋友之间的罅隙之深。

从村庄情况看，刘村的村两委成员还是要归入"营利性经纪"这一类，因而担任村干部具有经济资源的接近性和获得性。在滩涂塘的修建过程中，村民们付出了巨大的努力，也曾因为修堤而付出过人被淹死的惨重代价。但现如今这个地方的每年盈利收入，村民们却完全无法享受到一点儿好处。除了政务型的公共服务，如得益于省里的"康庄工程"，才使得村中修建了水泥路，但村里从来不指望村两委主动承担起村庄建设和公共产品提供这方面的角色。

在看似琐碎的访谈中，我隐隐觉得，表面无比和谐美丽的刘村背后，有着很多利益漩涡。即使是看似无利可图的刘老会，也不可能完全"幸免于难"。在传统家族力量、村两委力量、乡镇的国家政权力量的相互纠葛之下，刘老会身处其中，到底是怎样生存、发展的？想要搞清楚这些，还需要很多深入的后续发掘。

三 回眸两度走中门

2008年的重阳节、2009年的清明节，两次中门之行，均是怀着探路的心情。

说是探路,是之于自我角色和调研目的的定位而言。第一次走入中门(2008-10-06~2008-10-08),是跟着阮老师和褚师姐一道考察刘村老人协会的重阳节(10月7日)活动。而第二次中门之行(2009-04-03~2009-04-05),是应一位当地朋友(TP镇安全综合治理办公室主任)"清明时节重相聚"(清明节可以说是当地最隆重的节日之一,阮老师曾与刘村老人共度2007、2008年的清明节)之邀。两次中门之行,自己都是"被动"中的"主动",走马观花中的停留和挖掘。被动,是因为自己是以一个后来者的身份,加入师门考察在该调研点的研究的可行性。和其他研究人员相比较,自己在对该点的熟识程度、深入程度上都是被动增补的,于是难免跟随。但是,也因为是在考察可行性,而且是比较有趋向性地(希望可以将该点作为自己的调研点)考察可行性,所以虽然没有具体和直接的调研内容,我还是有明确的调研目的:该调研点是否有自己感兴趣的并且具有研究价值的切入点?自己在该调研点长期田野是否有现实的可能性?所以在走马观花了解中门概貌的同时,我也有意地在脚步和思绪上有所停留,试图深入挖掘。

第二个调研目的相对来说比较容易实现,在第一次结束后,自己已经可以肯定,田野的客观条件是较为成熟的,也就是说我在该调研点长期田野是可能的。这主要是基于两点:方言和"进入身份"。

第一次听到中门地区的方言,是在三门县(中门是三门县的其中一块区域)县城的一家普通饭馆里。2008年10月6日迟暮,从杭州出发的阮老师和我与从宁波出发的褚师姐在三门汽车站顺利会合后,在当地司机(师门之前几次调研中有过接触,这次调研特意事先联系)的指引下,拐进了人民路的"阿义"餐馆。在点菜过程中,我遇上了操着当地语言的四十来岁的老板娘。中门方言在语音语调上和我家乡(浙江嵊州)的方言还是有些接近的,借助着现场的菜式,我还

第二章　研究方法反思：团队田野的可能性

是基本听明了意思，但是却突然发现失去了回答的能力——用普通话和家乡方言都觉得很别扭。不过，据此基本可以肯定在沟通上至少不会有太大问题。

但是进入刘村后和房东阿姨的对话以及第二天刘村老人间的相互交谈，却让我疑惑起先前的判断，真正的中门方言似乎是自己无法听明了的。他们少了份生意人对于顾客的普通话的应对意识，多了份本地人之间交谈的无所顾忌，于是他们口中的方言，也变得更为本色更为生活，最为直观的感觉就是语速的快和语调的自成一家。因方言而产生的疏离感，让我的心有点落寞，似乎只能远远地粗浅地旁观着他们的一举一动。

可是在两天"全天候"驻村调研后的回程路上，或者说是两次调研后的当下，我却突然之间或者说是在潜移默化之中没有了对方言的顾虑。前后算来，在中门也才待了五天五夜，在这五天五夜中，不仅有纯正方言的狂轰滥炸，更有与热情的中门人的多方面交流（普通话的，方言的，两者混杂的；与老人的，与村干部的，与其他村民的；民俗的，日常生活的；等等）。正是在这种对中门方言，对中门环境、人物和事件的熟悉过程中，方言，终于又逐渐地恢复成惯常，没了先前的那份疏离甚至是那些许恐惧，自己的地缘优势又再次显现，如果真要做田野蹲点，方言应该不会是障碍，甚至可能学会，成为融入田野的很好助力。

而田野融入的又一个考量是"进入身份"。师门在中门的调研，缘于2005年MJ师兄的暑期调研报告。MJ的家乡，正是中门的核心村落刘村，而其伯父，是刘村当时的书记MYQ。2007年1月阮老师正是在他的陪同下第一次走进了中门，并进而将其作为刘村老人协会研究课题的调研地。所以从一开始，我们的身份介入，就有两层可能的关系：一层是和MJ、MYQ书记的关系，一层是和老人会的关系。住宿地点的选择可以比较集中地体现这方面的意味。我第一次进入中门,是住在 MYQ 书记家;而第二次,是住在老人会安排的一位老人家中。刘村是一个典型的具有宗族传统的村落,梅家(中门主姓)和刘家(刘村主姓)有着千丝万缕的矛盾和妥协。独立于村庄利益纠葛,取信于梅、刘双方,是田野成功很重要的前提。而这两次的中门行,证明和预示着我们的"中立"参与观察是可能的。尤其是第二次,我们更多的是以综治办主任这一位"超脱"了刘村"直接"利益关系的人物的朋友的身份来到调研点的,同时又保持了和梅家、老人会、村两委一如既往的友善,让村庄各方势力基本相信我们不会介入纷争破坏均衡,从而能够比较坦诚地与我们交流,对我们的田野调查抱着比较积极的支持态度。

在客观条件基本成熟的情况下,中门是否作为自己长期的调研点,就取决于自己的调研兴趣和是否能够找到合适的调研切入点。这正是两度走中门过程中,我最为关注的。

对于中门的惊讶和好奇,一直都存在着。

中门是一个相当有魅力的地区,既熟悉又陌生。自己的惊讶和好奇,也正源于这份熟悉和陌生。

说它熟悉,是因为中门的地缘和师门前期的研究。中门,在 2001 年撤销原中门乡并入 TP 镇后,在行政区划意义上是一个相当模糊的概念。之所以依然将其作为一个地域整体来考量,主要是基于"中门"的社会记忆。据当地《梅氏宗谱》记载,晋代,桐庐梅盛,字昌图,人称"长者",生三子,将其分居的地方取名为上门、中门、下门。中门乡之称呼,系得名于中门;"梅长者祠",如今仍矗立于刘村金溪西岸。由于该地区往昔的繁荣和中门乡撤销未久,人们对于"中门"依然记忆深刻。无论本研究中的中门区域与曾经的中门乡行政区划是否完

第二章　研究方法反思：团队田野的可能性

全重叠，但有一点是肯定的，中门与我的家乡嵊州都地处浙东，两地仅一百多公里的路程。虽然中门比嵊州更靠海，虽然中门的石头房屋让我惊讶，虽然方言并不完全懂，但是相似的山、相似的田、相似的气候，比起杭州，让我更觉得是回到了家乡。再加上进入中门前，已经看过师门的相关研究报告①，报告中的溪流、祠堂、老人会历历在目，更让我觉着亲切和熟悉。这种熟悉，让我既心安又担心：庆幸会因为熟悉而多些田野调查的方便，但又怕因为熟悉而少了份田野的敏锐，同时还对自己能否在师门研究基础上有所开拓有些顾虑。

说它陌生，是因为中门有着我的成长经历不曾亲验的传奇。

传奇一是关于宗族。两度中门行，族谱、宗祠、辈分等宗族意象铺天盖地地向我袭来。以前，宗族总是止于远观，不是在书里就是在影视里，而且绝大多数都是19世纪末20世纪初甚至是更早时候的故事。但是走入中门，我却身临其境了。

第一次见到"梅长者祠"，是在2008年10月7日的清晨。为了让我对刘村村貌有个直观的较为完整的印象，阮老师安排的第一项活动，就是巡走村庄。走在金溪宽大的石板桥上，顺着老师指点的方向，我一侧头就看到了红墙飞檐的祠堂。梅长者祠共两层，威严而又安详地临水而立。阮老师告诉我，我们会从它边上的沿溪路走，但会先去桥另一头的刘家祠堂看看。

说到刘家祠堂，我迅速想起了刚刚走过的GH中学旧址悬挂的那块匾额，其上是LYG将军亲笔所书的四个大字——"刘氏家祠"。虽然眼前，刘家祠堂的背水相较于梅长者祠的临水，少了一份坦然和高贵，但是作为出过民国将军又是该村主姓的宗祠，也该有一番风韵吧。我们绕过桥正对着的侧门，从南边的正门进入。站在祠堂中央

---

① 主要是师门前期论文《村民自治的内源性组织资源何以可能？——浙东刘老会个案的政治人类学研究》，以及师门已经拿到的诸如宗谱、史记等部分资料。

宽敞的水泥地上环顾四周，南边是一个简陋的戏台，东西厢均是色调简单的平屋，其中东厢有一间房屋新刷得粉白，听说是新的村委会办公场所。转向北面，祠堂的主体部分一览无余：并不太高的几级台阶；台阶上木构质的祭祀堂；祭祀堂中央供奉着一幅画像，想必是刘氏始祖。除此之外，却再无其他了。

没来得及细想，我们已经从侧门走出了刘家祠堂，我心念着那红墙森森的梅长者祠，于是也加紧了脚步。不一会就到了梅长者祠的跟前，只见大门紧闭，猜不出锁在里面的是怎样的空间和时间。即使是已来过中门多次的老师，也只曾在第一次进村时入内考察过一次。于是对它更是好奇了。只是即使是第二次中门行，也无缘一睹其真面目。也许，在两次探路后的下一次长期调研中，我能渐渐撩开它的真实面纱，正如同样神秘的中门！

而简朴的刘家祠堂，也以另一种方式让我不敢小觑，因为就在祠堂主体祭祀堂西邻的那间小屋子里，我见到了颇为"神秘"的刘氏宗谱。刘氏宗谱保存处（者）的变动（从刘氏LSF老人家搬到刘家祠堂）其实并没有举行隆重仪式，我们师徒三人也是碰巧遇上。鞭炮声中，刘氏老人和现任村支书、村委会主任等刘氏子弟，抱着红漆木箱子走进刚刚打扫整洁的小屋。直至看到箱子上"中门刘氏宗谱"的字样，我才确定藏在那箱子里的，正是我们有意录下全部内容的宗谱（在2007年初的第一次调研中，老师曾拍摄下一部分宗谱内容。当时，宗谱尚放在这间小屋上面的二楼阁楼上。打开宗谱需要搬梯上楼，而且需要当时分别保管阁楼和宗谱钥匙的LSF和LKY同时在场）。在我们的恳请下，其中一个箱子被打开了，线装版的沉淀了岁月痕迹的宗谱映入眼帘。轻轻翻开书页，也就遇上了那一个个也许有很多故事也许平凡走过一生的姓名。而在另外一只箱子里，我们看到了古旧的祭祀器皿。不知何时，箱子已经合上，鲜艳的大红缎子重新覆盖

第二章 研究方法反思：团队田野的可能性

在了一箱箱宗谱上，将一室的简陋衬得神圣。

以后的调研日子里，我似乎时时刻刻听闻宗族的只言片语。清明上坟时候的房派和第几代祖先；很多人都会背诵的"起承能敬祖，开创克圣贤"的辈字诗；亲属关系中的大房二房……躺在文字中的影像，迅速地勾连起再真切不过的现实，让我深觉中门的文化底蕴，充溢着一探幽秘的冲动。

中门的另一传奇，是关于 LYG。LYG，中门的男女老少似乎都能对这个名字说上几句，于是几天下来，这位民国的上将也让我如雷贯耳了。中门留有太多他的痕迹。幼年死里逃生、"铁村下马"等趣闻轶事耳熟能详；高高的"上将第"牌坊以及尚存的古朴建筑，让人不难想象 LYG 府邸当年的风韵；官方的文字记载从某种程度上也印证了其曾经的风华。LYG，这位让梅氏地盘上的小小刘氏发迹，让近代中门繁盛一时的人物，在民众的津津乐道中，延续着他的传奇。而这种并不遥远的传奇，又深切地扎根在 21 世纪的现实中：耕读传家的后人，仍可一窥其貌的 GH 中学。在纵横捭阖的近代想象中，我又确实身处现实，这是一种很神奇的感受，仿佛穿越在时间的隧道里，在没有生命之忧的和平年代里体验着驰骋疆场、保家卫国的豪情壮志。这种热血沸腾，让人有书写的欲望。

中门带给我的，除了传奇，也有再平常不过的日常生活。因为是有意识的田野调查，有同行师友的有意无意点拨，很多熟悉但在平时也许被我忽视的影像，也在我眼前以全新的意象欢快地闪烁和跳跃。

譬如小店门前的石板凳。小店位于金溪西岸，小店廊下的木凳竹椅，溪岸树影下长长的石板，以及小店和金溪之间的水泥路，正好形成了一块不大不小的区域。每次从那里走过，总是见到或多或少的村民或坐或立，高声闲扯或者低声私语。是的，这里正是乡村的又一个公共空间,话语的集散地。之所以被这一空间吸引,是因为先前"公共性"的理论涉猎以及老师的指点。无论是在中门还是其他地方,在几乎每一个乡村,总有这样类似的区域,村民们自然而然地聚集在一块,谈论着国是民情或者家长里短。关于村庄的公共话语、公共空间和公共性,是否可以从这些细节由浅入深、由小见大?

譬如乡村墙上的时代标语,日常活动中的各类表征。之前有考虑文化研究①的路径,于是两度走中门,开始尝试着用穿透的眼光,看司空见惯的文化现象背后的权力关系。长老式的老人们口中冒出的"理事"等现代词汇,是否勾连着城市文化和乡村文化,现代和传统?清明时节政府的严禁明火与香烛鞭炮的传统,是否暗含着国家权力和民风民俗之间的张力?

我就在熟悉和陌生之间,在传奇和日常之中,品味着中门。但是如何在这众多的零星而又相互纠缠的惊讶与好奇中梳理出研究切入点,找准理论生长点,这是个问题,也正是我这两次探路试图解决的问题。

断裂和延续,一路走来,这是中门留给我最为深刻的印象。

一方面是同一人群的内部断裂和延续。这一印象主要来自老人会的老人。我们重点考察的刘村老年人协会,是一个相当有现代感的民间组织,这从老人会的组织架构和老人的普通话水平中不难体会。可是正是这么一个组织,却让我不自觉地联想到宗亲会;操着普通话的老人,也让我情不自禁地想到族长和长老。当我第一次听到"理事""会员"等词汇以普通话的形式自然而然地从这群老人口中吐出时,我是如此的诧异,总感觉有什么东西被跨越了,被遗漏了,

---

① 阿雷恩·鲍尔德温,等.文化研究导论[M].陶东风,等译.北京:高等教育出版社,2004.

第二章　研究方法反思：团队田野的可能性

或者是被有意无意地隐饰了,似乎时代一下子从久远的过去闪到了21世纪。这群老人所经历的年代,应该是中国社会巨大变革的年代,从中华人民共和国成立前的出生、青少年时期,到中华人民共和国成立后的社会主义改造、"文革",再到改革开放后的八九十年代,再到现在大力提倡农村转型、新农村建设的时期。几位老人的气质和见解,虽然深深烙印着他们出身和成长经历的不同,但是从表象看来,却都留存着早年生存年代中关于宗族传统的强烈记忆,同时又都直面并且适应着晚年的现代冲击与改革,而这两个时间点之间的理应更直接地属于他们自己成长经历的社会主义新传统,却似乎很有默契地被他们的语言表述和言行举止所漠视。然而这种有意无意的漠视,却似乎从另一层面提供了新传统对他们影响之深刻的佐证:也许是那段经历让他们对这段经历的再次讲述变得小心谨慎或者选择遗忘;也许正是那段经历进一步促进他们在晚年依然主动或被动地以老人会的形式实践在那段经历中倡导的诸如"集体主义""为人民服务"等理念。

另一方面是不同年龄阶段的群体的断裂和延续。两度走访过程中,接触最多的,主要是两个年龄段的人:一是老人会的老人,多是65—80岁;二是村主任、村支书这些人,多在30—45岁之间。第一次走访中门,我有一个强烈的断裂的直觉:前者是生活在浓厚的宗族背景中,但是后者却不然,现代浪潮似乎已经将他们的宗族传统冲击殆尽,最多只是虚浮地停留在逢年过节的仪式上和对远祖断章取义的讲述里。但是第二次走进中门,在和后者进一步的接触中,我却发现了自己判断的错误。虽然在话语体系里,这一代人并不"大房""二房"的宗族术语不离口,但是在其背后的行动体系中,却依然留有深刻的宗族烙印:他们依然对宗族谱系充满好奇,甚至能够滔滔不绝地讲述;在清明祭祖时,他们是中坚力量,仍然有一大帮人默契地砍去不知道是哪一代远祖坟头的杂草;即使是在日常生活和基层政治中,依然可寻宗族的影子。传统似曾断裂,实则延续。

这种断裂和延续,以何种方式生存着?又是怎样的生存逻辑?现如今的乡村治理,该如何遵循这种逻辑?循着这个方向,问题型的田野作业,将在走马观花的两度探路后,继续。

四　田野"蒙太奇":复数"互主性"①的结构与过程

舞乐落幕、舞池消灯,点燃的是满天星斗。舞者的心旅弧线似乎还在延伸,也许数着星光延伸到布洛维那"多重对话"的世界。

布洛维这位学术工人晚年在伯克利倡导"公共人类学",(团队)实践"拓展个案法"。晚近和他的学生一起编撰的《无疆界民族志》(1991)和《全球民族志》(2000)两本书,基本上是布洛维主持的研讨课(Seminar)的学生实践拓展个案法的民族志文集。如果从通常的社会学与人类学学科分野的视角来看(讨论内容的话需要更合适的视角),似乎前者的社会学味道较浓,而后者的全球异文化对象民族志更像人类学式的研究。尤其对于后者,那不也正是一项雄心勃勃的复数对象议题的团队民族志研究吗?

再说拉比诺的《摩洛哥田野作业反思》,从本章视角观之,拉比诺逼近摩洛哥文化核心的历程中与诸位资讯人"联手'闯关'"的经历也是一部复数对象"互主性"建构的民族志。

这样看来,田野"蒙太奇"构建中的复数对象还真有其自身的复

---

① "互主性"(inter-subjectivity),又称"主体间性"。"主体间性"有其自身的庞大系谱(包括社会学、认识论的和本体论的等),而本章主要在人类学的"文化的互为主体性"(cultural inter-subjectivity)的语境下进行讨论,内容包括较为具体的田野作业中的"互主性"对象建构以及观念世界中这种建构的抽象结构问题。

第二章 研究方法反思：团队田野的可能性

杂结构和过程。借用晚近实在论所赞同的"分层的实在概念"①或许可以先有个去繁就简的要点把握。"分层的实在概念"的"经验的实在"概念启发我们可以在这个经验世界里聚焦复数"互主性"对象问题。（其实）"现实"和"深层"的"实在"，也许（也只）可以在"反思"导入后的"经验的实在"世界中的复数"互主性"对象议题中，才能有效地得以讨论。

这样我们似乎也可先对复杂的复数研究者田野的复数对象进行讨论，复杂的结构看穿了，"简单"的不就更看得透了吗？

首先，"经验的实在"世界中的复数研究者田野的复数"互主性"对象是一个空灵的"圆魔方"结构，这个结构中有复数运转轴，多向度的此轴内含呈现"互主性"的基本二维度相，纵横交错多向度受力的复数运转轴转运出复数"互主性"对象的"圆魔方"的基本结构和过程。

其次，从基本结构到（整体）结构，还需低次元的单一运转轴的内构成描写（单数研究者的复数"互主性"对象讨论）和高次元的勾连到"现实"和"深层"的"实在"的讨论（如"深描"以及变迁和"本质"思考）。其实，所谓的"过程"大致就是高次元的勾连（所谓低次元的单数研究者的复数"互主性"对象结构也内含这种"勾连"）的观念（历史与哲学）维度的展开；它在形象上或许是"圆魔方"的碟状飞行器式的自如运转升降多维拓扑轨迹的时空描图（跨越经验和观念世界）。

再次，该复杂结构的基本构件（要素）本身具有同构性，内含的呈现"互主性"的基本二维度相的单一运转轴（单数研究者）的结构也呈

---

① "分层的实在概念"表明，存在着三种层面的实在领域：（1）现实的层面，指事件或事态，发生和存在不依赖经验层面；（2）经验的层面，由人们对现实层面的知觉、观察和经验组成；（3）深层的层面，指存在的包括生成这些事件的基本机制或力量，虽然它们不是必然可以观察到的。参见［英］帕特里克·贝尔特.二十世纪的社会理论［M］.瞿铁鹏译.上海：上海译文出版社，2005.

现一种"复合性"。建构和诠释目标的实践和过程其实也是一个复合(复数)"互主性"(目标对象的诸面相诸阶段以至诸"版本"——"目标对象""田野对象""书写对象"和"合成对象"等)的生产过程。这种"同构性"中的同质(要素)性,特别提示的谅为"反思性""互主性"和"开放性"(包括"跨界性——跨越经验界和观念界",实在的"经验"与"现实"和"深层"的互动;等等)。

回到刘村的研究,哪怕是最青涩的文本我们也可窥见这种田野"蒙太奇"构建中的复数对象的复杂结构和过程。小相的"田野"是一种探路性构建。反思的视角,使其无论是"传奇"或是"新传统"的建构都散发着"互主性";研究主体的心旅构成了文本展开的逻辑,研究对象的"主位"化如"咀嚼'方言'"和"上将第"记忆的驰骋想象,村庄的"断裂"及"延续"描绘与诘问等,既是"互主性"对话与融合,也是波及"现实"和"深层"实在的挑逗。

这种波及"现实"和"深层"实在的挑逗着实又进一步勾连到了研究主体自身("镜头")的结构①。小褚扎进"核心"的扎猛子,水花四溅是"?"号。村庄、宗族、"公务"背后的政治经济学,研究对象在拷问中被"客观"建构、展现历程,叙说"互主性"焦虑与"深描"渴望②。

团队田野带着这样多的单一运转轴走向目标对象(互主性)的复数运转轴的空灵的"圆魔方",宛如田野"蒙太奇"之交响。

"交响乐"的空间更是拓扑的、趋于观念的世界,也许在这里文字

---

① 正如"客观性"有赖于"知识的增长"的"谶语"所示,其实,研究者每一次聚焦的后面都有知识与思想的操纵之手。小相的寻找、适度的反思也展现主体(主观)构建力及其结构:从师门研究的熟悉,到对传统、宗族、公共性的关注;经文化研究的阅读,进而敏感文化和日常中的权力关系;断裂与延续及新传统的讨论,则延续着《回应革命与改革:皖北李村的社会变迁与延续》(韩敏)阅读后的思考;等等。也许这也正是"互主性"建构的机制之秘。
② 经过两年研究生学习的小褚进一步建构了主体透视复合对象的社会/历史结构之"镜头"。品读"追记",读者不难捕捉到文字后面窥视乡村政治经济之"镜头"的运行逻辑:直击聚焦主体对象的历史与现场;进而解读现场村落的组织与群体,老人会、村委会、妇女,姓氏少数者群体;再作扩展的村外社会阅读:滩涂塘,镇与县的人事背景,国家政治、经济社会变迁大背景等。恰好地叙说了复数"互主性"建构与主观性(经验与知识)构造的关系。

第二章 研究方法反思:团队田野的可能性

是无力的,空灵的"圆魔方"想象和隐喻也许只能闭上眼睛来感受和把握。然而,文字文本的宿命也算作对"旋律"的一种诠释,让落幕的乐声之水的黑屏上敲击上光的白色谢幕辞,用另一种叙述给文字文本的读者一个把能说清楚的说清楚的概要交代:

作为研究方法反思,本章除了用些许"现场"述说以展现民族志文本中的鲜活"记忆"之外,其主要旨趣是立足反思,讨论田野复数"互主性"对象问题。①

前提:立足反思,注意讨论中的经验世界与观念世界之区分。

以笛卡尔、培根为代表的近代西方哲学确立了认识主体(认识论)开近代唯理论和经验论之先河;康德哲学是一种综合("先天综合判断")和贯彻(因而被称为"哥白尼式的革命")。近代认识论和哲学的重要基础是近代西方科学,又投影现代科学实践和知识生产(如科学哲学的演绎和归纳范式,科学主义、实证主义等)。当今的知识生产实践仍荫福("规训")于这份遗产,但已更多地受当代诠释学等的影响(晚近实在论或许可谓被削弱基础的"新生");晚近反思人类学的兴起亦为一个象征。反思、在场自觉也是本章的前提。

因此,也更应注意讨论中的经验世界与观念世界之区分。如以频用的"分层的实在论"言,"经验的实在"为前者,"现实的实在"和"深层的实在"大致为后者(抑或,观念世界由进一步窥探"现实的实在"和"深层的实在"而生,却又兴叹于相当"自在之物"的"深层的实在");又如,从本章的四个构成部分看,前三个部分多为经验世界观察思考的讨论,第四部分则更多地在观念世界中反观和构建。

限定:本章经验材料的场景是一种"'工作室'性质"的限定。

这里的"'工作室'性质"主要指师生团队的性质。虽然在抽象的

---

① 参阅,阮云星.民族志与社会科学方法论[J].浙江社会科学,2007,2:25-34.

讨论中,它因相对的"同质性"使得结构分析更加聚焦(其实这个复数"互主性"结构同构了"单纯"的个人田野以及更为"复杂"的"异质性"团队田野),但在经验世界里,它只是当下中国经验社会科学实践中遭遇的一种类型(难以涵盖经验世界里各种扩展的讨论)①。

问题提起:复数"互主性"结构谅为在场田野的核心问题之一。

(跨界的以"圆魔方"为基本结构的复数"互主性"整体结构之内涵,参见本节上文。)

也许质的经验研究(个案/田野)的真课题是自身特有意义的诠释(经验与观念世界,研究项目、研究者个人等)。

也许在场和复数"互主性"意识,才更有助于当下的我们是站在反思人类学以后的人类学立场上讨论真课题(诸如科学人类学手法与个案拓展法的分野及适用场合②等)。

"分号"与辐射:本章毋宁是议题和文本的"分号",而非"句号"。

议题,自不待言,文章也是实验式(一种多声道和"跨界——人文与社科"尝试)的,"分号"的文本等待阅读和批评的完型。

也许它会有些许有点重要的辐射。诸如对于哈贝马斯沟通理论的"互主性"呼应,吟味康德知识论的理念论与经验论之弥合,以及认识论(本体论)的人(认识)与"自在之物"之"二元论",等等。也许这个讨论业已形成新时代田野的刻骨的座右铭。

---

① 经验世界中这种类型的问题与应对实践的讨论谅也是读者的期待。本章试图在文中文的并置叙述中间接地回应这种期待。另有一个补充:也许这样的互动式团队实践颇接近于"理想型"(就硕士生团队言)。
② 布洛维论述拓展个案法时明确做了这样的"并置"定位提示(但无更多关于两者各适宜于何场合的具体讨论);卢晖临等较早在国内专文讨论过与此相关的个案研究方法论的论题,笔者以为往后的讨论若能吸取布洛维的"并置"定位,并持有反思自觉(在场、"互主性"意识等)谅能更有生产性。([美]麦克·布洛维.公共社会学[M].沈原,等译.北京:社会科学文献出版社,2007.卢晖临,李雪.如何走出个案:从个案研究到扩展个案研究[J].中国社会科学,2007,1:118-130.)

第二篇
内源性老人协会与"空巢村"治理

第三章
刘村社会治理的基础结构

一 刘村的地理环境、人口与经济

刘村位于浙东沿海腹地半山区,隶属于台州市三门县 TP 镇。三门县东濒三门湾,南邻台州市区,西枕天台山,北接宁波市。县域面

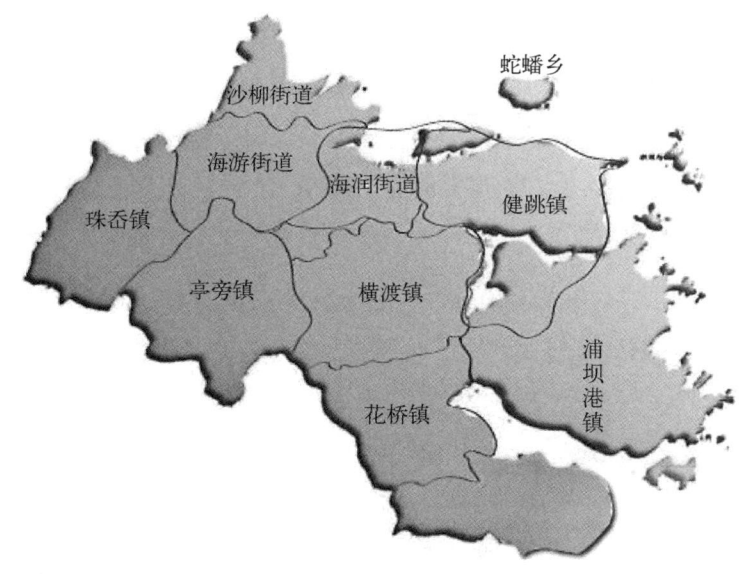

图 3-1 三门县行政区划图

积1510平方公里(其中陆域面积1072平方公里),下辖3街道6镇1乡,总人口约44万。三门县地势西北高,东南低;中、西部为低山丘陵地区,间有小块河谷平地,东部为滨海平原。三门县属于亚热带季风气候,每年8—9月份受台风影响较为明显。

三门县交通便捷,宁波机场、黄岩机场、北仑港、海门港距县城均在100公里之内;甬台温铁路(三门站2009年投入使用,目前每天有动车、高铁共38车次途经此站通往北京、上海等全国各地),甬台温、上三和沿海高速公路,104国道穿境而过;三门湾的健跳港与海门港、大麦屿港相连,是台州市三大水运中心之一。

刘村坐落于三门县中部偏西的低山区,距县城海游约10.7公里,离TP镇约1.2公里,从县城到镇至村有公路相连,交通较为方便。2008年甬台温铁路开通,新建的三门火车站位于TP镇,2009年投入使用后刘村的交通网络也因此变得更为通畅。

刘村东南与板村相连,西北与铁村接壤,西南紧邻西村,由LJC、ZMC和ZTY三个自然村组成。刘村东北隅是山地,属于湫水山脉(湫水山脉为天台山脉中支之苍山山脉的其中一分支)的一部分,海拔高约800—1000米。两条溪流流淌过刘村,一条为从南到北的南溪,一条为由东向西的板溪,两条溪流在刘村汇合后经刘村西北角流向铁村,其中汇合处形成水潭,当地村民称"乌鲸潭"。这两条溪流将刘村分为东、西两大区块,LJC和ZMC位于村庄西部,其中,ZMC位于西部中间区域,分布较为集中,LJC位于西部南北两端;ZTY则位于村庄东部[①]。

[①] 另一刘村村民尤其老年人常说到的村域划分是将刘村分为SG(村庄西北区块)、XG(村庄西南区块,又分为SG1和SG2)和ZTY(村庄东部区块),这一划分主要沿袭自四大生产队的划分。

第三章　刘村社会治理的基础结构

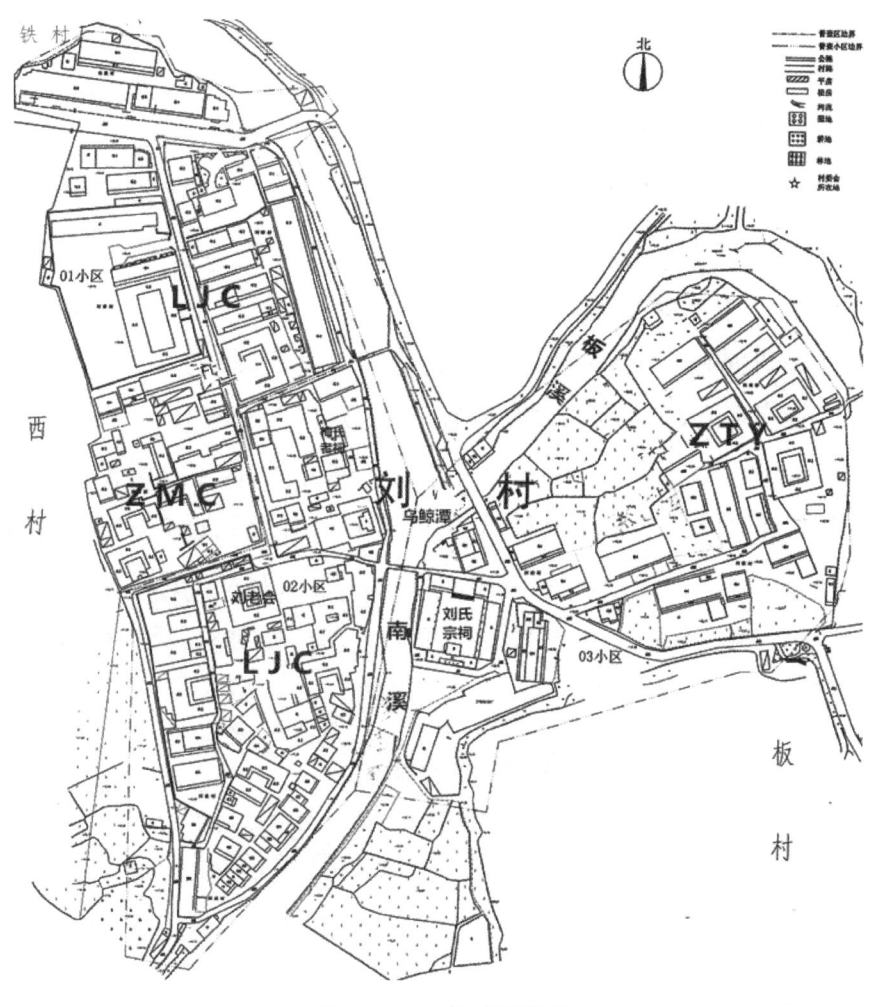

图 3-2　刘村村域图

刘村耕地面积 669 亩,其中水田 342 亩,旱地 27 亩,蛇盘塘①海涂围垦 300 亩,水田以种植水稻为主。山地面积 1 051 亩,生态公益林 50 亩,主要种植松树、橘树等经济效益并不太高的作物。刘村总体经济发展水平在三门县居于中等偏下,除农业外,村中主要有草编(如

---

① 蛇盘塘位于三门县蛇蟠乡蛇蟠岛,是台州最大岛屿蛇蟠岛的海塘,刘村由于先人参加围塘工作,现为 11 位董事之一。

编制草帽、蒲扇等)、石匠等传统手工业经济;村内企业较少,有私人承包的木箱、木工艺品加工厂和碾米厂等。近些年,在村两委的筹划下,刘村拟进行山林开发项目,将山林长期承包给外地开发商。但目前该项目尚处于初始阶段,除了由承包商修筑的绕山道路等基础性建设使刘村受益外,并无直接的财政收益。刘村集体收入主要有:村庄附近的水电站分红,30年一次,共几十万元;以及蛇盘塘出租租金5万/年[①];另偶有公益事项拨款等。村民收入主要来源于外出务工、经商、营运等途径,实际人均收入约为3 000元/年(2008年)。

据2008年统计,刘村人口1 013人[②],近年来,因不少中青年村民外出到三门县城、宁波等地打工,通常刘村常住人口(多为老人和小孩)约为总人口的三分之一,其中老人一百七八十人。刘村的家庭形态以"小家庭"为主,子女一般在结婚后重新组建家庭,单独生活(详见表3-1、表3-2)。

表 3-1 刘村家庭结构

家庭类型	家庭分布				
	全村(%)	一区	二区	三区	四区
总数	313(100%)	111	52	61	89
核心家庭	255(81.4%)	88	46	50	71
父母和未婚子女同住	155	59	30	27	39

---

① 关于蛇盘塘租金的年收入,研究团队不同年份获得的年收入数据不同(从2006年有关文献中的年5万元到2019年相关报道人预估的年60万元不等)。根据对信息来源的不同报道人身份、不同年份等要素,以及第一作者2009年随村支书LSW同在蛇盘塘所作的实地走访经验之综合分析判断,书中各处提及的数额不同的信息均基本属实:近30年来,随着三百多亩滩涂租地用途的变化(如种植与养殖田亩及品种的比例的变化)及国民收入(包括物价、租金)不断增长等因素,刘家村的滩涂租金收入呈现逐年(期)提高的趋势(此处的数值谅为本世纪初年份的滩涂租金的年度最低收入)。
② 根据2013年联系刘村获知的当时户籍人口统计如下:2011年户籍人口1 027人,其中男534人,女493人,计308户。2012年户籍人口数1 030人,其中男535人,女495人,共308户。

第三章　刘村社会治理的基础结构

续　表

家庭类型	家庭分布				
	全村(%)	一区	二区	三区	四区
父(或母)和未婚子女同住	22	7	3	5	7
没有子女的夫妇	31	11	4	7	9
单身者	47	11	9	11	16
直系家庭	54(17.3%)	23	5	10	16
两对(以上)不同辈分的夫妻	12	7	2	1	2
至少一对夫妻分离	42	16	3	9	14
联合家庭	4(1.3%)	0	1	1	2
两个或两个以上已婚的兄弟姐妹	0	0	0	0	0
至少一对夫妻分离	4	0	1	1	2
联合直系家庭 父母(或其中之一)与两个(或以上)已婚的、有(或没有)孩子的兄弟姐妹一起居住	0	0	0	0	0

依据资料：2006年刘村户籍册(1—4册)

表3-2　刘村家庭规模

家庭人口	家庭数量(%)	一区	二区	三区	四区
总数	313(100)	111(100)	52(100)	61(100)	89(100)
1~4人	272(86.9)	97(87.4)	48(92.3)	51(83.6)	76(85.4)
5~6人	41(13.1)	14(12.6)	4(7.7)	10(16.4)	13(14.6)

依据资料：2006年刘村户籍册(1—4册)

刘村的民居多坐北朝南,老式民居以石屋、泥屋为主,主要采用四合院、三合院结构,中间为天井,几家人合屋而住。新近房屋均为砖墙结构,通常独门独户,但往往几兄弟或者关系要好的人家并排而居,各家房屋相连,连接处拼墙而用,甚至共用屋前院子。

二 刘村的历史、社会和文化

刘村所在的 TP 镇历史上经常处于三门县、宁海县等几个县级行政区划的交界地带,1940 年以后隶属三门县。刘村曾是 ZM 乡乡政府所在地,为附近十多个村庄的中心。2001 年 11 月,ZM 乡撤销并入 TP 镇,刘村也随之成为一个建制区划意义上的普通村庄。

刘村宗族文化强韧。刘氏、梅氏是村内大姓,人口分别占全村人口的 75% 和 15% 左右,两大姓氏在当地历史均较为悠长。刘村的其他姓氏主要有王、金、胡、杨等,均系中华人民共和国成立前后从外地迁入。

据《刘氏宗谱》记载,刘氏"自后唐由闽迁入台宁,明初聚族"。LJC 和 ZTY 两个自然村以刘姓为主。

梅姓虽然在刘村所占人口比例不高,但梅姓却是整个传统中门区域①的大姓。据《梅氏宗谱》和《三门县地名志》有关记载,晋代,桐庐梅盛(字"昌图"),人称"长者",原居桐庐,为章安县令,后退隐宁海之宁和里,即现今三门县 TP 镇一带。梅盛生三子,分别取名槔、柚、相,并将其分居地取名为上、中、下门。三子品貌端庄,聪慧过人,最得梅长者公宠爱,故长者让他定居身旁,虽属下门,却取村名为"中门"。现如今,三门中数下门的人口发展最快,有近 6 000 人,占梅氏

---

① 与行政建制上的原 ZM 乡大致相同,原 ZM 乡包括铁村、西村、刘村、板村、山村、枧村、玺村、上村、芦村 9 个村。

第三章　刘村社会治理的基础结构

族人总人口的七分之三,建十三村,分居在三门县内的有七村(天台县、临海县、宁海县、黄岩县等也有分布)。ZMC 这一自然村基本为梅氏子弟。

始祖梅盛的宗祠——"梅长者祠"亦位于刘村。梅长者祠于宋嘉祐年间初建于丹邱寺前,并于明天启年间迁至现址。期间因年久失修、火灾等原因而受损,并多次重修。现如今的梅长者祠由梅氏诸村于1998年集资重建而成,位于南溪西岸,平时大门紧闭,而每逢冬至日、长者生日、春节等大节日,梅长者祠则香火鼎盛。2009年冬至,由刘村梅氏后圳派(即 ZMC 梅氏)发起并出资、梅氏十三村共同参与的祠堂祭祖(包括演戏)即在梅长者祠举行。根据诸村会议结果,中断多年的冬至"做戏"传统将从2009年开始重新延续,由诸村按一定原则轮流组织。

除了梅长者祠,刘村村域附近(刘村与西村交界处,现属于西村)的另一梅氏标志性建筑是柿树堂。据《梅氏宗谱》记载,当时梅长者迁居途经 TP 镇镇中心,认为 TP 因地理等因素,乃非久安之地,而继续向前(即东南方向)迁徙。至现今柿树堂所在地带,觉得该区域山水相绕,土壤肥沃,故在此暂作停留。但是由于该区域不甚宽广,长远发展看仍有局限,梅长者派人继续往东南探查并决定在今横渡区域定居。但是,当正欲举家迁往横渡时,发现香炉已被门前的柿树所绊,牢不可取,梅长者认为这是天意要让梅氏留在此处,故最终决定在此定居。如今,柿树堂大部分虽已成为石刻厂厂房,但核心部分依然保存,成为附近梅氏逢年过节的烧香祭拜地之一。

由于中门地区梅氏历史悠久,子息繁盛,刘村相邻村庄西村(为梅氏上门子息)和板村(与刘村同为梅氏下门子息)也为梅氏主姓村[①];刘

---

① 另一相邻村庄铁村以王姓为主。

村庄内源性组织与乡村治理

村又是梅氏的发源地带,梅长者祠和柿树堂依然保存;以及现如今刘村梅氏总体发展较为出色等多方面缘由,刘村的梅氏虽然在人口上较之于刘氏不占优势,但是其区域之人文等影响力依然不可忽视。

长久以来,刘村刘氏和梅氏关系错综复杂。双方都承认刘、梅的远祖是姻亲,但就具体关系,却有两种截然不同的传说。一说,刘氏祖太婆嫁给了梅氏,而ZTY自然村的村名来历就是当时的祖太婆主动要求嫁妆而"(倒)找田垟",经长久发展取其谐音ZTY为村名。另一说为,刘氏始祖曾是梅氏书童,后梅氏将女儿嫁给刘氏,刘氏自此在梅氏聚居区定居。这两种传说在一定程度上呈现了梅氏和刘氏彼此竞争的心态,都希望自己的祖先是更为优势的一方。无论事实如何,有一点是可以肯定的,长久以来,梅氏是中门区域的望族,而刘氏相对弱小。刘氏的后来崛起,与民国时期的上将LYG分不开。

LYG是刘村土生土长的刘氏子弟,民国初从军,从排长、连长一路升迁,并于1942年升任为国民党第十九集团军代总司令,于抗日战争时期任八十七军军长,开赴大别山靳黄前线。后随国民党军队移居台湾,担任"国防部"副总司令。LYG在刘村留下了不少遗存和故事,除了土改、"文革"等特定的历史时期,刘氏村民对于LYG的事迹,也总是特别热衷讲述,引以为豪。

位于刘村的"上将第"和"GH中学"遗址,就与LYG直接相关。

"上将第"是LYG在家乡的府邸。LYG虽然长期在外任职,但非常重视在家乡的多方经营,委托并再三叮嘱其兄在家打理好家族之事。如今,上书"上将第"三字的入门牌坊依然高高矗立,牌坊后的"上将第"半存半毁:"上将第"原来主要有三栋宅子,均为两层建筑,墙面、内部结构等都颇为讲究。其中一栋在中华人民共和国成立初期失火烧毁,而另外两栋依然保存较为完好,一栋成为现在的刘村老人会活动场所,另一栋则在土改后成为多户村民的民居,LYG的嫡侄

第三章 刘村社会治理的基础结构

孙 LCH 现今就住在这栋房的其中一厢。

而 LYG 在刘村创办的 GH 中学,其遗址也依然存在,一度成为 ZM 乡小学和乡政府、村委会办公地。LYG 亲笔手书的"刘氏家庙"牌匾,现如今也依然悬挂在当初的 GH 中学大门前。"当时很多国民党官员都是 GH 中学的校董,宁海、象山、台州等地的有钱人都来这边念中学,以图获得从政、从军的资本。最多的时候有四、五百人。"刘村村民说起 LYG 和 GH 中学,如数家珍。

除了遗址,刘村还流传着不少关于 LYG 的奇闻异事,多为梅氏在看到 LYG 之不同寻常后为了防止刘氏发迹从而暗算 LYG,而 LYG 却顺利躲过一次次暗算的故事。如幼年的死里逃生。相传,在 LYG 幼年时期,梅氏即算出了这一孩童的不寻常,于是经商量后将其浸淹在水中。但梅氏大房认为谋杀幼童的行为有违仁道,偷偷将其救出,LYG 为了报恩因而在发达后与梅氏大房结为姻亲。"铁村下马"的传说也与此类似。当时,LYG 已从军多年,"出世"在即,板村梅氏害怕刘氏的壮大会影响梅氏的统治地位,故策划谋杀 LYG,派狙击手埋伏在其回村必经的路口——铁村附近,准备在这下手。不料这个消息被铁村王氏族人得悉,相比较于梅氏的独大,王氏更乐于看到刘氏的成长,以制衡梅氏,王氏族人便将 LYG 簇围在中间护送回家。由于铁村王氏是中门一带族众较多的姓氏,历史上因制铁(锻制铁钉、镰刀等)手工业发达,经济实力较强,同时地处交通要冲,扼中门一带村庄往镇、县的陆路及水路通道的优越地理位置,梅氏亦不敢轻易与其交恶,从而使 LYG 逃过了一劫。"出世"后的 LYG 不忘铁村王氏的救命之恩,后来每次回乡到了铁村村口,便下马徒步走过铁村以示对铁村王氏一族的敬谢之意。

这些故事里,虽然也不乏帮助 LYG 的梅氏族人,但更多的终归是刘氏与梅氏的竞争甚至是交恶。即使在中华人民共和国成立后,刘、梅两姓之间的械斗事件亦时有发生,出生于 20 世纪 80 年代中期的一代人亦清晰地记得小时候两个姓氏之间的隔膜,乃至小孩之间仅仅因为姓氏不同而引发的打架斗殴。时至今日,刘氏和梅氏之间的械斗已经基本不复存在,村民之间的关系也已经不再是简单地完全依赖于姓氏。但是,刘村的宗族文化氛围依然浓厚,尤其是姓氏之下的房派亲疏,在很大程度上决定着村民间的实际的亲疏关系。这种关系的影响,在下文提及的村两委选举中可见一斑。

刘、梅两姓均有族谱,最近一次修谱均在20世纪90年代。梅氏族谱一般由最小辈分中最年长的男丁保管,每60年传接一次。刘氏族谱一般由刘氏两位德高望重的长者保管,打开族谱须两人同时在场。历史上,宗族社会只有男丁方能入谱为记,族人也完全按照辈字取名。但最近一次修谱,已将族中女子也载入族谱,且近二三十年来的族人的取名,也鲜有遵从辈分者。从中也不难看出,刘村的"宗族"文化的实践也已发生了不少明显或者微妙的不同于传统宗族社会制度性实践的变化。

春节、清明节和冬至是刘村的重大传统节日。每逢春节和清明节,刘村在外的人员,无论是上学的还是务工的,只要有可能,都会赶回家过年过节。清明、冬至家家户户一般都会举行祭祖仪式,尤其是清明节,还有比较隆重的上坟仪式,同一祖宗、房派的后人会遵照由近及远的原则依次祭拜逝者(即先各自祭拜最亲近的逝者,再一起祭拜较远以至最远古、辈分更高的诸位共同祖先)。对于祖父、太祖父辈,每一户一般都会有至少一人(一般为男性)参加上坟。如在外打工回不了家,一般也会出份子钱(几十至数百元不等)"参加"祭祖,以表心意。

三 刘村的政治生态

根据《中华人民共和国村委会组织法》和《中国共产党农村基层

第三章 刘村社会治理的基础结构

组织工作条例》的相关规定,中国乡村自 20 世纪 80 年代末开始实行党支部领导下的村民委员会自治运行机制。80 年代以来,刘村两委干部名单如下表:

表 3-3 刘村党支部委员会名单

任　期	书　记	委　员			
1982—1986 年	LKYi	LCZ	LKY	LKY	LCR
1986—1999 年	LKYi	LKYu	LCR	MFG	HXY
1999—2002 年	HXY	MYQ	LKYi	LCR	LCH
2002—2005 年	MYQ	HXY	LSW	LF	LCH
2005—2008 年	MYQ	LSW	LCX		
2008—2011 年	LSW	LCX	LXY		
2011—2014 年	LSW	LCX	LWW		
2014—2017 年	LSW	MYQ	LCF		
2018—2020 年①	YXJ	LCR	YJZ	YCC	

表 3-4 刘村村民委员会名单

任　期	主　任	委　员			
1983—1997 年	LKYu	LCH	LCX	LSC	MYQ
1997—1999 年	LCH	LCX	LKYu	MYQ	LSX

---

① 因 2018 年三门县"行政村"调整后芦村与原刘村组建新的刘村等因素影响,此届村两委成员有较大变动。2020 年,刘村遵循国家 2019 年确定的"全面推行村党组织书记通过法定程序担任村委会主任,推行村两委班子成员交叉任职"相关政策(参阅《中共中央国务院关于建立健全城乡融合发展体制机制和政策体系的意见(2019 年 4 月 15 日)》第三款,第 18 条, http://www.gov.cn/gongbao/content/2019/content_5392288.htm),换届选举产生的村两委成员是:书记兼村主任 YXJ、副书记 HXM、副村主任 MSD、村委 YXH 和 LSD。

续　表

任　　　期	主　任	委　　　员		
1999—2002 年	LKYu	LF	LKYy	
2002—2005 年	LKYu	LY	MFJ	LKYy
2005—2008 年	LF	LCF	MFJ	
2008—2011 年	LF	LCF	LCR	LAF
2011—2014 年	LF	LCF	LCR	
2014—2017 年	LF	LJH	LMY	XXT
2017—2020 年	LKQ	MFJ	YXH	LJH

　　从表中不难看出,刘村的村两委成员较为稳定,老一辈的主要有LKYi、LKYu、LCH、LCR,中间有 MYQ、HXY、LCX、LCF,目前的青壮一辈主要有LSW、LF 等。但细观历届村两委产生过程,却能明显发现其间的竞争之激烈。1997 年村委会选举甚至为争夺选票发生了几十人参与的斗殴事件,近年因选举制度的逐步完善等原因,虽不再发生类似事件,但依然暗潮涌动,候选人的选举费用①总和也一般在十万元以上。其中,房派力量依然是能否最终当选村两委、能否成为党员的重要影响因素②。

　　而刘村两委的关系,也时常处于矛盾—和解—矛盾的变动过程中。以目前 LSW 和 LF 为主导的两委为例,LF 刚担任村委会主任时,曾计划将流经刘村的河流堤坝和堤岸加高加固以进行水产类养殖,从而增加村集体收入。但刘村夏季常有洪水,堤坝加高将增加上游

---

① 如送烟给选民(一户一条,红双喜、利群、中华等),甚至少数直接用钱买选票(主要针对在外无法回村投票人员),或者请客吃饭等。
② 详见本书第八章选举案例。

第三章 刘村社会治理的基础结构

ZTY自然村的受灾可能和危险程度,LSW作为ZTY利益代言人,联合ZTY另一派代言人LCF以及在河岸边有众多亲友关系的MYQ等人极力反对,找来县水利部门人员进行阻止的同时,放狠话说"建多少拆多少"①。最终,该事件以加固石料被村委倒留在堤岸边收尾。近年来,由于相互平衡妥协,村两委虽然关系依旧微妙,但并无直接对抗事件发生,甚至在一般事务处理上颇为和谐。值得一提的是,村两委的关系,更主要的并不是组织意义上的关系,而是村支书、村主任、支委、村委各自代表利益团体之间的关系,这些利益团体借助两委平台或合作或竞争,谋取自身利益最大化。

具体村庄管理过程中,在决策机制上,按照村两委议事制度的有关规定,党支部议事方式一般包括支部党员大会、支委会和村两委联席会议等,由于刘村村委会成员均为党员,因此党支部议事通常情况下也即包括了村委会。而村委会议事也一般可以邀请村党支部书记参加。由于身份的重叠,以及刘村村务的并不繁复,近年除了党员发展大会等纯党支部会议外,刘村会议一般整合为村两委会议,由村支书主持。有涉及整个村庄的较大事宜时,则召开扩大会议(村民代表大会),除了村两委成员外,党员和村民代表②通常也受邀参加会议,共同商讨村务。由于在外务工等原因,一般情况下参加会议的有十多人,包括党支部成员LSW、LCX,村委会成员LF、LCF,以及其他党员和村民代表LKB、LAL、LCH、LCB、LKN、LKD、LKX、LCG等人。这十多人也基本就是刘村公共领域的活跃者。值得一提的是,有超过一半的人为60岁以上的老人。刘村两委并没有像刘老会一样形成例会制度,通常是由村支书根据乡镇政府布置及村庄事务决定开会时间,

---

① 参见梅杰.宗族势力对乡村民主的影响——刘村2005年选举考察[D].杭州:浙江大学,2007.
② 刘村共有11个村民小组,每个小组有2—3位村民代表。

刘村 2008 年和 2009 年的会议频率约为平均每两个月举行一次,议题主要集中在荒山开发承包、殡葬改革和公墓选址、清明节防火等当年及例行的重要工作上。

村两委的村务管理按照工作内容主要有以下几方面:集体经济经营和村财务管理、计划生育管理、社会治安管理和防汛防旱工作等。

如前所述,刘村的集体经济并不发达。虽然如此,刘村亦根据上级统一部署成立了经济合作社,社管会由村主任 LF 负责,村委 LCF 和村民 LCB 担任社管会成员。相应地,社监会成员包括 LCX、LCF 和 LCB。目前,经济合作社基本处于空置状态。集体经济的不发达也在很大程度上决定了或者反映出刘村村两委的较少作为。

在村财务管理上,根据三门县现行的"村财镇管"有关规定,刘村每年的行政费用为三万余元①,由村支书和村主任同时签字盖章后向镇里报销,其中单笔 1 500 元以上的开支需有村民代表签字。刘村在此行政费用范围内的开支主要有:报纸订购费② 3 000—4 000 元/年;上级干部视察招待费、村际交往费用、有关单位红喜事来往费用等;以及争取拨款、工程赞助等而花费的送礼、招待等开支。通常情况下,刘村的行政费用比较紧张。

计划生育管理曾经长期是刘村村两委的工作重点。尤其是在实施计划生育政策的初始阶段,村民眼中村两委主要成员的功绩与"失德"均与此有很大关系(村两委成员如严格按照计划生育政策对超生行为进行惩治,则被村民视作"失德"、不通人情;而睁一只眼闭一只眼的,则被视作为村民着想,有功绩)。近年来,计划生育在刘村的工作已经基本稳定为育龄妇女统计、计划生育优惠政策实施、宣传资料发放等事务性工作。刘村计划生育领导小组分别由党支部书记和村

---

① 按全村人口数计算,每人 30 元。
② 镇政府、派出所等分派任务。

第三章　刘村社会治理的基础结构

主任担任正副组长,其他两委成员组成小组成员。

刘村的社会治安管理工作主要集中在森林防火、纠纷调解和防御台风等事项上。近年来,TP镇综治办的主任正好是刘村的"驻村干部"①,因而刘村两委对于综治工作比较重视,和镇综治办关系也相当密切。刘村成立了专门的防火巡逻队伍,由两委成员和刘老会成员共同组成,尤其在清明扫墓期间组织严防工作。而乡间村里的纠纷调解,通常是由村支书LSW、村主任LF、支委LCX和村委LCF四人出面(其他两委成员均长年在外。LF亦在三门县城工作,平时并不回村,一般只有在村内发生比较重大的纠纷事件时,LF才会赶回村里一起处理)。另外,村内比较有威望的老人或纠纷双方的相熟之人也是调解纠纷的重要力量。防御台风是刘村比较重要的工作。刘村由于位于沿海地区的内陆腹地,一般情况下不会成为台风登陆地带从而遭受强烈攻击,但是依然是受台风影响比较显著的区域。每年的台风季节,刘村两委能回村的都尽量回村,全面投入到防御台风的工作之中。综合负责队(信息员、预警员、后勤保障)、抢险突击队、人员转移队等都有明确分工。除了两委成员,一部分党员和村民也被调动到防台工作中。

在监督机制上,刘村的监督机构主要有村务公开监督小组和民主理财小组。村务公开监督小组由村民LCH、LCB和LAL三人组成;民主理财小组由LSW担任组长,另有LKN和LZC两位成员。按照制度设计,村务公开监督小组对村务公开的及时性和公开内容的真实性进行监督、审议并张榜予以公布;而民主理财小组则对村级财务管理制度执行情况进行监督和审核。但是在实际运行中,这两个监督小组基本处于停顿的工作状态。

---

① 即刘村是其分管片区中的一个村庄,"驻村干部"并不住在村里。

总的来说,刘村村两委在村庄治理中更多扮演政府基层"代理人"角色,较少主动作为。而其他如经济合作社、民主监督小组等村组织,基本处于有形无实状态。近年村内重大事项基本由村支书 LSW 召开村两委会议讨论决定,一般 LSW、LF、LCF 和 LCX 四位两委成员,以及其他党员和村民代表共十余人参加会议。而在具体管理中,一般情况下也是由 LSW 全权负责,LCF 和 LCX 从旁协助,LF 在刘村发生重大事件时回村一起处理。针对不同的管理事项,村内不同的人参与到具体项目中,如党员、村民代表、刘老会会员或其他相关人物。

第四章
刘老会内部自治的制度与惯习

前文第一章已提要了刘老会的组织结构和运作形态,这一章节将聚焦"制度"与"惯习"对此进行更为深入、细致的描述,以探究刘老会这个生于乡村、长于乡村的组织得以生长所依托的组织内部机制。正是通过这些机制,刘村中被"打散"的老年个体以组织方式聚合,并从"内聚式"的老年组织走向村庄公共领域,参与村庄治理,同时其实践亦成为村庄民主制度、公共规则的确立及公民文化的培育的重要力量,促进村庄社会从"私域"(公私参半,这里的"公"是"血缘·地缘"性质的"连带性")的民间社会转向自主联合、"公域"(现代"公共性"取向的实践空间)的公民社会。这在很大程度上为市场经济、法治政府及城乡对接社会转型背景下的村民自治制度提供某种启示。

一 自治组织构架:自治历程与课题

(一)刘老会的"核心组"与"理事会"

如第一章所述,刘老会成立于1993年,到2020年为止共经历了九届核心成员领导下的发展历程。

表 4-1 刘老会历届核心成员名单

任　　期	会　长	副会长	理　　事
第一届 (1993—1997年)	LKYi	LZC①	
第二届 (1998—2000年)	LXK	LKY、 LZC	LKC、LCB、MZX、LKD、LCG、 MQQ、MZX、WWC、LKYe、LKZ、 LKH、LKB、LCD、WXN
第三届 (2001—2002年)	LXK②	LKY、 LZC	LKC、LCB、MZX、LKD、LCG、 LKN
第四届 (2003—2005年)	LCB	LZC	LCL、LKZ、LKD、MZX
第五届 (2006—2008年)	LCR (LCB③)	LNY	LZC、LKC、MZX、LKD、LCL、 LKN
第六届 (2009—2011年)	LCB④	LKD	LZC、MZX、LCL、LKN、LKS
第七届 (2012—2014年)	LCB		MZX、LKD、LKC、LCL、LZC、LSF
第八届 (2015—2017年)	LCB		MFQ、LKD、LAL、LSF
第九届 (2018—2020年)⑤	LAL		MFQ、LSF、LCBa、LCG、LKN

一手参与刘老会创建、时任刘村村委会主任的 LCH 说起建会时

---

① 一说是 LXK。
② LXK 生病期间 LCB 曾当过半年左右的会长，后 LCB 也生病主动退出会长选举，换届后由 LCR 上任。因 LXK 去世该届任期仅 2 年。
③ LCR 生病期间及去世后。
④ 2011 年，请 MFQ 担任名誉会长，参与刘老会事务。
⑤ 2021 年，第十届核心成员产生：会长 LKQ、副会长 LKQi、理事 LSF、LCG、LKQg、LCY、LKM。较之前一届，成员有较大变动，其中的缘由与可能的影响，有待后续跟进研究。

第四章　刘老会内部自治的制度与惯习

的盛况,仍然有些兴奋:"那时候,乡里看到周边不少乡镇都建立起了老人会,于是也想做一做政绩,也成立个老人会。刘村当时是乡政府所在地,第一个老人会理所当然地要建在这里,作为全乡示范点。当时成立老人会在整个乡里都很轰动。乡里指定由村支书兼任老人会会长,并专门召开了成立大会,还摆了几桌酒热闹了热闹。附近村子的不少村主任、书记也都前来祝贺。"①

20世纪90年代初期,在各级政府的推动下,老人会在各地蓬勃兴起,其发展状况甚至成为老龄委的主要政绩考量标准②。三门县也不例外,各乡镇纷纷开始行动。刘老会的成立,正是直接得益于这一时期自上而下的动员式的老人会建会。

刚成立的刘老会,组织结构十分简单。除了由乡政府和村两委指定村支书兼任老人会会长外,老人会其他主要负责人也均由村两委成员担任,如当时的村会计LZC担任老人会副会长。老人会会员也是通过半行政命令半动员的方式集体被动入会。这一时期,刘老会作为村两委直接领导下的群众团体,在资金和管理上完全依附于村两委。同时,由于全国的老人协会工作正处于萌芽、探索阶段,对于老人会的具体工作开展,行政部门并无统一的必须加以执行的任务部署。对于各级政府和村两委来说,成立老人会这一事件本身即是对老人工作的最大支持,是贯彻上级号召的"政绩"。在这一大背景下,刘老会在成立之后,既无主动开展实质性工作的动力,也无来自行政力量的被动压力,和许多地方的老人会一样,刘老会实际上更

---

① FT(LCH)。
② 1989年,全国老龄委号召在农村大力推广老年协会。1991年全国农村老龄工作经验交流会召开,农村老年协会在全国大部分村庄成立。1999年,为进一步加强全国老龄工作的领导,成立了以时任国务院副总理李岚清为主任的全国老龄工作委员会。地方各级政府也相应成立了老龄工作委员会。据有关部门统计,70%的村民委员会建立了村老年人协会(参见,全国老龄工作委员会.中国老龄事业发展状况。老龄工作·事业发展[EB/OL].2005-1-28, http://www.cnca.org.cn,转引自王习明。从NGO视角看鄂中4个村庄的老年协会[EB/OL]. http://www.snzg.cn/article/2006/1104/article_868.html)。

多的只是一个挂名组织。

从1998年年初开始,情况发生了明显的变化:刚退休回乡的LXK有志于建设有实际功能的老人会,向当时的刘老会主要负责人(同时也是村两委主要成员)主动荐任会长一职。经村两委一定程度的支持,LXK借由会员推选的方式成功上任,担任第二届会长。与此同时,第一届的副会长LZC因为年龄等原因退出村两委,留任副会长。在这两人的共同努力下,尤其是LXK的奔走动员下,LKY、LCB、LKD、MZX等原本在村或者陆续退休回村的老人纷纷加入刘老会,并担任要职:会长LXK提议聘请副会长一名(LKY),由两位副会长分别兼任出纳(LZC)和财务审查(LKY),并主管经济事务;同时,又聘请了会计(LKC)、总务(LKD)、日常管理员(LCG)各一人;1999年年底,又动员LCB、MZX分别负责刘老会的组织档案和宣传学习工作。随着核心岗位和成员的逐渐浮出,"核心组""理事会"等组织层级概念产生,"核心组-理事会(组长)-会员"的层级化组织结构(图4-1)基本建立,并在1999年年底以《刘村老人会章程》《管理制度和有关细

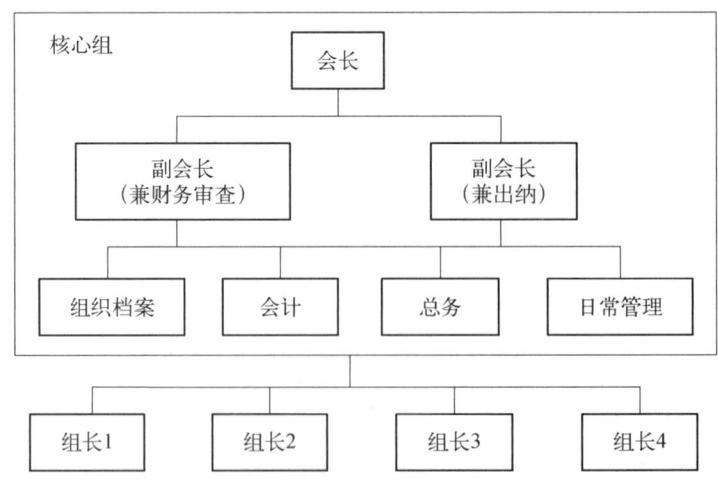

图4-1 刘老会"核心组"和"理事会"(1999年)

第四章　刘老会内部自治的制度与惯习

则说明》《关于新集会的有关规定》①等文本形式予以最终确定并公布。

刘老会确立了其常设机构是"核心组"和"理事会"。按照相关规定,刘老会由会长、副会长兼出纳、副会长兼财务审查、组织档案、会计、总务、日常管理共7人组成一个集体领导班子,即"核心组",核心组根据分工不同,分别管理具体项目的实施。同时,将全体会员划分四个"会员小组",每组均配有正副组长各1名。7名核心组成员和8名会员组组长共15人组成"理事会","于每月月底开展一次碰头会,小结本月事业情况和研究明确下月要做的(组织)事业"②,即由理事会负责商议与决策刘老会所有事务。

在机构设置上,刘老会亦经过了实践性探索,在初始阶段,刘老会"核心组"和"理事会"的关系尚显模糊。核心组的设置原则是按组织职能,更偏向于是组织的事务执行机构;而"理事会"则由核心组和组长组成,是组织的决策机构。随着刘老会职能的增减,核心组成员也随之变动,如LCG替代MQQ负责"抓市场、小店、会员病探、后事慰问",增加LCB负责"抓组织档案、史记工作",增加MZX负责"抓宣传学习及书写工作"。因为理事会的设计原则,核心组的变动势必会引起理事会的变动。这使刘老会的理事会面临了尴尬的困境:因事务执行机构的变动而导致决策机构的变动,这已有悖合理的组织设置;更为重要的是,随着这些变动,决策性机构人员有增无减,日益冗杂。第二届的理事会除了核心组LXK、LKY、LZC、LCB、LKC、LKD和MQQ等7人外,另有MZX、LCG、LKYe、LKZ、LKH、LKB、LCD、WXN等8人。2000年初,因为由LZX担任刘老会会计,LCG负责市场管理,经理事会全体会议通过,增补其为核心组成员,理事会也相应地增加为17

---

① SJ001、SJ002、SJ003、SJ004。
② SJ025。

人。同时,刘老会还尝试了聘任 LKZ、LKYe、WWC 三位老党员为老人事业顾问,列席理事会。近20人的领导集体显然过于臃肿,刘老会意识到了这一问题的存在,在第三届领导集体组建过程中,有针对性地对其进行了改革。

2000年年底,刘老会趁着换届之机,取消了"核心组"这一概念,以"理事会"一词代替原来的"核心组",即"理事会"包括正副会长、出纳、财务审查、组织档案、会计、总务、日常管理等业务人员,而原属于理事会的各组组长则因为"理事会"一词指代的变动而被自然而然地排除出理事会。理事会通过召开理事会议决定刘老会所有事务,成为刘老会的决策机构和具体执行机构。原则上,已经是非理事会成员的小组长,并不参加理事会议,只有当理事会因需要召开扩大理事会议时才列席,共同商讨并参与决策。至此,刘老会"核心组"和"理事会"合二为一,机构实现了精简,而且层级和分工更为明确:刘老会在"集体领导,民主管理,分工负责"的原则下,分为理事会-组长-会员三个层级。其中,第一层级的理事会由全体会员直接选举产生,理事数量由老人会的职能分块的多少决定。一般情况下,会长统筹全局,不负责具体职能,也并不被称呼为"理事"。而包括副会长在内的所有理事,则每人分管一项职能,如财务、人事、宣传、经营等(图4-2)。第二层级的组长采取理事会选拔任命结合会员推选方式产生,负责理事会和会员之间的上传下达。

刘老会这一以职能分块决定理事、并将理事会作为决策兼执行机构的理念和设置,一直保留至今。唯一变化的,只是理事数量随着职能分块增减而产生的增减。一旦有临时性或全新的职能加入,或是相应地去除某一职能,刘老会可通过增减"理事"职位来适时进行组织结构管理的调整。如2007年修缮刘氏宗祠期间,刘老会增设了一个理事专门负责该事务。

第四章 刘老会内部自治的制度与惯习

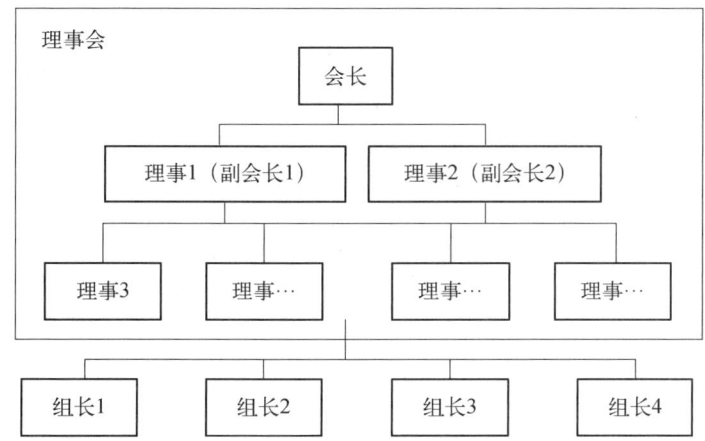

图 4-2　刘老会"理事会议"职能模块示意图①（2001 年—　）
注：本图根据 SJ 中关于刘老会历年组织结构变迁归纳制作而成

这种建立在协会内部功能划分基础之上的组织结构设置，与华中师大学者们所研究的通过外部物质输入所组建成功的"鄂中四村"老人会的组织结构基本相似。如洪湖渔场老年协会除设会长和副会长之职外，根据协会内部职能成立了包括财务组、宣传组、放映组、书法组、评书组、象棋组和卫生组等 7 个功能小组，并由各组组长分头负责②。洪湖渔场老年协会的功能组"组长"与刘老会"理事"具有相似的组织地位与职责范围，均是某一事务项目的管理者。但这两类老人会的组织职能显然有很大不同："鄂中四村"老人会除了财务、宣传

---

① 图表中各职务的职能说明：
　　会长：召集、主持协会有关会议，在民主的基础上形成协会的规章制度和决议；
　　理事 1：主管组织财产登记管理，票证的开具和统计工作；主管市场、竹园、商店、租借物件等各项老人会的经营事业；
　　理事 2：主管财产设备和财务工作：经济收入规划预算及安排财产设备的具体部署；
　　理事 3：主管会计事务和每月财务总结；
　　理事 4：主管档案及人事组织工作，村庄各种证件办理和案头工作；
　　理事 5：主管学习宣传及政治思想工作；
　　理事 6：主管涉及一切公益活动及会员福利等杂务工作（理发室、电视室等）；
　　理事 7：主管宗祠修缮工程；
　　理事…：……
② 王习明.乡村治理中的老人福利[M].武汉：湖北人民出版社，2007.

等维持组织自身运行的职能外,主要就是组织所开展的娱乐性活动——放映组、书法组、评书组、象棋组等的分块,明显显示该组织职能侧重于文娱活动组织。而刘老会却与此不同。刘老会将涉及一切公益活动及会员福利的杂务工作,包括电视室、棋牌、理发等都交由一位理事统一管理,在具体管理中再通过聘请会员担任管理员的形式实现。除了这一职能外,刘老会还分化出其他几项职能,并据此设立理事,一项职能是经营管理,包括市场、竹园、商店、租借物件等经营活动,这是自治组织刘老会维系其存续和运作的重要物质基础。除此之外,刘老会设置了财务、组织、宣传三项组织自我管理职能。特别重要的是,对于财务管理,刘老会设置了两位理事专门负责,这也是唯一一个不止由一位理事负责的职能,由此可见刘老会对于财务的重视。而刘老会的人事组织和档案管理,亦有其独特之处,尤其是下文将述及的人才吸纳与内部流动机制;以及文档保存意识。刘老会的文档保存,通过两种方式实现,一是在《老人会史记》中记录所有重大事件,尤其是对于 2000 年前后机构和制度建设时期的详细记录;二是保存协会所有财务票据、活动资料、来往文件。这使刘老会十多年的运行细节鲜活犹存。刘老会职能的多元,以及据此的理事分工明确,使其相比较于"鄂中四村"老人会,更具组织生长力,这也直接影响了其后续发展,为刘老会对于村庄公共事务的参与以及组织内部认同感的形成提供了可能性。

纵观刘老会历届理事会的建设,是一个在模仿和变动中探索适合组织自身模式的务实过程。上述"理事会"与"核心组"的交融,即是理顺理事会与整个组织的关系。而理事会内部关系的理顺,亦是经过了诸多尝试。

在刚起步的第二、第三届时期,刘老会并没有自创资金开展福利和公益性活动,同时市场管理、商店经营等各项经营事业尚处于开创

第四章　刘老会内部自治的制度与惯习

阶段,因而刘老会的工作重心自然而然地偏向经营管理,以获取活动资金。理事会中副会长的设置即体现了这一偏重。LKY 和 LZC 这两名副会长一方面协助会长 LXK 统领全会性的综合管理事务,另一方面分别负责"抓经济效益",管理各项会产设备;以及"抓社会公益",主管竹园。可以这么说,刘老会在这一时期集中全会之力重点发展经济,并通过副会长统筹。相应地,副会长在组织中的地位明显高于普通理事。随着房屋、物件出租,商店经营,市场承包,竹园管理等经营项目的实践,刘老会的经营事业逐渐实现了盈利,同时也形成了可遵循的自我运作经济规范制度,组织经济职能方面所需的资金和人力投入已经可以相对减少。与此同时,会员福利、会员日常娱乐活动等与协会宗旨直接相关的职能的履行,却日益成为组织之需求。职能的此消彼长所引起的,是副会长与普通理事之间地位的日益平等。副会长所负责的原本需要统领全会的经济职能开始向着专一功能性事务的方向发展,因而副会长逐渐失去其凌驾于理事之上的地位,两者之间的区别逐渐变成仅仅是所辖职能事务的区别,而并无任何管理上的层级关系。正因为这种"式微",刘老会尝试将副会长由原来的两个减少为一个,以求在持平副会长与理事之关系的同时,保证在会长"空缺"时可有副会长代理会长履职。

在第五届理事会任职期间,副会长的"式微",更是走到了极致。这一时期,刘老会尝试模仿政府组织机构设置中的妇女代表占据一定比例的原则,在理事会中设置了妇女代表名额。"选人大代表、政协委员都有一个女同志的名额,老人会也应该在理事会中有一个妇女代表……女的都在家里,不出来活动也不好。"① 温和勤恳的女会员 LNY 在这样的考量下被推选为副会长。此时,原先由副会长兼任的

---

① FT(LCB)。

出纳和财务审查,以及经济职能,已经落实到了有关理事身上,副会长基本成为一个虚职,并没有实质性的职责内容和综合管理功能。"女会员人数比男会员多很多,但是她们一般不肯去管理,她们能力有限,不识字,没有文化,都愿意忙家里的事,老人会活动虽然是来参加,但叫她管理她还是不愿意的"①。对于刘老会来说,将一个女性推至副会长的位置,虽则彰显了女性会员在组织中的地位,使理事会从形式上更符合"现代"组织的要求,但是却也与其追求实际效益,分管各自职能的组织机构设置理念不相吻合。因而在第六届选举期间,刘老会不再刻意强调女性理事的比例,理事会再次由清一色的男性理事组成。

(二)刘老会的"会员组"与"小组长"

如果说理事会是决策机构和领导机构,那么组长则是决策的具体执行者,是理事会和会员之间的联络纽带。刘老会从1998年开始开展实质性工作至今,一直将其划分为 ZTY 小组、SG 小组、XG 一组、XG 二组这四个会员组,"会员组"的设置,成为一百余人的刘老会顺利开展活动、实现管理的重要途径。

刘老会四个会员组之所以能如此稳定和有效,是因为其划分遵循了村庄的内部逻辑。早在生产队时期,因宗族房支以及地理位置的差异,刘村区域的这三个区块、四个小组的划分已经形成;刘村成为建制村后,也依然沿袭了这一分块,即使是全村11个村民小组的划分,也只是这一基础上的细分。刘老会合理地借助了原有的格局,成功将众多的会员有效网罗进整个管理体系中。

刘老会明确规定了各小组组长的职责:

"1. 根据本组内会员对老人事业有哪些看法和要求,代表本组向

---

① FT(LCB、LCL 等)。

第四章 刘老会内部自治的制度与惯习

本会反映。

2. 代表本会向全组会员转告我们对老人事业的具体情况（看法），通知各会员要做的事情。

3. 每年一次收缴会费和必要时代表本会送发给会员福利。

4. 掌握本组会员具体情况，会员确属重病需要及时探望，必须及时反映。或有会员家庭矛盾确需调解的，向本会提出要求，必要时一同帮助调解。

5. 组内会员发生百日之后，必须及时转告本会日期，以便通知各组会员参加送别和悼念，必要时开个追悼会。

6. 必须明确本组男女会员人数，掌握会员增减情况，做好注册登记和保存工作。随着老人事业不断地发展，结合本会实际情况，必须抓实抓好组织建设工作。"[①]

从这些职责规定可以看出，小组长全方位地承接了协会组织化生活的开展。可以将其职责大致分为三类：一是上传，二是下达，三是组织活动。

需要从本组会员上传到理事会的内容包括：会员意见、会员近况（尤其是生病、死亡，以及家庭关系的变动情况）、会费以及其他事务。理事会和扩大理事会议的存在，在程序上保证了意见上传的通畅，同时实现了会员对理事会的日常监督。如前所述，在从"核心组"到"理事会"的变迁中，小组长退出了理事会，在一般情况下，扩大理事会会议各小组长必须参加，而理事会会议则仅有理事参加。但是由于第二届原理事会的传统，于每个月月底召开的定期理事会，在多数情况下实际上往往是扩大理事会，除了纯粹的理事内部的事务性工作部署，其他如涉及协会发展的决策商讨、具体工作安排讨论的会议，一

[①] SJ033。

般都会邀请小组长列席。除了正规的组织会议,各小组长与理事会的交流也可以通过组长与理事之间的非正式会谈实现。"各组的组长接触本组会员机会较多,所了解的情况比较属实。"①因而通过组长的信息传达,刘老会能够及时了解比较真实的会员情况,实现有效治理。

而需要通过小组长下达给会员的信息,同样比较繁冗。刘老会一般每年召开两次全体会员大会,即每年的九月九老人节以及每年的农历年底。在这两次大会上,通常会由理事会代表向会员汇报协会各项情况,包括详细的经济状况、组织建设、好人好事表扬、今后工作安排,等等。而在平时运作中,情况的传达以及任务的布置执行,都是通过组长实现。为了保证传达的有效,有两点是非常重要的,一是组长在组内的权威性。刘老会的四个"会员组"内部,掺杂着传统宗族、房派意识和居住地空间的小"地缘"意识,使其构成各自具有共同利益和社会互助关系的相对独立的内聚式网络系统。三个区块、四个小组的长期实践,使每个会员组中,都内含了具有较大话语权力和活动影响力的老人。而这些老人,往往正是各会员组的组长,有的甚至是理事。小组长的权威性,使刘老会对于会员的充分调动成为可能。除此之外,小组长对于刘老会的组织认同以及其集体精神,即是第二项条件。刘老会也充分地认识到了这一点,因而在工作中总是对此有所强调:"我们(指理事和组长)是全会一切事务的参与者和表决者,就应为维护集体利益大局原则,(对规章制度和事实情况)站出来加以说明和解释,(对歪曲的事实)不应该听之任之,更不能动摇、推脱、附和,致使造成一时邪风浊浪。因为我们的一言一语所起的影响作用更大。我们应要光明正大,一个目的就是同心同德、团结

---

① SJ042。

第四章　刘老会内部自治的制度与惯习

一致把老人事业进一步搞好。这是我们大家走在一起,坐在一块的根本目的。在老人协会的事业中有什么个人名利及私心杂念可图、可争呢?我认为如果大家有抱着个人名利及私心杂念,就绝对不会坐在一起操这份穷光蛋的心思了。"①同时在人事流动上设置通道:一般情况下理事需有组长经历,这在客观上提高了小组长的组织认同和工作积极性。小组长的权威性和对于刘老会的组织认同,除了使其组内工作有效的同时,也使其在上传会员意见、监督理事会的过程中具有实质作用,而不单单成为理事会的执行者。这也在很大程度上保障了刘老会的民主管理。

相比较于上传、下达的事务之多,刘老会各组长单独组织活动的功能发挥得并不充分。除了参加协会的统一活动外,会员组内几乎没有任何独立的活动。即使是协会组织的活动,虽然通常由组长传达、动员,但是会员也是以个体的身份参加,而不存在以会员组的名义所展开的竞争。这一情况与刘老会会员组的规模以及协会活动内容有很大关系。刘老会每个会员组一般有会员30人左右,由于活动时间、活动内容等的限制,希望并且能够参加活动的,往往只有一半左右人数。更为重要的是,刘老会的活动以棋牌、电视等个体活动为主,而春节、清明节晚呼巡逻队、森林防火巡逻队等团队活动,又往往成立专门的十来人左右的小组,无须再进行小组内分组管理。活动开展的个体化而非会员组化,对于刘老会的发展所产生的影响是双重的。一方面,减少了基于会员组的利益分化,从而减弱了组长与组织之间、组长与理事之间的抗衡,加强了刘老会的凝聚力和统一执行力。但是另一方面,这也在一定程度上使刘老会的理事会一支独大,会员组成为简单的执行者,而一般会员则更多地成为附议者和跟

---

① SJ042。

随者。

综观会员组的设置以及组长的职责,可以发现,正是这一设置,使刘老会具备了稳定的组织网络架构和有效的资源动员能力。利用原有的基于传统家族力量和地缘关系的成熟"小"内聚式网络,刘老会成功地建构起了其"大"组织整体网络的支撑骨架,从而将村庄内散落的老人联合起来。这种利用原有文化资源的做法大大降低了组织成本,为组织找到了颇具有效的构型的"黏合剂"。理事会的职能区分和会员组的地域区分,使刘老会具备了稳定的持续的组织构架和运行机制,下文进一步结合人事制度、财务制度以及组织理念的详细论述,呈现刘老会的内部自治实践。

二 吸纳与流动:刘老会的人事制度

(一)"精英-会员"的分层

1997年年底,刘老会刚刚由行政性挂名组织向自治组织过渡期间,出现了较为明显的精英与普通会员在活跃度上的分层。这一分层,使名义上拥有一百多人的刘老会成了十来位精英的俱乐部。

LXK接任刘老会会长,组建第二届老人会核心组和理事会时,经过其动员以及第一届的部分"遗产",刘老会聚集了村庄内的不少老年精英。这些精英大体可分为以下几类:

一是退休职工。如会长LXK是三门县钢铁厂的退休职工,MZX是小学退休教师(曾在家乡小学从教42年),而LSF则曾是上海远洋公司国际航船上的炊事上士。这些退休回乡人员,相比较于普通村民,文化水平更高,阅历较广,有较多的组织经验和单位体验,对于政府的有关政策如老人会事业等也更关注。这些都为其像模像样地"移植"和探索刘老会发展所需的组织结构和制度设置提供了可能。

第四章 刘老会内部自治的制度与惯习

另一方面,他们返乡后,又无可避免地存在着从组织化生活中抽离出来的空虚感。LSF 和 LCL 等过惯组织生活的党员,就对退休后无法参加党组织生活颇有微词:"(以前党员生活)一直下来很有规律的,现在退休以后转到地方上来,我这个党员(生活)基本上没有了,就是组织费交上去,他(村委)现在也不要。我们村里现在退休以后 5 个党员,组织生活没有下落,像参加村党组选举,我们(因为年龄原因)现在排都排不上"。除了党员生活,从正常工作中退休后大量的空闲时间,使其渴望能在村庄中开始有所寄托的生活。一个能够施展拳脚的老人会组织成为其选择。

二是传统村庄精英。刘村是一个宗族记忆较为浓厚的村庄,在这样的村庄里,总是存在着几位辈分较高、仁德谦恭、热衷公务的长者。LKY、LCB、LKD 即是这样的人物。这一类精英虽则并不一定被纳入村两委这些正式组织,但是其在公共领域的活跃度以及影响力却是不容忽视的。刘老会成立初期,这批具有工作能力且热心村庄公共事务的老人,也就或主动或被动地开始了以刘老会为组织平台的各种活动。

三是"退居二线"的村庄精英,即原来担任过村两委的人员。相比较于前两种类型的精英,刘老会中的这一类精英较少。这与当时情况下同时满足已经退出村两委、已经到达入会年龄这两个条件的人员很少有关。从第一届开始连续三届担任刘老会副会长的 LZC,正是属于这一类型。长期的村两委任职使其熟知村庄事务,同时,他们与行政组织的关系更为密切,能够较好地带来组织初期发展所需的正式制度性资源的支持,为刘老会争取更大的生存、发展空间。

这三类精英共同承担起了刘老会初创期的机构、制度建设。值得注意的是,这些老人虽是"精英",但在某种程度上却是"失意"的:这些老年人只能在刘老会这个村庄次一级组织内部"公共空间"中作为,而缺乏参与到村庄性公共事务组织和管理的渠道,无法对村庄公共政策监督施加有效影响。这与"鄂中四村"案例中春风得意、社会关系足以震慑村政的老人会精英们①完全不同。这可能与村庄类型以及组织资源的来源有较大关联:鄂中老人会借由外部资源植入,其想要在复杂的乡村关系中迅速立根发芽,势必需要让村庄精英担任领导;而刘老会以村庄社会资源为内发基础,刘村是典型的"空巢村",村中多为留守妇女、儿童和老人,而村两委组织提供的村庄公共服务较少,无力改变该局面的老人只能通过自我组织刘老会争取老人群体利益,实现参与公共生活的渴望。而刘老会与政府公共组织和正式自治权力组织的互动"距离感"(一是缺乏可以发生互动的途径,二是基于对村政的失望而有意识地脱离),却成全了刘老会的自治——自我运作很大程度上不再依靠村两委等正式自治组织来产生公共活动合法性以及村庄资源的动员力量。

  与精英的活跃形成鲜明对比的,是此时的其他会员,则处于无所作为的状态。这一方面是由于普通会员当初加入刘老会的动机更多的是行政推动,对于刘老会没有热忱和期待;更为重要的则是因为刘老会尚未形成相关的机制激发其有序参与。精英与会员这两个群体的分层,对于刘老会的发展是很不利的。所幸的是,分层的两端都衍生了衔接这种分层的渴望:精英希望调动普通会员积极性以使刘老会能够像一个百余人的组织一样步入真正的运作;而会员此时对于已经出现了组织者的刘老会也开始有了期待和想象。此时,无论是精英还是会员,都希望能够通过一定的途径打破活跃分子与观望者之间的脱节。于是,吸纳与流动,并在此过程中自我培育刘老会组织"精英"的人事制度,慢慢地在探索中形成。理事会的选举以及积极

---

① 参见,贺雪峰.乡村的前途[M].济南:山东人民出版社,2007.

第四章　刘老会内部自治的制度与惯习

分子的制度性流动，即是两大亮点。

（二）理事会的选举

如前文所提及的，从第三届开始，刘老会理事成员采取由会员直接选举的方式产生。《刘村老人会章程》中"会员的权利和义务"章节对此有明确的规定："会员有会内领导人员选举权和被选举权"①，即全体会员既是选举人也是候选人。2000 年由第二届理事会通过的《决议》对于理事会选举也有专门的规定："要实现和达到这样的愿望（指刘老会的发展），就要有一个较好的领导班子，也就是说要有一个广大社会信得过、大家拥护的、自己的管理人员。社会不断发展，情况也随之不断变化，老班子的成员也有些可能不再适应现实的要求了，加上老年人的体质条件一年比一年不同。新上来的会员比较有才能的也不断出现和产生。因此，经全体理事成员对上述草议反复研究、一致通过决定，本协会理事人员执行'三年为一届，进行民主选举'的决议。"②

每逢换届选举年度的农历 11 月底，刘老会先就选举事项召开全会动员会议，要求全体会员认真对待选举事宜，"把会员中好的、有能力的人选上来成为领导成员，即理事人员。"③并成立专门的选举领导小组负责有关事宜。该小组以会员组为基础，兼顾各组实际情况，每组推选产生 2—3 名会员代表，并在此基础上确立组长和副组长各 1 名。一般情况下，理事会成员会有意回避被推选为选举领导小组成员以增强选举的独立性。以刚开始实施该制度的第三届选举领导小组为例，当时的小组成员是 LKYo、LKN、LZX、LKH、ZBY、LKY、LCD、LNY、LKB、MQQ 和 LKZ 共 11 人，由 LKYo 和 LKN 分别担任正副组

---

① SJ002。
② SJ028。
③ SJ025。

长,与第二届理事会重合度几乎为零。往后几届的实践也证明了此点。另一方面,刘老会同时规定,如若选举领导小组成员自己成为候选人,则主动退出选举领导小组,以保证选举的公正公平。选举领导小组产生后,即由该小组全权组织选举,不受任何组织或个人干涉。

理事会候选人一般通过自荐和他荐这两种方式产生。由于参加选举的人员一般都在十多人左右,与理事会7—9人的规模正好匹配,因而刘老会并不设置候选人选拔制度,凡报名参选的会员均直接成为候选人。确立候选人后,即由选举领导小组根据会员总数印制标有序号的选票。在选票上,所有候选人均有各自的编号,会员只需填写相应编号,这大大方便了文化水平不高的会员:即使不识字,也同样可以通过询问他人记住投票对象编号后做到独立填写。为了方便选举的组织,四个会员组分别成为四个选区,每个选区指定由选举领导小组中的2—3人负责选举表的上门分发、收集,而选举表汇总后,即进入选票统计和公布环节。

会长、副会长、理事分别列项,选举领导小组根据得票数从多到少择出当选者。通常情况下,当选者得票数必须超过全部票数的半数。如当选人员得票数未过半数,或者发现有同票数名单但又超出了当选人数名额,均由选举领导小组讨论商议,通过表决决定最终处理方案,并张榜公布正式当选人员名单。公示无异议后,新一届的理事会宣布成立,并随后立即召开第一次理事会议,全面交接工作。为了保证交接工作在春节前顺利完成,选举工作一般需在12月中旬结束。而年末的一系列工作,包括选举代表进行年终账目核查,物资清点;春节期间会员福利发放;年终好人好事评比;下一年工作规划设计等,则由新旧两届理事会各有侧重地共同完成:通常,账目核查和物资清点以新一届理事会为主展开,其他工作则以上一届理事会为主。第二年春节过后,上一届理事会正式结束履职,新一届理事会全

第四章 刘老会内部自治的制度与惯习

面展开工作。

总的来讲,在这整个由选举领导小组组织的理事会选举过程中,有三点设计特别值得一提。

一是送票上门。这一行为的作用是多方面的:在村庄"公共空间"中宣传了刘老会的民主精神和服务态度,使会员意识到自身在选举中以及在刘老会中的重要分量;同时也给会员一定的压力让其认真对待选举,确保参加选举的有效票数。特别是在选举制度刚开始实行阶段,这一设计的宣传和组织功效是显著的。从第三届的选举数据(表4-2)来看,参加投票的人数比率相当高,除了在外不便参加的会员外,基本都参加了选举。另一方面,送票上门也有弊端。刘村是"熟人"社会,关系、面子、集体性压力等影响选举意志表达的外在因素比较多,送票上门如若处理不当,很有可能导致这些外在因素对选举个人意志的过分干涉。而无记名投票的实行,以及选票的非当场回收,则比较有效地规避了其弊端。

表4-2 刘村老人会第三届(2000年农历11月)选举数据统计

	会员数	参加选举人	在外	弃权
第一选区(ZTY)	26人	24人	2人	0人
第二选区(SG)	46人	36人	8人	2人
第三选区(XG1)	42人	38人	3人	1人
第四选区(XG2)	26人	18人	6人	2人
合 计	140人	116人	19人	5人

注:本表根据SJ029制作而成

二是选举领导小组的设计。从各会员小组中自下而上地产生选举领导小组来负责组织选举,而非由处于组织上层的"理事会"产生相关机构自上而下地汲取选票，比较有效地避免了前一届理事会对于选举的干涉，减少了人为因素的新旧理事会之间的"人员复制"。当选人员得票数未过半数是否仍然当选，候选人拥有相同票数但又超出了当选人数名额怎么办，这些特殊情况下选举领导小组的表决权，更是使选举领导小组的独立性和权力显露无遗，让会员实实在在地感受到自己推选的选举小组的力量。

三是在交接过程中新一届理事会对于前一届理事会的账目核查和物资清点。这也是刘老会透明的财务制度的体现之一。关于此，本章下文将会有详细描述。

综上，理事会选举制度的实施，将全体会员直接纳入了刘老会的管理和运行体系，处于游离状态的会员，在选举过程中被重新组织到刘老会中，"精英-会员"在积极性上的严重分层，在这种参与中渐渐消弭。更为重要的是，通过选举实践，会员们意识到，自己并不是与刘老会毫不相干的观望者，也不是"精英"的被动跟随者，而是刘老会的权力主体，这一理念的转变，对于刘老会成长为一个会员基础稳固的自治组织至关重要。

（三）"优秀会员"的评选与内部"晋升"

理事会选举无疑是对全体会员主动性和积极性的一次大调动，同时保证了作为组织核心的理事会的有序运行。但是，三年一次的换届选举频率，显然还不足以支撑起组织的持续运作，刘老会需要相对日常的人事规章、人事考核和奖惩反馈来补充理事会选举的评判，以实现组织人力资源的不断承继与更新。每年一次的"优秀会员"评选及优秀会员的内部晋升制度可能比较好地做到了这点。

每年年终，刘老会都会成立评比小组进行面向全体会员的"优秀会员"评选。评比小组一般由理事和小组长的绝大多数成员组成，评比名额一般为会员总数的10%，分设一、二、三等奖，并遵循"两头少，中间多"(即一等奖和三等奖会员少,二等奖会员多)的原则进行奖项名额设置。

整个评比过程分为三步:第一步,由评比小组制定并公布评比条件。1999年首次评比的条件如下(以后每年的评比条件也基本与此类同)①:

1. 组织观念强,对每年缴纳会费认识好,对规定的规章制度遵守维护。

2. 对公益事业、社会活动积极参加,义务为公。

3. 关心老人事业,以公为家,为办好老人事业献谋献策。

4. 家庭团结,威望高。

5. 关心村务工作,为村里各项事业带头配合。

6. 关心国家大事,遵纪守法好。

第二步,各会员组组长向评比小组提议本组候选名单,一般为每组3—5人。对于这一步骤的运作,刘老会并没有详细的规定,因而各会员组组长具有充分的自主权。然而,熟人社会的村庄现实,却使这一"独断"过程相当透明。各成员对于会员组内其他成员的表现,可谓是一清二楚。对于应该选谁,会员们虽然没有程序上的推选和自荐权利,但是却能通过大众舆论监督组长做出公正的选择。

第三步,由评比小组根据"长中取长,短中取长"的原则(即选取相对较为优秀的会员),经过研究讨论,最后确定具有代表性的13—15人作为优秀会员,在年终总结颁奖大会上公布名单及当选原因,并发给奖品予以表扬。

通过上述评比条件和程序评选出的"优秀会员",主要有以下两类:一是协会活动的积极组织者和参与者;二是好人好事的实践者。

---

① SJ013。

其中,历年评比中,担任理事和小组长的"优秀会员"约占"优秀会员"总数的1/3—近1/2。为了更好地凸显普通会员,理事和小组长虽然相比较于普通会员总是更为积极地参加刘老会事务,但一般会比较有意识地回避当选为"优秀会员",即使是最为优秀的人,也会有意回避连年当选。

"优秀会员"的评选,对于刘老会的人员调动和人力储备有很大裨益。一方面,刘老会通过这一内部激励机制调动了会员的参与积极性,将更多游离的会员聚拢到核心圈外围;另一方面,刘老会通过对"优秀会员"的表彰,将其仪式性地推向了公众视域,在某种意义上甚至可以说是对未来理事的多次分散选拔和提前储备,以"优秀会员"为主的"积极分子",往往成为内部晋升的首要考察对象。

由于老年人的身体状况、家庭劳作事务等影响,理事会成员不能完整完成三年任期的情况并不少见。为了保持组织机构的相对完备以及组织的正常运转,刘老会制定了一套详细的人才流动措施,包括横向职能托管和纵向晋升顶职制度。横向职能托管即指理事和组长职位出现空缺后,通过处于同一层级的人员之间的职能调整和组合以保证组织的正常运转,这一流动方式在刘老会建会初期理事会成员相对较多的情况下使用得比较多。而在职能分块模式和理事会机构设置相对成熟、基本实现一职能对应一理事的阶段,纵向的晋升顶职制度则发挥了主要作用。刘老会对于因领导职位在非选举时期出现空缺而采取的内部晋升顶职有明确的规定:

"1. 会长:由第一副会长暂时履行会长职责;

2. 副会长:如两个中还有一个在任的,则不作补充,若两人都有变动的,通过理事会研究从理事中提升一人做代副会长;

3. 理事:可以暂时缺额,如因需要由会长提议并经全体理事成员通过,也可在组长中提拔一人做代理;

4. 组长：正组长空缺由副组长代理组长，副组长可暂缺或根据情况在会员中适当委任一人代理；

5. 业务人员：会计、出纳、票据开发员、日常管理人员等，聘请相应会员或指定在任理事暂时兼任。"[1]

值得注意的是，即使在此种并非通过全体会员直选产生理事的情况下，刘老会也比较好地注意到了流动的制度性和规范性，并非根据某些核心成员的人为意志随机指任，而是遵循有关规定进行自下而上的选拔。刘老会规定，纵向晋升顶职必须通过"理事会议"的内部选举，并在面向全体会员的公示通过后才能被确定为最终当选人员。晋升梯度亦有着严格的规定：职位的晋升只能逐级上升，即"理事"只从"小组长"中产生；在协会活动中已展现个人能力，或已获得"优秀会员"称号的"积极分子"，如果没有担任过"小组长"并获得小组会员的认同，不得直接晋升为"理事"（除了会计和出纳等技术性较强的职位可通过"外聘"方式取得外）。

三 规程与"阳光"：刘老会的财务制度

在刘老会办公室的门口，每月都会有刘老会每项固定活动的当月收入和支出的明细情况公布，以接受全体会员的监督。刘村村民对此颇多赞誉，刘村前任村支书 MYQ 也称赞说，"老人们没有贪的，人都很正气，工资也很少"。这与刘老会在逐年的摸索中，形成的一整套财务制度不无关系。

（一）刘老会的基本财务制度

刘老会以"勤俭办公"为准则，在财政制度建设和步骤制定方面

---

[1] SJ028。

十分严谨,制定了《(财务)管理制度和有关细则说明》。该《细则》于1998年始起草并试行,通过两年试行和调整,2000年形成执行决议。《细则》规定收付必须严格按照票据审批手续执行,强调财务清明、勤俭治会。其中的核心内容包括内部财务收支操作制度和对外公布结算制度两方面(图4-3)。

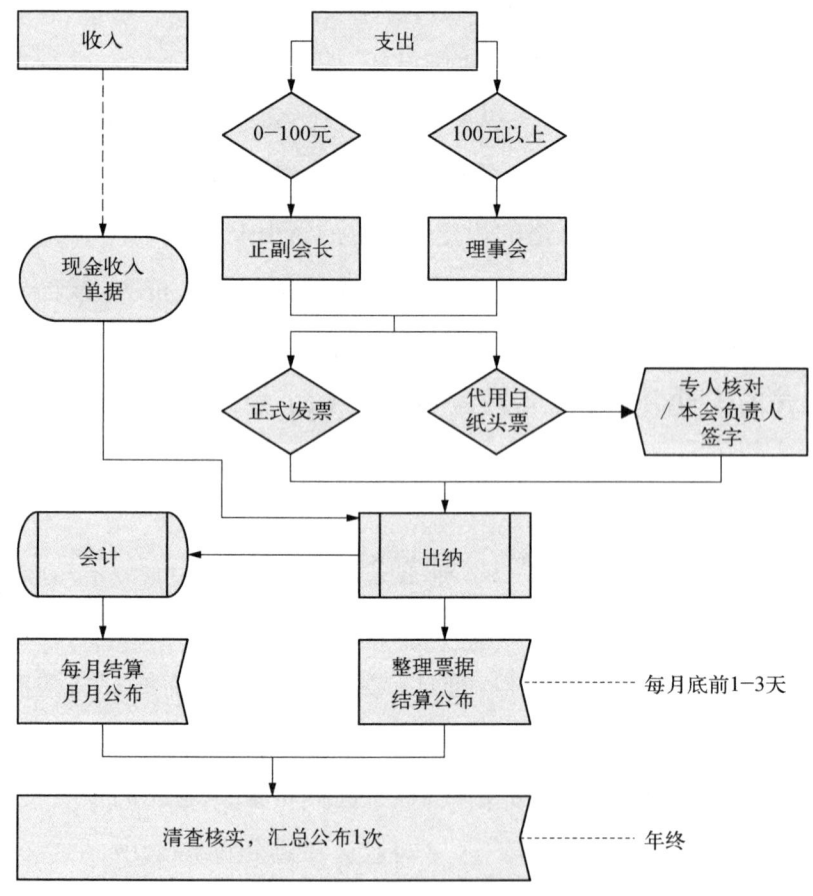

图4-3 刘老会财务收支流程

注:本图依据刘老会SJ003、FT001、FT002整理绘制

在财务收支操作制度方面,经手财务收支管理与审查工作的人员设置有副会长(或是专门理事)、出纳(票据保管员,由理事担任)和

会计(由理事担任);这三者职责分别为:发票单据以及100元以下金额支出的非发票单据的签字审核(面额在100元以上的票据须经理事会审核通过后方能签字)、收支票据保管和不合理支出的二次把关、账目核实和月度、年度结算。此外,"理事会"每月召开例会,通报本月的财务审计状况,讨论审核一些大数额的支出票据,并就不必要的开支群策群力以期紧缩;如本月有协会基础资产或出租物件的缺损,则还讨论追究经管人责任的问题,并视情况酌情制定赔偿标准。

在具体操作细节处理方面,刘老会严格规定收付手续,重视账目明示工作,"收付必须账目分明。会计做账要分清项目,列出明细,每月结算、月月公布。出纳在月底前一至三天,必须整理好所有票据交会计结算公布";刘老会同时规定,"收付必须严格按照票据手续,收付严禁在账外相抵不做账。凡收入款项要开收款收据入账,现金收入和单据由出纳保管。支付要从发票为先,确无正式发票的代用白纸头票要经专人核对签字或经本会负责人签字后生效",并将票据账目存档保留;除此之外,"有关人员(主要是刘老会经营项目、承包项目的负责人)的工资及补贴,都必须单项登记,造册签字"。①

在对外公布结算制度方面,除了在刘老会办公室前的财务明细公布栏上按时公布每月账目清单外,刘老会规定,每年年末,由各小组选派会员代表组成年终清账小组,清点核算全年账目;全面检查餐具、娱乐物品等各类物资;并公示最终结果。公示通过后,刘老会将所有账目票据及相关资料存档。

总而言之,刘老会设置了一整套财政收支规范。在其中,一方面通过组织内部相关核心成员对财务报销流程手续的分解管理和特定款项的个人负责制,实现对款项数额和来源去向的控制;另一方面通

---

① SJ003。

过账目核实计算和票据结算的双线操作管理,保证了刘老会会产的利用效率和资产支出。最终,内部的财务收支操作制度的规范化和面向全体会员的账目公开化,保证了刘老会收支的每一笔款项的合理性和透明性。

(二)特殊的票据:"券"的使用

在刘老会每月的票据保管整理中,除却用于组织管理与活动举办等支出款项的正规票据整理外,还有一类特殊的票据需要进行单独整理和结算,那就是刘老会自己制作、用于特殊支付的"券"。"券"分为"娱乐券"和"理发券"①两种,分别适用于刘老会的两项会员福利兼对外经营项目——棋牌娱乐以及理发室。

"娱乐券"由刘老会发给娱乐项目的承包人,并由会计处登记所发券数。会员或非会员进行娱乐活动前,必须先从承包人处购买相应数额的娱乐券,凭券(将券交于娱乐场所管理人)进行娱乐活动。承包人、会计各存账本,以便核账。每月月底,承包人将售券所得现金,管理人将所收券上交会计,刘老会按照上交券金额的相应比例,支付给承包人作为分红,及管理人作为管理费用。而"理发券"则每月由各组组长统一发放给会员;会员凭券进行理发,理发员按照最终所得券数向会计支取每券金额的固定百分比作为服务费用。若是非会员要求理发,则必须到理发服务承包人那里付钱(大人1.5元/人、小孩1元/人)买"理发券",凭票理发,管理步骤与"娱乐券"相同。承包人所售出的非会员理发券,以每券5角作为理发员奖金,又1角作为承包人分红,其余收入则归刘老会所有。

进行"券"的操作是由于这些公共服务属于协会内部会员资产的自运作项目。这部分资产来源于全体会员的集资累积,因此归组织

---

① 2008年,娱乐项目采取承包经营方式后,娱乐券被取消。

集体共同所有，刘老会认为有必要进行亲自管理与监督，以避免会产资源的流失与损坏。这种以"券"数量作为支付承包人利润分红的计算方法，是基于"多劳多得"的原则，既有效激励了管理项目承包者的积极性，提升服务质量，也便于将这种激励原则进行量化结算，进而使组织全面了解被承包出去的会产项目的运营状况，实时调整运作策略。更为重要的是，"券"的使用作为刘老会多年来运营经验中财政管理制度化和规范化的一种表现，项目收费数额和管理者的报酬支付均实施固定化操作，管理员严格按照刘老会所规定的价格收费，杜绝了乱收费现象；完备的财政收支步骤也降低管理员寻求个人私利而造成协会经济损失的可能性，从而实现了对管理承包者的有效监督。

（三）专项账户分立管理

2007年，刘老会受刘氏捐资人委托组织刘氏宗祠修缮事宜，经商议，刘老会决定在协会账目外建立独立专项账户，由LCL和LKD两位理事分任会计和出纳。"修宗祠是刘家的事，但老人会不是刘家一家的，老人会只是帮忙做一下这个事情，所以当时想了这个法子。"①这种对财政层面的独立性把握正是刘老会自觉与以家族、宗族为内核的传统组织的分野。

四　理念的惯习化：日常的"制度"性格

刘老会在朝"现代性"组织方向的发展上付出了很多努力：建构了完善的组织体系，以制度化的组织规章界定会员的权利与义务，并以一整套的制度设置来维持组织的正常运转。除此之外，刘老会也

---

① FT(LCL)。

村庄内源性组织与乡村治理

十分注重协会的非制度建设,即日常组织理念的惯习化——尝试让会员以权利平等的"个体"身份参与到组织活动中来,接受组织主导文化和氛围的感染,并试图进一步培育出富有"公共精神"色彩和"制度"性格的乡村共同体。

第一是组织观念的培育。现代性组织与传统组织的组织观念是有差异的。传统组织大多嵌在熟人社会之中,通常依靠非正式制度来制约组织内部成员的行为。这种以熟人社会中的特殊关系和社群舆论为保障建构起来的网络组织关系,个人被包裹在伦理关系网络中,虽然是社会构成的最小单位,但往往已不是独立、自主的个体。而在现代性组织中的个人,通常因为经济社会变动和人口的流动,生活在生人社会之中,个人通过制度的实施和保障产生信任关系,进而构建关系网络;个人一般具有独立的权利和义务,维系个人之间关系的是硬性的规章制度。当下乡村中的老年人,相对而言是传统色彩依旧浓烈的一代人,虽然家族力量已式微,社群环境也日益发生变化,但家族式的特殊主义的观念和行事准则还不会即迅地被完全抛弃。刘老会不断在实践中完善组织机构,以民主直选制度和顺畅的上下沟通方式使组织成员认识到个体在组织结构中的存在,使它有别于缺乏实质性组织形态、依靠血缘纽带建立起来的传统组织。

如果说组织结构建设是组织观念培养的第一步,那么完善的规章细则体系既维持了整个组织的日常运作和经营活动运转,也使会员们逐渐接受将制度作为唯一的行为方式,从而加深对组织的认同感。值得一提的是,制度与治理的文书档案建设是刘老会内部自治管理独具特色的内容[①]。文书文档是书写文明制度区别于口传传统习俗的主要标识,也是现代组织管理制度的重要标志,对于一个组织

[①] SJ 以 2000—2001 年为限(在笔者的鼓励下,2007 年又开始延续),其他财务、契约资料等数十年来一直有记载、整理和收存。

第四章 刘老会内部自治的制度与惯习

的历史演变、行为规范和发展定位都有不可替代的作用。作为乡村老人的自治组织,刘老会克服了档案记载对体力、脑力和文化程度的挑战,尤其在第三届开始进一步进行组织制度建设的两年间,有意识地将协会的重要章程、主要领导的集会讲话、协会资产明细、财务报告、历次会员福利、经营事业契约、会员先进事迹等全部协会活动,以文字形式记载保存下来,为协会提供了日常管理运作程序的书面依据。

最后,刘老会十分重视会员们按照制度办事、认同组织规章的组织精神培育,要求全体理事及组长要同心同德,树立责任感,坚持原则办事。"同时我们还要做好宣传使广大群众,特别是全体会员人人都知道我们所有的一切规章制度。根本完全是着想于集体利益,又根据现实的需要,为适应现实情况,有利于事业发展。我们必须随时采取相应措施和手段。这是完全正确的。首先要求在座各位态度要明确,有个大局观念,维护我们正确的那些制度绝不动摇。今后不论碰到何人何事,各项经办人员都不得任意改变或有私人关系,一律按规定办事,否则不但责任自负,而且还要补偿损失。我们认为任何新事物刚刚产生,都难免一时间有抵触和有难度。有些人不能接受产生反对这不奇怪。只要我们坚持执行加以解释,一定能习惯起来的,也必能按规论事的"[①]。

第二是志愿精神和服务精神的弘扬。刘老会理事每年领取相当微薄的管理费(10—70元),可以说,他们对于协会事务的尽心尽力,更多的是出于一种志愿精神;而刘老会对于村庄公共生活中的一些事务的承担,同样是出于志愿奉献精神。"大家都是尽义务为公、各负其责、愿做公仆、甘当勤务员"[②]。在这中间,这些乡村准精英起到

[①] SJ038。
[②] SJ011。

明显的带头作用:"理事会成员包括小组长,过去认为干这些工作吃亏,没什么意思,经常要开会,影响生产和休息时间。今年在会长LXK无私奉献精神影响下,都认为要不辜负大家对自己的信任,因此丢掉自己的私心杂念,尽力去做好工作。"同样,在年终的优秀会员的表彰以及平时的黑板报中,常常出现一些富有志愿精神的好人好事,如参加义务劳动和英勇扑灭火势等。农村基层公共管理上的志愿精神包括纯粹性奉献的志愿精神与行为,以及村民在公共生活中的志愿结社行为。前者可以归于高尚道德的一种,而后者则被誉为现代民主的一种形式①。刘老会在日常实践中弘扬了这种志愿精神。

服务精神的提倡则是刘老会非制度建设的另一重要方面。无论是接待会员入会时要求理事会"强化服务观念,对待会员交会费态度要好";还是对待前来租用红白喜事用品的群众"管理人员态度和好,热情接待,使租户心情舒畅",刘老会对服务精神的倡导同样包括两方面:一是协会领导班子对于会员的服务精神,二是会员对于村庄公共事务和福利事业的服务精神。也正是这种志愿精神和服务精神,有效地维持着刘老会理事会和成员之间的互动关系,并支撑着刘老会在村庄公共生活中的合法性和动员能力。

第三是民主意识的实践。刘老会的民主自治情况在以上章节已从组织机构、规章制度、财务收支系统等多方面体现,理事会和各组组长的月碰头会议、干部的选拔、财务公开以及项目管理规章的严谨到位,都是在"民主治会"的原则下进行的。会员通过参与协会活动,在组织的"公共空间"中能强烈感觉到自己是协会的主人,掌握组织的发展状况,对协会进行有效的监督管理。

第四是村庄自治协政精神的提倡。刘老会将"在村两委的领导

---

① 吴新叶.农村基层非政府公共组织研究[M].北京:北京大学出版社,2006:193.

第四章 刘老会内部自治的制度与惯习

下,必须有会员的组织性,带头支持和响应党的各项号召和村务工作"作为会员的第一条义务,使得协助村务成为评选优秀会员以及获得表扬和认同的重要条件。刘老会于1999年开始设置一个专门负责宣传学习的"理事"职位,如今组织成员的政治思想学习和对时事政策的关注已成为刘老会内部非制度建设的重要内容。组织范围内的学习和培训一般定于每月月底夜间或雨天等闲暇时间,内容为学习和宣传国家中央以及地方政府的思想方针和时事政策等各种资料,通报县镇村相关的中心工作以及普及有关老年人权益的法律和社会保障制度。通过对于公共政策和政府中心工作的宣传学习,组织成员不仅丰富了自身的信息视野,满足了对国家大事的交流需求,更将协政精神植入会员的观念中,使会员们更乐意及更有效地参与村庄公共治理。同时,在村庄日常事务管理中,刘老会通过以"组织"面貌加入村庄性"公共领域"的公共事务管理实践,更是直接带动了组织成员加入村庄共同体建设中的热情。

第五章
刘老会的村庄治理参与

《中华人民共和国村民委员会组织法》("村组法")为中国村庄治理设定了基本的制度性框架,创置了一个农村基层社会自治的公共空间。在其中,"村民委员会是村民自我管理、自我教育、自我服务的基层群众性自治组织,办理本村的公共事务和公益事业,调解民间纠纷,协助维护社会治安,向人民政府反映村民的意见、要求和提出建议"①。

但是无可否认,在众多如刘村这样的"空巢村",由于村干部大多在村庄外工作,无暇顾及村务等原因,村委会这一村庄正式组织,更倾向于扮演政府"代理人"的角色——面向村庄代办乡镇政府交给的"政务型"事务,而"当家人"的角色——负责管理和维护村庄社会公共利益,满足公共产品与服务的需求,却往往处于缺位中。另一方面,人口老龄化日益成为我国社会发展的重要课题,根据有关统计,农村人口老龄化程度更是超过城镇②。在诸多"空巢村",老人成为村

---

① 中华人民共和国村民委员会组织法[EB/OL]. http://www.gov.cn/flfg/2010-10/28/content_1732986.htm。
② 民政部发布的《2012年社会服务发展统计公报》显示,2012年,全国60岁及以上老年人口19 390万人,占总人口的14.3%,其中65岁及以上人口12 714万人,占总人口的9.4%。而国务院印发的《中国老龄事业发展"十二五"规划》则提出,从2011年到2015年,全国60岁以上老年人将由1.78亿增加到2.21亿,平均每年增加老年人860万;老年人口比(转下页)

庄公共产品和服务的需求者,同时是协助村两委进行村庄治理的可能力量。在村民自治之村委会职能履行可能缺位的情况下,如何保障老人权益,如何发挥老人作用,从而弥补村庄公共产品与服务的供给空缺,甚至为村庄治理积累有效的公共治理绩效存量,是村民自治课题的重要内容。刘老会这一乡村内源性组织所开展的村庄治理参与实践,可以在一定程度上回应这一具有挑战性的课题。

一 刘老会与村庄老人"福利"

"为老人谋福利"是刘老会理事们反复提及的一句话,而"福利"在刘老会运作过程中的表现形式则是协会会员"有东西可发,有活动可以参加",这是组织的核心理念和工作目标,也是村庄老人加入刘老会的重要原由。

综观刘老会近些年的作为,其提供的会员"福利"主要包含以下几个部分:

一是创建文化娱乐活动场所。成立之初,刘老会依靠会员自愿集资的形式,购置了第一批协会固定资产,如桌、椅等,此后随着协会资金的积累,添置了麻将桌、象棋、电视机等娱乐设施。目前,刘老会建立了棋牌室、电视室、图书室、热托室等,成为刘村老人日常休憩消遣的主要场所。

棋牌室主要提供麻将、象棋等活动。为了支付电费和设备损耗等费用,棋牌活动收取一定的娱乐管理费。对于刘老会会员,娱乐管

(接上页)重将由 13.3%增加到 16%,平均每年递增 0.54 个百分点。根据中央农村工作办公室 2009 年的调查(转引自《中国老年学学会常务副会长赵宝华在"全国农村老龄问题高峰论坛"闭幕式上的总结讲话》,http://www.gschina.org.cn/toutiao/2011-10-10/1170.html)显示,农村在老年人口总数、老龄化水平和老年抚养比等三个重要指标上都明显高于城市,其中,农村老年人口总数 1.05 亿,是城市 0.62 亿的 1.69 倍,农村老龄化水平 18.3%,是城市 7.97%的 2.3 倍,农村老年抚养比 34%,是城市 12%的 2.8 倍。

第五章　刘老会的村庄治理参与

理费标准为：普通麻将桌每人每次0.3元(一桌为1.2元)，自动麻将桌每人每次1.5元(一桌为6元)；下象棋为每人每次0.2元(一桌为0.4元)。老人节、春节等传统节日所有娱乐项目免费。对于非会员，根据协会的相关条例规定，优先保障会员参加活动的权益；如果非会员在场地允许的情况下参加棋牌活动，则每人必须交比会员稍高的娱乐管理费：普通麻将桌每人每次0.5元，自动麻将桌和象棋也各有收费规定。① 由此可见，棋牌活动收费的优惠也可视作会员的一项"福利"。电视室则向会员免费开放，放映电视或戏剧片录像。每天下午及晚上，电视管理员结合会员人数和会员要求按时开放(一般需有会员五人以上)；每逢节日则延长时间开放。而图书室，由于其成立是刘村"基层文化俱乐部"②建设的一部分，则是向全体村民免费提供图书借阅服务。热托室设有床等基础设备，以方便老人休息。

二是提供部分生活服务和补贴。刘老会利用协会其中一间房屋设立了理发室，添置了理发椅、镜、脸盆、脸盆架、水缸、柴、毛巾、提水桶、铝勺、柴刀、灶、锅、锅盖等理发设备，并且每年支出600元(每季度150元)聘请理发员一名，于每月初二、十二、二十二(每年农历12月份另加一天，时间是农历28日)③向会员提供免费理发服务。女会员由于乡村习惯基本不理发，为了保证公平，刘老会每年向其发放一定的现金补偿(目前标准为5元)或卫生用品。而非会员理发则需要向刘老会购买"理发券"(一般为大人1.5元，小孩1元)④。

近年来，刘老会在会员"福利"中还增加了一项"医疗保险补贴"。在刘村每人每年需缴纳医疗保险费30元，刘老会为参保会员每人补

---

① 目前根据打麻将赌注大小决定收费：打1元的，每桌收费6元；打2元的，每桌收费10元；不允许打更大的。
② 关于"基层文化俱乐部"的详细情况参见下一章。
③ 也有规定为每月的初六、十六、二十六，参见QY010、QY011。
④ QY010—015篇。

贴10元①,以鼓励会员参保。

另外,刘老会还提供村庄红白喜事的食堂和用餐场地以及餐具、祭祀用品等相关物件的出租服务,方便会员和村民租用。

三是注重老终残弱抚恤服务。刘老会对会员病探及终别制定了抚恤规章。规章规定:如有会员重病,所在组的组长负责掌握情况,认为确实到了需要探望时,必须及时报于协会,然后由协会组织探望,规章甚至详细规定了探望重病会员的形式和礼品②。会员与世长辞后,刘老会以辞逝之日为准在史记上记载存念;出殡之日由组长通知本组会员,以自愿参加为原则,经由协会集中统计人数后组织前往出殡现场送别逝世会员,召开简短的追悼会以示悼念,并以协会名义赠送丧品③。若逝世会员生前对协会有特殊贡献,协会将召开特别会议,经集体研究决定特别的终老抚恤规格④。

另外,刘老会每年公布高龄榜,对高龄老人(80虚岁及以上)发放营养品等以示慰问⑤。

此外,刘老会的协会日常管理岗位,有一部分有意留给因残疾而生活困难的老人,以帮助他们自食其力。例如刘老会的理发员即是一位聋哑人,他同时还承包了协会的棋牌管理。其中,理发收入为每年600元,棋牌管理收入每天平均可获得10余元(自动麻将桌每桌6元,其中管理员收取1元管理费,另外5元归协会,普通麻将桌每桌收

---

① 个别经济收入较少的年份(2006年)没有补贴。
② 一般探望礼品价值为50元左右。但目前刘老会已经取消了会员探望活动,主要原因是生病老人因某些顾忌(觉得刘老会探望即意味着即将去世)在心理上不希望协会探望。这种顾忌也隐约反映在刘老会会长的选举上,部分人由于前几任会长均在任内逝世或上任后不久即病重,而有些避讳"会长"之职,或是在当选会长后有意避开这一称呼。
③ 根据协会当年的财务状况,会员终老抚恤的标准也在调整。例如2007年的标准为200元,2008年为300元。
④ 根据SJ003整理。
⑤ SJ013:以2008年新年为例:90虚岁以上老人慰问品是一包桂圆干、一包荔枝干和5斤白糖,80岁以上为一包桂圆和5斤白糖,普通会员为5斤白糖。福利规格根据协会每年财务状况而定。

第五章　刘老会的村庄治理参与

取1.2元,每月固定交给协会90元承包费),看似微薄的管理费在很大程度上支撑起了他们的主要生活花费。

四是组织集体活动。每逢老人节和春节,刘老会都会举行全体会员参与的茶话会兼总结大会,在大会上,由刘老会会长和主要理事做讲话和汇报,内容包括全国时政,尤其是老人事业发展情况;刘老会整体发展情况,尤其是财务情况;以及老人保健知识交流等。会后,会员们围坐在餐桌前,享受刘老会免费提供的午餐。茶话会结束,会员们还将领到一定数量的福利补贴或生活用品①。

除了一年两次的茶话会,从2008年开始,刘老会都在老人节期间举办"老人节运动会"②,项目包括丢沙包、下象棋、射飞镖以及乒乓球、羽毛球等。对于比赛前三名,刘老会给予一定的物资鼓励③。

而每年春节前夕,刘老会都会举办优秀会员评比活动。

近些年来,随着刘老会的发展,刘老会提出了更多形式的集体活动设想——"组织一次旅游,带老人们坐下火车,看下社会发展"。

五是为满足老人参与村庄公共事务的需求提供便利。一方面,会员聚集在刘老会驻地这一场所性"公共空间"④,通过闲谈,发表对村庄公共事务的看法和意见,形成公共舆论,影响村庄治理;另一方面,刘老会通过多种形式,承接多项村庄公共管理项目⑤,从而为刘村老人亲自参与到村庄公共运作中提供平台。

从以上"福利"内容可以看出,刘老会在为会员——刘村的绝大部分老人提供多项"福利"的同时,也在一定程度上将"福利"对象辐射到了会员外的刘村老人甚至是其他村民。在这一层面上,刘老会

---

① SJ025:以2007年重阳节为例,会员礼品为1条毛巾和1个脸盆;2008年重阳节为自鸣电水壶一把。
② 在2008年之前,与此相类似的活动是刘老会组织的"重阳游园会"。
③ 奖励标准一般为10元、5元和3元。
④ 关于"公共空间"的具体阐述可参见本书第六章。
⑤ 详情可参见本章后半部分以及第六章。

表 5-1 刘老会历年支出情况汇总表

(单位：元)

项目	1999年	2000年	2001年	2002年	2003年	2004年	2005年	2006年	2007年	2008年	2009年	2010年	2011年	2012年	2013年
福利病探	1673.98	3272.60	2180.70	1908.50	3684.80	3013.50	3945.50	5718.50	5040.20	9646.80	9791.00	11907.50	1507.50	8054.50	12201.00
基本建设	1133.30	353.00													
房屋维修						1476.60	1442.00					3087.00			
财产设备	2449.30	783.00	4987.30	1227.80	3556.60	981.60	1844.70	11156.80	6231.30	6317.00	12152.50	3976.00	5473.00	1805.00	2275.50
还暂借款	1727.50	500.00	378.90	2750.00	150.00			3109.00	1817.00		12359.10				
管理工资	1180.00	1678.00	1617.80	1352.00	1925.90	1227.60	2215.00	665.30	2834.20	1919.00	3273.50	1044.40	4992.90	3962.00	7153.40
理发工资				1046.50	904.50	904.50	1099.00								
办公用费	180.20	220.00	403.60		278.40	196.00	463.00	137.00	269.80	220.00	142.40	501.00	335.50	539.00	198.00
报纸费	422.00	870.00													
电费	230.80	394.20	585.40	249.60	353.50	482.30	556.30	649.90	553.70	604.20	882.10	981.70	941.50	1032.20	742.00
商店税金		477.00	884.40	893.00											
误工费			560.00	56.00	58.00	55.00	1130.00		1390.00		1040.00	1050.00	1180.00	1460.00	
其他	453.85	781.50	1180.20	29.80	52.00	693.20	582.10	565.50	331.50	1773.50	1467.00	3026.50	3437.00	801.00	295.50
退还押金款						150.00			145.00		135.00	141.00			
合计	9450.93	9329.30	12778.30	9513.20	10963.70	9180.30	13277.60	22002.00	18612.70	20480.50	41242.60	25715.10	17867.40	17653.70	22865.40

第五章　刘老会的村庄治理参与

对于内部成员"福利"的供给,很大程度上已可视作是在整个村庄范围内提供公共产品、进行公共服务管理,也即村庄治理参与。

刘老会会员"福利"辐射范围扩大的同时,会员福利支出金额和所占比例①均逐年增长,如 1999 年会员福利事业支出为 1 673.98 元,占总支出的 18%;2000 年支出 3 272.6 元,占总支出的 42%;而在 2013 年,福利支出已高达 12 201 元,更是占到了全会支出的 53%。支出的增长与对村庄治理的影响力增强两者虽然并不是直接的正相关关系,但也在一定程度上促进影响力的提升。

二　村庄非营利性组织: 部分村庄公共产品的直接供给者

除了上文所言的会员"福利"提供外,刘老会对于村庄治理的参与,按照其参与其中的角色性质可分为两类:一类是以村庄非营利性组织的身份协助村两委直接参与村庄的维护和建设,提供村庄所需的公共产品;另一类则是以村庄赢利性公益组织②的身份对村庄公共资源以及组织内部资源进行经营和管理,间接地参与到村庄的公共服务提供中来。

作为村庄非营利性组织,刘老会对于村庄公共产品的直接提供主要有以下几类:

一是组织多项村庄硬件设施的建设。最为刘老会津津乐道、也

---

① 此处会员福利支出仅指表格中"福利病探"(即直接用于会员的支出,如生活补贴、老终残弱抚恤等)这一项,按照本章会员"福利"的指称,其实"福利"支出还应该包括基本建设、购置财产设备、管理工资等间接费用支出。
② 本书"赢利性公益组织"的指称,重在强调刘老会"赢利"(即赚取利润,经营盈利)的一面。值得注意的是,"赢利"不同于"营利","赢利性公益组织"依然是"非营利组织"(而不是与"非营利组织"相对立),以公益而非以利润为目的("赢利"的目的是为了确保自身生存,从而可持续地追求公共事业建设)。

村庄内源性组织与乡村治理

最能体现刘老会对于村庄"硬件"建设动员力和组织力的是 2007 年"刘氏宗祠"的清理和修缮工程。2007 年,一位在镇海定居的退休干部认为现今的祠堂作为刘氏祖祠及刘村重要的公共设施①,实在破旧得"不像话",于是向刘老会提议重新修缮祠堂,并愿意提供水泥等物资来浇筑祠堂坦地以及廊房。修缮祠堂是一件牵涉整个村庄的大事情,当时刘村村支书 MYQ 对祠堂修缮不置可否,但在资源支持态度上却很明确②,"老人会要修祠堂就去修好了,对姓刘的来说也是想了好多年了。村里经济很紧张,一分钱也没有,要弄要搞他们自己能够拉到赞助,他们自己去搞就可以了"。在此背景下,刘老会决定独立集资修缮祠堂,并成立了"刘村祠堂基建小组"专项管理此事。协会动员内部人力和组织资源,赴刘村外出务工村民最为集中的宁波和三门县城等地向"小老板"有重点地筹集赞助资金。"我们当时其实并不打算向(留在刘村的)村民募集资金,但是后来他们从外头听说了我们老人会要修祠堂,都很热心地送来捐款"③。利用现金(筹集了资金 49 200 元)以及红砖、黄沙等实物捐助,水泥浇筑了祠堂坦地、廊坊,清理整修了祠堂厅室、耳房。除了修缮祠堂,刘老会还组织了其他多项基建工程:利用祠堂修建工程所剩的黄沙、水泥等建筑材料,修补了村主干道乡府路;通过逐户集资,在溪边用水泥砌起了几个洗衣台,方便了村民洗衣的同时保障了村民安全;组织劳力出工巩固了

---

① 刘氏宗祠起初是刘村刘氏族产,中华人民共和国成立后,刘氏宗祠成为刘村村产,归集体所有,在 20 世纪六七十年代曾长期作为村小学校舍,后来小学迁址他处,祠堂逐渐部分成为厂房。1993 年刘老会成立后,当时的村委会主任 LCH 将刘氏宗祠作为刘老会活动场所,并由村委会出资对其进行了初步整理和修缮。1999 年,为了修整刘老会活动场所,刘老会就曾在协会内部筹款 3 295 元,对刘氏宗祠的大殿及大门口浇筑水泥。
② MYQ 对于此事的态度,有多方面的原因:一是其本人乃梅姓,刘氏宗祠虽然是村产,但仍然具有浓重的刘氏宗族色彩;二是村庄集体资金有限,而将有限的资金投入修缮刘氏宗祠可以说是一件既无法获得村庄经济效益,又无法获得个人经济效益的事情;三是宗祠修缮作为一项宗族色彩事务,对于作为国家政权衍生产物的村两委来说,在某种意义上并不适宜大张旗鼓组织参与。
③ FT(LCL)。

第五章　刘老会的村庄治理参与

溪上主干桥梁;面对村庄久晴未雨导致无水插秧却无人加以解决的问题,牵头将田地村民组织起来,出工出资修补百亩洋地的一段难度很大的水沟,引溪水入田,最终顺利下秧;出面与村两委协商,并协助进行村庄东川岭的机耕路和百亩洋人行道等道路硬化建设。

二是协助村两委维护村庄公共安全。清明上坟祭祖是刘村的传统,而其重要环节如点烛、烧香、烧纸钱以及燃放烟花爆竹等,给森林防火带来了挑战。每到这个时候,从市县到乡镇、村庄,森林防火戒严令的发布和执行,是重中之重。以2009年清明防火为例,刘村按照上级政府部门有关要求,开始执行"严禁上坟祭祖使用明火"的规定,即禁止点蜡烛、烧香、烧纸钱和燃放烟花爆竹等。按照要求,刘村清明期间的社会稳定和防火工作主要包括四项内容:一是以通知、标语、广播等形式大力宣传"文明祭扫、平安清明";二是在清明节当天组织人员进行关卡把关,检查上山祭扫人员是否携带戒严物品;三是安排值班人员巡逻;四是一旦火情发生,立即向镇政府综治办汇报,并及时组织人员进行扑救。在具体实施中,由村两委和老人会成员合力完成:由刘老会负责在清明节前夕在协会公告栏张贴戒严公告、森林防火实施方案等台州市、三门县和TP镇三级政府部门的有关文件,同时在村主要干道两侧墙上张贴防火标语;关卡把关以村两委成员为主力,在主要入山路口设置"森林防火点",派人驻点检查,如因换班或其他临时事项等造成人员不足,则调用刘老会核心成员加以补充;另外,由刘老会自发组织山林防火队定时上山巡逻。刘老会巡逻队在2000年前后成立,在清明和春节期间进行"防火、防盗(抢)、防贼(偷)"的早晚各一次的晚呼和走动巡逻。巡逻队队员由会员自愿加入,一般为8人,通常刘老会根据协会经济情况给予少量的经济补贴。

三是加强对公共用地的管理。刘村祠堂、坟圹竹园和乡村市场

村庄内源性组织与乡村治理

等村庄公共用地由于长期缺乏管理,几乎处于瘫置状态,卫生状况更是不堪入目,刘老会或受村两委委托或主动承接了这些公共用地的管理:承担刘氏宗祠的管理,将刘氏宗祠的多间闲置厢房出租以获得租金用于祠堂的维修维护,并组成祠堂安全清管小组,以管理祠堂走廊、坦地等处所的乱堆放和乱作晒场情况,保持祠堂整洁;专门出台了《全面清理市场障碍物》等通知,维护市场两边居民房屋门前的卫生[1]。

四是组织村庄文化娱乐活动。刘老会除了以驻地为中心提供"电灯整天开,电扇整天吹"的日常娱乐场所,添置棋牌、电视机等多项娱乐设施外,还带头组织村庄文娱活动。如2000年冬闲时节,刘老会在"唱戏"这一乡村传统习俗沉寂了多年后,发动协会力量挨家逐户筹集钱粮,在祠堂搭建戏台,邀请越剧团演出了多台戏曲。而在文化遗产普查期间,刘老会发动骨干会员完成了刘村仙人眠床岗、碾臼、炸油坊等3处物质、非物质文化遗产的申报工作[2]。

五是参与其他村政工作。由于刘村"空巢村"等特殊情况,刘老会直接取代了村委会的部分职能,如农业普查,发放医保卡、老人优待证和山林证,张贴上级政府部门重要公告等。另外,刘老会也积极参与村内纠纷的调节,尤其是涉及老人赡养等的纠纷,刘老会往往成为调解主力。

"我们老人会就是帮忙(村两委)打打下手",确实如刘老会所认识到的,在这些村庄事务中,尤其是乡镇政府下派的村庄任务中,刘老会无论是作为村两委的参与协作者还是全权代理人,在实质上村两委和刘老会的关系都很明确:后者协助前者实现村庄治理。但是

---

[1] 关于祠堂、坟圹竹园、市场等的具体管理,由于主要是赢利性经营性质,故在下一节作详细叙述。
[2] FT003。

也正是在协助过程中,两类公共组织在村庄公共领域中的力量逐渐有了消长变化以及复杂的交织。而刘老会这一基层老龄群众的自治性民间团体之所以能够在某些职能上替代村两委,成为以上众多村庄公共产品的直接供给者,与以下两方面因素分不开:一方面,刘老会不仅经济层面的运作和会务资源信息透明公开,且理事会成员大部分热心乡村公益事业,对待村务工作认真负责,使刘老会相比村委会,更能赢得村庄群众的信赖;另一方面,由于刘老会所参与和组织的村庄事务贴近和符合村民的实际公共产品和服务需求,其质量和绩效明显高于村两委为应付上级政府"硬性指标"的机械供给,村民们更乐于接受刘老会所提供的公共产品和服务供给[①]。

三 刘老会的经营活动:可持续地提供村庄公共服务之探索

如上所述,刘老会通过自身多样的实践为组织成员和刘村村民提供公共产品和服务。要想源源不断地支撑会员"福利"支付和村庄生活公益性参与的花费,不仅需要组织层面的机构化管理班底和制度化运作规范,更为重要的是有稳定而厚实的经济基础。然而,在运作过程中,刘老会并未得到政府公共部门和村两委等组织的直接外部资源支持,因此,"全面动脑筋,广开门路,抓经济收入"成为刘老会存续和运作的关键。刘老会作为村庄赢利性公益组织的经营性公共产品服务的探索,不但具有现实意义,而且具有可以提升到本土民间实践对话晚近全球性的有关"社会企业"话题的理论意义。

刘老会的收入主要源于以下几方面:

---

① 第六章将对此话题作更为深入的剖析和论述。

一是入会费和组织费。随着刘老会所提供"福利"的逐年增加以及物价水平变动,加入刘老会的入会费也有所增加,从最初的5元到目前的50元;同时,刘老会向每位会员收取每年2.5元的活动组织费(入会当年3元)。"老人会是为了向老人提供更多的福利,并不是向老人赚钱。会费更多的只是一种形式,会员每年得到的福利远远不止这个数。"①确实,会费收入相当有限,长年仅为刘老会总收入的2%左右。

二是房产出租和物件出租。刘老会目前拥有收益权的房产主要有二:一是刘老会原办公场所,即刘氏宗祠。刘氏宗祠多间厢房出租给个人,用于办小五金加工、米厂、弹棉花、竹篾加工等小作坊;部分厢房出租给用房不足的村民存放大型农具;以及祠堂中央的坦地在农忙时节出租给村民用作晒谷场②。二是现办公场所。在现办公场所,由于办公和活动场所需要,可出租房屋有限,仅为餐厅的出租,以供村民红白喜事聚餐之用。刘村红白喜事规模较大,亲朋好友一般要聚上好几天,而村民自有用房往往无法容纳所有到场者。另一方面,刘老会先后两个办公场所均有厨房和容纳十余桌的餐厅,平时往往闲置。基于此,刘老会自改革以来,即敏锐地将营业触角伸向了这一供给空白。与此同时,物件出租也兴起,出租物件包括餐桌、餐具、丧事用品、麻将等。③ 这部分的收入一般为每年千余元到数千元。

三是娱乐活动场所和理发室的收入。目前,棋牌收入是刘老会最主要的收入来源之一。如前所述,刘老会制定了明确的收费标准,同时由会员管理员进行管理和服务。"老人会办棋牌、收娱乐费用,

---

① FT(LCB)。
② 因近年刘老会经济好转,房租已单独管理,作为宗祠修理费。
③ 当初置办这些物件的资金,则是来源于1998年前后理事带头、会员自愿的集资。虽然每一位会员的集资款有限,仅为50—300元,但是这些集资款均为无息,为刘老会的发展提供了最原始的发展资金。经过多年的经营,集资款早已还清,而且还每年给刘老会带来上千元的收入。

第五章　刘老会的村庄治理参与

表 5-2　刘老会历年收入情况汇总表

（单位：元）

项目	1999年	2000年	2001年	2002年	2003年	2004年	2005年	2006年	2007年	2008年	2009年	2010年	2011年	2012年	2013年
棋牌	3 087.00	2 817.60	2 428.00	2 510.00	2 286.20	2 028.00	1 272.00	3 364.00	5 592.60	6 552.00	14 909.00	15 588.00	11 313.00	13 306.00	11 875.00
市场	1 713.60	1 626.00	1 962.00	1 974.00	2 000.00	2 240.00	2 008.00	2 150.00	1 915.00	1 860.00	1 890.00	1 387.00	720.00	390.00	360.00
餐具出租	1 165.50	808.50	2 185.20	1 548.80	1 968.50	2 570.90	2 540.40	1 438.40	1 407.50	744.00	1 773.00	1 850.50	1 165.00	3 191.00	2 249.00
红白物件出租	684.70	121.00	146.00	94.00	161.00		165.00	12.00			427.00				
餐厅出租					1 202.00	1 386.00	2 051.00	4 154.50	5 124.00	3 818.00	6 004.00	6 004.00	8 642.00	8 037.00	6 148.50
房屋用地出租	528.50	1 151.50	1 448.50	792.00	1 842.90	2 987.50	2 485.00	3 443.00	3 343.00		3 250.00			260.00	
入会费组织费	883.00	505.00	34.00	1 054.00	451.00	591.00	474.00	132.00	552.00		1 528.00		1 113.00	1 691.00	446.00
商店		800.00	1 600.00	1 200.00											
暂借款	2 027.50	1 128.92	2 900.00					800.00							
其他	436.60	382.80	153.00												
暂收押金款											5 000.00	20 000.00			
"星光之家"慰问金			1 800.00		200.00		1 725.00	4 800.00	300.00	500.00		1 000.00	1 000.00	1 000.00	
村委慰问金			813.50	138.80	330.50	586.00	247.40	307.20	191.80	1 031.50					
其他													125.00	410.50	
合计	10 526.40	9 341.32	15 470.20	9 311.60	10 442.10	12 389.40	12 967.80	20 601.10	18 425.90	14 505.50	34 781.00	45 829.50	24 078.00	28 285.50	21 078.50

并不是为了抓收入。老人会提供这么一个场所是为了让会员们有活动有交流，但每天电灯、电风扇的用电，茶水供给等开销还是比较大的，另外还有工作人员的工资，收费主要是用于这些。其实我们对于会员的收费，是很低的，除了棋牌，其他的几乎免费。"①而理发室的经营，因为只向非会员收费，年收入较少。

四是其他产业经营，如村小店、竹园、乡村市场等。这些经营，是刘老会为增加经济收入，"广开门路"的大项目探索。这些探索，有些并不是很成功，甚至销声匿迹了；有些经过十余年的发展，办得有模有样，成为刘老会的稳定收入来源②。

刘老会的上述经营项目，根据经营方式可分为两类：管理承包（雇用经理，主顾分成共负盈亏）项目和经营承包（发包方收取核定发包金，承包方自负盈亏）项目。具体而言，前者指的是经营权属于刘老会，由其将项目交由会员承包管理，承包人获得经理（管理）报酬以及一定比例的利润分红，并将其余利润定期上交给老人会；后者指的是刘老会通过招标形式将项目经营权承包给会员或其他村民，除却每年上交给刘老会的固定承包费用外，剩余所得利润归承包人所有，由承包人自负盈亏。

采取管理承包经营方式的多为刘老会自有资产运作项目，如娱乐场所经营、理发室经营、物件出租等。具体操作流程为（以理发室运营项目为例）：刘老会将管理权让渡给会员（WGL）；由刘老会提供理发场所和电剪等理发用具，并制定理发室管理规定，包括理发付费标准、岗位责任制（规定服务时间、明确服务态度）以及损坏赔偿制度；承包人将收入——"理发券"上交至刘老会会计处；刘老会对资产进行全面核实清点，承包人在获得固定管理报酬（每年600元）的基

---

① FT(LCB)。
② 关于这些产业的经营情况，详见下文论述。

础上,根据利润获得一定的奖励。其他项目的操作流程也与此相类似,均为"刘老会—承包人(会员管理员)—村庄"的方式。主要特点有:

1. 刘老会牢牢把握项目的经营权。"老人会的会产是会员们交会费,一点点攒起来,赚出来的,很不容易,是属于全体会员的,这些一定要老人会亲自管理才对得起会员"①。正是基于此,这些项目的价格、经营范围和具体操作手段等均由刘老会制定,从而使其能够避免损害会员利益的经营行为。

2. 经营权的让渡仅面向组织内部成员开放,同时,刘老会制定了奖惩措施为主的管理制度:一方面,承包人除了管理报酬,往往能获得一定的利润分红,如根据双方事先所订契约,餐具管理员报酬按出租总租费8%付给。另一方面,缺损必究。如在红白喜事物件出租中规定"各物件租借时,租户必须当面查点,归还时发现有缺损必须按原价赔偿","经管员没有交代或验收,造成的损失由经管员自负"②。在会员出于责任感和认同感的自我约束以及规章制度的奖惩性制约基础上,承包人对于项目的经营往往极为上心,从而在最大限度内获取了经营效益。

3. 经营项目面向全体村民开放。理发室和娱乐场所一方面是会员"福利",另一方面也逐步向全体村民开放,以较为低廉的价格向刘村提供了日常服务和文化娱乐空间。而红白喜事物件和餐厅、伙房的出租,则在项目一开始就是面向协会外部,除了刘村村民之外甚至还包括邻近村庄。但同时刘老会也往往在具体出租程序中设置"本村优先""本村优惠"③的原则,这也暗合了刘老会指向"村庄性公共

---

① FT(LCB)。
② SJ038。
③ 如红白喜事物件出租中规定"本村在二天以下租价减半,外村例外,不减半"等规则。

领域"活动的公共性精神和村庄内聚力。

而坟圹荒废竹园的管理,虽然并非刘老会的自有资产运作项目,承包者也并非仅仅面向刘老会会员,但为了牢牢把握经营权所带来的经济效益,也基本沿用了这一管理方式。具体即:

1. 取得村产经营权。刘老会与刘村村委会订立并向村民公布契约《坟圹竹园就权给老人协会及四周杉木处理决定》,将竹园的管理权和经营权授权给刘老会。

2. 联合公告。以村委会与刘老会共同名义出台《管理竹园禁令》,严禁人及牲畜(牛、羊等)进入竹园内,并规定了放牧、偷窃的罚款金额。

3. 委托个人。由刘老会自行公开招用承包人(允许承包人自愿聘请若干人),并与其订立协议,规定三项管理义务:(1)食宿安排,一般吃、住在竹园内(特别是清明节前后及出笋期间);(2)执行禁令,如发现偷窃,按禁令罚款(认为确有难度的应及时上报协会,故意隐瞒、失职不报,经查明酌情扣除其奖金);(3)清点资产,到清明后的出笋期末,经双方核查,确认不成竹的笋以及竹园的养殖等均归协会(中途不准单独动土掏笋,否则追究责任或罚款)。同时明确规定承包人报酬,收入主要由两部分组成:基本工资和奖励,全年稳定收入约在 700—800 元。其中月工资 50 元,按月付清,奖金 150—200 元;此外有竹笋散枝等,经双方点竹后,视情况确定数额①。

与竹园管理方式不同,刘老会其他非自有资产项目的运作,一般采取经营承包方式。经营承包项目的资产所有权多为村庄所有,是由村委会正式委托刘老会管理或传统意识上归刘老会管理的公共资源的经营运作。这类项目中,刘老会将经营权与管理权让渡给承包

---

① QY029。

第五章 刘老会的村庄治理参与

人(村民),基本上只是扮演了村两委与村民中介人的角色,项目经营方式也简化为"村两委—刘老会—承包人(村民)—村庄"。这类项目主要包括村小店和乡村市场等。

随着刘老会经营经验的积累,某些项目的经营方式也随着实际情况发生着变动。刘老会小店的经营便可视作是一个从管理承包转变为经营承包的典型项目。1998年,刘老会为了增加协会收入,通过会员集资5 000元,以协会名义投资了一家副食品经营兼批发商店。该小店为集体所有制,由副会长担任法人代表,支出和收益均由刘老会会计直接计入协会财务中,日常管理则承包给会员。其中承包人报酬包括:每月固定工资100元以及营业利润的0.5%分红。在经营过程中,刘老会发现在这一经营方式下,刘老会人力资源投入较多,而小店利润相对而言并不高,经过多重考虑最后由理事会决定,将小店的经营权进行承包出让:承包人向刘老会每年固定交付承包费用1 200元(分三期交清),小店经营所得由承包人独享,亏损自负;小店法人代表仍由协会理事担任,商店的工商税、国税、地税、执照费用由刘老会负责上缴,其他任何部门收费一律由承包者支付。由此,刘老会赋予了承包人日常经营的更大自主性,小店的收支细节与协会的"财政"收支无关,在大幅节省刘老会管理成本的同时,提高了承包人的积极性。

无论是管理承包项目还是经营承包项目,都有一个很重要的共同点:刘老会通过这些项目的经营,间接地提供了村庄公共产品与服务。刘老会以集体经济性赢利组织的身份,通过低廉的收费,在村庄公共生活中扮演公共物品和服务提供者这一角色,使部分闲置或瘫痪的村庄公共资源得以重新运转。乡村市场的建立,是一个典型的例子。

刘村曾是ZM乡乡府所在地,由此可见刘村在该区域范围内的核心地位。后来虽然撤乡并入 TP 镇，但是刘村依然是重要的枢纽村庄，是附近诸多村庄前往 TP 镇镇中心的必经之地。20 世纪 90 年代，为了繁荣经济，方便刘村及附近村庄的村民生活，刘村建立了圩日市场。市场每 5 天举行一次，摊主在指定道路两边设置摊位自主经营。经过一段时间的尝试，市场几近瘫痪：一方面，由于缺少管理，摊位很乱，各摊主之间的摩擦不少；另一方面，市场结束后的垃圾较多，往往无人清理，严重影响了道路两边的村民房屋卫生，村民怨声载道。在争吵声中，市场开始萎缩，随之而来的是村民日常用品购买的不便。

在这种情况下，刘老会主动向村委提出接手市场管理。获得管理权后，刘老会采取了一些措施进行规范：一是制定市场管理制度，规定摊位费标准等；二是通过招标形式产生承包人，由承包人负责划分摊位、收取摊位费、清理市场垃圾、维护道路的正常通行以及巡逻监督市场秩序等日常管理工作。承包人除向刘老会上交承包费外，其余市场收入均归承包人所有。

规范化的管理产生了明显的效果：刘老会 1998 年首次接手市场管理时，承包费用低至每月 20 元，也几乎无人愿意接手。而近年刘老会通过招投标方式决出承包人，承包费一般在每月 160 元左右。承包费上涨的背后，正是市场的繁荣，市场收益的增长。"老人会市场管得还是可以的，垃圾处理得很及时；我们买个东西也方便，有些东西就不需要特意去镇上买了，家门口就有。"正如刘村村民所说，衣服鞋袜、蔬菜鱼肉、农作物种子、日常生活用品，等等，基本上都能在定期的市场中找到，大幅方便了村民生活。

刘老会通过这些赢利性活动，保证了自身的资金来源，同时又力图弥补村庄公共产品和服务供给的不足，使组织具有村庄公益组织的色彩。无可否认，营利性和公益性的目的各异，很难共处；但赢利性并非营利性，两者一字之差的差别在于营利性追求营利目的，而公

第五章 刘老会的村庄治理参与

益组织追求公共事业建设,吸取市场经济的经营手法获取利润是为了实现自身造血功能,可持续地进行公共产品及服务的有效供给。以刘老会为例,相比较于企业,在经营的目的和管理领域选择上,刘老会总是多一份对于公共事业的兴趣,更多地将目光瞄准村庄中那些因长期闲置或缺乏管理而无法发挥应有效用的资源;在经营管理方式上,刘老会总是多一份温情,如对于残疾会员的聘用,对于租借的优惠。正是在此情境下,目前困扰刘老会更多的,并不是对于因经营活动可能导致组织公共性缺失的担忧,而是能否长久拥有这种公益性赢利。"虽然现在老人会每年收入有两万多,在财政上不存在什么困难,但是老人会一直没有长期的稳定的大额收入来源,房屋和物品出租收益微薄,市场、竹园、商店这些产业经营基本已承包出去,棋牌收入反而成为目前老人会的主要收入。一直以来,我们都在想尽办法做好老人会的经济事业,但我们能做的也是有限。"刘老会会长 LCB 对此难免担忧。

刘老会的村庄赢利性公益组织实践的一面,虽然是组织起来的老人们,或更准确地说,是老人组织自主自立地寻求可持续地提供组织成员"福利"及村庄性公共产品的素朴的探索性实践,但它为我们在社会建设的研究中[1]以本土经验对话晚近全球范围内兴起的"社会企业"实践的有关理论问题提供了宝贵的素材和契机。

笔者在另一部新型社会组织研究的著作[2]中指出:"当代'社会企业(Social Enterprise, Social Entrepreneurship; Social Business)'的实践和概念,虽是晚近才在世界范围内被聚焦,近年才在中国的业界和学界渐被知晓和注目,然其在世界各地早有不同社会文化脉络的实践。

---

[1] 村民自治研究可以说是农村社会建设研究的最为重要的内容。
[2] 阮云星,等.吸纳与赋权:当代浙江、上海社会组织治理机制的经验研究[M].杭州:浙江大学出版社,2016.

村庄内源性组织与乡村治理

晚近世界范围内的潮起,与20世纪80年代以来英美等国的新自由主义思潮和新公共管理运动的兴起,以及社会创新实践有关。针对福利国家改革过程中,随社会保障费的削减带来的NPO的公助经费减少等问题,公共服务领域的民营化、企业参与竞争、非营利组织开展经营活动等政策、实践被采用和尝试,社会企业实践也得到鼓励和发展。① 英国是社会企业的'家园'。人们把社会企业的思想渊源和早期实践,与19世纪初实业家和社会改革家罗伯特·欧文(Robert Owen,1771—1858)的'环境决定论'思想,和在新拉纳克社区开展的工人福利保障的改革实验联系起来。一般认为,现代形式的社会企业起源于英国工业革命时期的合作社。'19世纪40年代,英国发生了大规模的流离失所,社会企业运动开始。1844年,英国西北部城市洛奇代尔成立了一家现代意义上的合作社,它由28个纺织工人筹集了28英镑建立,工人们反对工厂主设定的不合理价格,建立合作社可以为他们提供消费得起的食物,它被认为是世界上最早的社会企业。此后,英国以及欧洲产生了大量的合作社。到19世纪末,合作社运动已经成为一种世界现象'。② 20世纪80年代以来的NPO改革实践,使不少NPO开始把原来作为获取辅助收益的附带的经营活动,推进到业务主业,成为可以依靠经营来维系公共服务提供和组织发展的非营利机构。此外,在英国的社会历史环境中,人们倾向将这些机构中以共同体为基础的实体看成社会企业。在这种社会文化土壤里,部分行业协会、社会事务所(Social firm)、内部劳动力市场机构(Internal labor market)、储蓄互助社(Credit union)、员工所有制协会

---

① 有关社会企业的概览,参阅http://en.wikipedia.org/wiki/Social_enterprise;20世纪80年代以降英美等国的新公共管理运动;陈振明.政府再造:西方"新公共管理运动"述评[M].北京:中国人民大学出版社,2003.

② 王世强.中国社会企业的兴起:转型与融合[EB/OL]. http://www.loongzone.com/forum.php? mod=viewthread&tid=161494。

第五章 刘老会的村庄治理参与

(Employee ownership)、发展信托组织(Development trust)等被认为属于社会企业。① 成立于1998年的'伦敦社会企业'(Social Enterprise London)是英国的社会企业联盟组织,该组织认为,社会企业具有三个特点:其一,企业定位,其二,社会目标,其三,社会所有。在欧洲,社会企业的所有权和治理结构,通常以利益相关方或理事的参与为基础。② 2006年,孟加拉格莱珉银行的创始人穆罕默德·尤努斯荣获诺贝尔和平奖,致使小额贷款银行和格莱珉达能食品公司等社会企业创举和实践,更加广为人知;尤努斯的成就和其倡导的'另类资本主义'——Social business(社会企业),也为社会企业这一社会创新——融合公益与经营,解决人类面临的贫困、生态环境危机等复杂社会问题——的传播和发展,起到了推波助澜的作用。③

近年,中国的社会企业探索和研究,也在社会组织成长、社会管理创新和社会建设实践的推进过程中起步。有研究者指出,20世纪90年代中期,中国就有了最早的社会企业,笔者以为若从现代意义上的社会企业的视点来讨论问题,这种可能性谅不能离开这类组织得以存活的基本制度(法规等)环境的形成;也许把2002年成立的'北京富平家政学校'(茅于轼、汤敏创办),列入最早一批社会企业取向的公益机构之代表比较合适④。中国学界对社会企业的关注与研究,一般认为以2004年为起始,是年初,社会科学文献出版社的《中国社

---

① 有关英国的社会企业,参阅 http://ja.wikipedia.org/wiki/%E7%A4%BE%E4%BC%9A%E7%9A%84%E4%BC%81%E6%A5%AD。Social Firms 参阅 http://en.wikipedia.org/wiki/Social_firm, http://socialfirmseurope.org/social-firms/; Internal labor market 参阅 http://en.wikipedia.org/wiki/Internal_labor_market; Credit union 参阅 http://en.wikipedia.org/wiki/Credit_union http://en.wikipedia.org/wiki/Credit_union;Employee ownership 参阅 http://en.wikipedia.org/wiki/Employee_ownership http://en.wikipedia.org/wiki/Employee_ownership, http://employeeownership.co.uk/; Development trust 参阅 http://en.wikipedia.org/wiki/Development_trust。
② 参阅,王世强.中国社会企业的兴起:转型与融合[EB/OL]. http://www.loongzone.com/forum.php?mod=viewthread&tid=161494。
③ 参阅,[孟]穆罕默德·尤努斯.穷人的银行家[M].吴士宏,译.上海:三联书店,2006.
④ 参阅,北京富平家政服务中心网站(http://www.fupingjiazheng.com/zjfpjz/)。

会工作研究(第二辑)》出版,该辑'历史与国外社会福利的新发展'栏目中的'社会企业'一文,被认为是国内首篇介绍社会企业的文章。据统计,2006年以来,虽然在地域分布上还比较局限在京、沪大都市一带,但国内的'社会企业'实践和研究总体呈持续攀升态势,然而,政府部门的反应总体仍比较慎重。2009年5月,上海浦东公益组织发展中心(NPI)承办上海市民政局出资的首届'上海社区公益创投大赛',这被视为民间社会企业性质的活动首次得到中国政府部门的公开支持;2011年6月,'积极扶持社会企业发展,大力发展社会服务业'的行文,出现在《中共北京市委关于加强和创新社会管理全面推进社会建设的意见》的文件中,'社会企业'作为一个专有名词首次在官方的话语系统中登场;2012年似乎让人们看到了些新的变化,由官方倡导的与'社会企业'有关的活动,从中山市团市委推进'社会企业孵化中心'建设,到2012年博鳌亚洲论坛设立社会企业家分论坛,开始在多地和不同的行政层级中出现。其中还有宁夏提出的大型的'黄河善谷'建设规划,该规划的总体目标,拟利用10年左右的时间,引进300家社会企业到'黄河善谷'落户,人们从这一宏大的建设规划——打造成国家级、国际化的创新平台和产业基地的民族地区扶贫济困试验区、国家慈善事业创新发展区——中,似乎看到了中国政府对社会企业的关注和未来中国社会企业发展的预期。"[1]

这样大段的引述,是想介绍一个理论讨论的背景,以便将刘老会实践的理论意义言简意赅地点明。一方面笔者新近的中国都市新型

---

[1] 参阅, Meng Zhao, The Social Enterprise Emerges in China, *Stanford Social Innovation Review*, Volume 10, Number 2(Spring 2012). 张嘉伟、陈娅秋. 社会企业的这十年:中国社会企业发展编年史[EB/OL]. http://www.serc-china.org/attachments/article/295/%E7%A4%BE%E4%BC%9A%E4%BC%81%E4%B8%9A%E7%9A%84%E8%BF%99%E5%8D%81%E5%B9%B4%20NEW.pdf. 王世强. 社会企业在全球兴起的理论解释及比较分析[J]. 南京航空航天大学学报(社会科学版), 2012, 3: 66-71. 王世强. 中国社会企业的兴起:转型与融合. [EB/OL]. http://www.loongzone.com/forum.php?mod=viewthread&tid=161494. 以上有关文论中,与本段叙述相关的一些识别信息,笔者已在本段叙述中给予核实订正。

第五章　刘老会的村庄治理参与

社会组织研究使笔者增进了有关社会组织的知识和理论素养(诸如NGO、NPO和社会企业的系统知识和有关组织理论等),这对中肯、全面地分析刘老会实践颇有帮助;另一方面,知识的增长,让我们发现刘老会实践的理论意义:简言之,这是一种素朴的"跨界"(如公益与赢利)融合的社会创新实践;这种民间自主公益实践中摸索得到的智慧,给诸如社会企业理论对话提供了理论抽象之素材和理论理解与对话的契机。

第三篇
刘老会治理绩效的条件和机制

第六章
交织的村庄"公共领域"

一 村民自治中的"公共领域"系统

(一)"公共领域"概念术语

"公共领域"(public sphere)理论体系具有强烈的西方化语境和现代性政治价值尺度,并且拥有自身的一整套理论论述谱系;而理论界就"公共领域"的概念无论在界定、使用中,还是它所能发挥分析功能的具体情境都无法达成共识①。其中,哈贝马斯所做的"公共领域"理论整合工作,被许多讨论者广泛地直接引用至市民社会理论、公共领域问题研究范畴之内。

哈贝马斯认为,"资产者公共领域首先可以理解为一个由私人集合而成的公众的领域;但私人随即就要求这一受上层控制的公共领域反对公共权力机关本身,以便就基本上已经属于私人,但仍然具有公共性质的商品交换和社会劳动领域中的一般交换规则等问题同公

---

① 对于"公共领域"理论谱系的研究和梳理可参见,毛丹,任强.中国农村公共领域的生长:政治社会学视野里的村民自治诸问题[M].北京:中国社会科学出版社,2006:2-15.

共权力机关展开讨论。"①由此可见,公共领域本身属于私人领域的组成部分,是在与国家的对立中逐渐形成的。另一方面,"公共领域"与私人领域又是严格分开的:公共领域虽然由私人组成,但并不是简单的汇集,"所谓公共领域,是指我们社会生活当中的一个领域,其间能够形成公众舆论一类的事物。在原则上讲,公共领域对所有公民都是开放的……与国家干预社会并行的是,公共职能转由私法人团体承担;同样,社会权力取代国家权威的相反进程却又与公共权威在私人领域的扩张相关联。正是这种共存并进的国家逐步'社会化'与社会日益'国家化'的辩证交融,逐渐损毁了资产者公共领域的基础——国家与社会的分立。可以说,在国家与社会之间及在两者之外,会浮现出一种重新政治化的社会领域,而有关'公共'与'私人'的区分对其无法有效施用"②。

综合两方面而述,"公共领域"的关系域,既与私域相对,复与国家(或公共权力、政府)相对③;它可以理解为其核心是一个以公共权力为内容、以公共参与为形式、以批评为目的的国家与社会共同作用的政治空间形态。其中,将社会公共意见传达给国家,才是公共领域的精神和价值旨归——正是通过这个集中公共舆论的领域,形成社会与公共权力机关的张力格局。

正如黄宗智所注意到的,"他所谈论的不仅仅是公共领域和私人领域的区别,而更多的是这两个领域的另一种交叉重叠:国家对市民社会。对哈贝马斯来说,这两对概念是相互渗透的。实际上正是同

---

① [德]哈贝马斯.公共领域的结构转型[M].曹卫东,等译.上海:学林出版社,1999:171.
② 黄宗智.中国的"公共领域"与"市民社会"——国家与社会间的第三领域[C]//邓正来,J.C.亚历山大主编.国家与社会——一种社会理论的研究路径.北京:中央编译出版社,2002:423.
③ [德]哈贝马斯.公共领域的结构转型[M].曹卫东,等译.上海:学林出版社,1999:4.

第六章 交织的村庄"公共领域"

时使用这两对概念,才使得他的著作具有了分析力度"①。哈贝马斯在既定了"国家-社会"的二元分析框架的情况下展开"公共领域"的分析过程,他虽然抽象出了理论性颇强的概念,但却含糊地看待市民社会理论和公共领域问题,因此"不是太特定就是太宽泛"。在论述过程中,黄宗智认为哈贝马斯对公共领域的用法存在着"两种区域(spaces)概念"②。

首先是一种较为宽泛的用法,作为历史社会学家,哈贝马斯对近现代英国和法国进行具体的讨论,从中抽离出资产者公共领域的抽象模式,将其定位为"国家与社会之间充满张力的区域";国家与社会在这个居间性区域里互相作用,并产生出不同类型的公共领域——在接下来的论述体系中,这一区域又被国家干预社会(国家化)与社会僭取国家(社会化)的双重过程所侵蚀瓦解。在此语境下,公共领域介于国家与社会之间,与其他两者共同形成三元格局。

其次,作为道德哲学家和政治哲学家,哈贝马斯将公共领域讲述为一种在与国家对立过程中,从社会中衍化出来的区域(黄宗智称其为"市民社会的公共领域")。这个视角的公共领域的理论旨趣在于民主精神起源的研究以及对于当代政治的批判。他抽象出近代英法社会理想形态所具有的那种理性与道德力量,"当人们在不必屈从于强制高压的情况下处理有关普遍利益的事务时,也就是说能够保证他们自由地集会、能够自由地表达和发表其观点时,公民也就起到了

---

① 哈贝马斯.公域的结构性变化[C].童世骏,译.//邓正来,J.C.亚历山大主编.国家与社会——一种社会理论的研究路径.北京:中央编译出版社,2002:275.
② 黄宗智.中国的"公共领域"与"市民社会"——国家与社会间的第三领域[C]//邓正来,J.C.亚历山大主编.国家与社会——一种社会理论的研究路径.北京:中央编译出版社,2002:421-425.

公众的作用"①。由此,公共领域可以理解为介于国家与社会之间公民参与公共事务的地方,是公众通过集合而形成的领域,包括团体、俱乐部、党派、沙龙、报纸杂志等,是一种维持异见的空间场所。因此,作为形成与政府当局保持对话(包括抵抗)的理性意见的区域,"公共领域"成为社会在抗衡国家的民主进程中的一种扩展,国家-公共领域-社会的三元结构又变回到国家与社会并立的二元观念。

哈贝马斯的描述来自现代欧洲社会史以及带有"资产者公共领域"的价值目的论,这种理论界定对象和范围的特定性使其属于地缘性、历史性范畴,难以让人大胆地将其应用于其他方面的社会研究之中;那么究竟能在什么意义、多大程度上使用"公共领域"概念,特别是应用于对复杂中国现象的分析之中?随着中国公共领域成为外国学者的关注论域,对于"公共领域"理论使用的重新界定和思考就显得尤为必要。

黄宗智通过对哈贝马斯本人的不同界定的研究,以及对同仁的概念诠释进行分析之后,主张用"第三领域(third realm)"一词来规避使用"公共领域"概念所产生的混淆。"第三领域"采取的是国家与社会之间存在的一个双方都参与其间的区域的思考模式。他认为,"哈贝马斯把大部分注意力都放在公共领域方面,对于介于国家与社会之间并随两者变化而变化的公共领域这一较为复杂的观念却少有关注。他的资产者公共领域的理论最终又退回到将国家与社会做简单的二元对立。……将公共领域描述成为国家之外或与之对立的整个社会的发展,对于国家与社会如何在居间区域里一道起作用,或国家变迁与社会变迁可能怎样地结合以影响公共领域的特质,未能给出

---

① 魏斐德.市民社会和公共领域问题的论争——西方人对当代中国政治文化的思考[C].张小劲,常欣欣,译.//邓正来,J.C.亚历山大主编.国家与社会——一种社会理论的研究路径.北京:中央编译出版社,2002:375.

第六章　交织的村庄"公共领域"

详尽的说明。"①因此,"第三领域"概念采取了哈贝马斯抽象出来的上述第一种宽泛用法的"区域"概念,但把国家和社会或两者一起对第三区域的腐蚀瓦解作用排除在外,只将目光注视到区别于国家和社会的区域的自身特性和逻辑存在上来,以"第三领域"作为第一主体来看待它内部的成长和变化过程,以及促成其某些部分国家化或社会化的结构性变化影响因素,而不必把此区域消融到国家-社会的两者对立关系中去。这种视角不仅能摆脱哈贝马斯"公共领域"概念的价值取向,而且更有助于分析后革命的中国虽然"已经制度化,但既不完全属于正式政府,也不完全属于民间社会,却同时包含两方面影响因素"的居间状态②。

将"公共领域"术语用于中国乡村社会的描述到目前为止虽然数量有限,但也不乏颇有洞见和分量的研究成果。

毛丹细致整理了公共领域论述的谱系,用审慎的态度考察了公共领域概念的使用范围。他认为,哈贝马斯的"公共领域"术语并不一定与市民社会的实体或者概念捆绑在一起,也不意味着只能与欧洲特殊的经济和政治相联系;而作为表达对社会的公私区别的术语,本身便具有地域、文化的形态与功能。因此,"公共领域"概念是适宜作为一般性的社会分析范畴的,用以研究中国社会甚至农村社会也并未超出其诠释范围。因此,他在"公共领域"概念最宽泛的使用层面上,视它为大体上处于国家直接控制之外,且另一方面与私人和家庭的活动领域相对的场域。紧接着,他引入"公共活动场域"的概念,确认了在"国家范导"下,受村社边界限制的"村庄性公共领域"本身

---

① 黄宗智.中国的"公共领域"与"市民社会"——国家与社会间的第三领域[C]//邓正来,J.C.亚历山大主编.国家与社会——一种社会理论的研究路径.北京:中央编译出版社,2002:427.

② 同上,428-430,437.

的结构性层次、类型特征与公共活动。换言之,他试图从改革以来乡村社会存在的"村庄性公共领域"的分析视野中,考察村民自治制度下的中国农村发生了什么变化,从而呈现出此区域中国家力量和社会力量共同作用的情况,而非讨论中国农村是否存在着公共领域或市民社会。①

而在探讨民主旨趣的"公共领域"第二个层次的概念应用——作为民主的起源,形成公共舆论一类的公意来抵抗公共权力的场所和活动方式方面,衍生出"公共空间(public spaces)"这一分析工具②;王斯福借鉴该术语,希望在中国农村发现民主的原则,用以抗衡国家权力的力量和空间,但他的这一略显生硬的照搬西方理论的做法却遭到了中国学者的批评③。事实上,如同"中国实际的社会政治变迁从未真的来自针对国家的社会自主性的持久追求,而是来自国家与社会在第三领域中的关系的作用"④,中国农民的公共生活目的并不仅在于抵抗国家的权威,相反,作为公共管理主体之一的农民更加热切地希望能够借助正式权威的干预来解决自己的问题,即农村的基层社会自治对国家政权力量存在着依赖性等。张静的"公共空间"是可以被分享的自我利益关系的活动空间:公共空间能够"公共分享"表明了其个人性(impersonality);建立在"自我利益"基础上的非个人关系秩序,是公共空间的社会基础,因此公和私并非对立的或是分离

---

① 毛丹,任强.中国农村公共领域的生长:政治社会学视野里的村民自治诸问题[M].北京:中国社会科学出版社,2006.
② 目前,学界关于乡村社区的公共空间尚无统一的定论,也有将"公共空间"与"公共领域"混用的情况。
③ 王斯福的论点以及相关学者的观点可参见:[英]王斯福,王铭铭.乡土社会的秩序、公正与权威[M].北京:中国政法大学出版社,1997.
④ 黄宗智.中国的"公共领域"与"市民社会"——国家与社会间的第三领域[C]//邓正来,J.C.亚历山大主编.国家与社会———种社会理论的研究路径.北京:中央编译出版社,2002:443.

的①。同时,张静将这种秩序关系作为考察乡村公共空间的对象,来展示乡村社会将"个人利益"整合成"公共利益"的现代"公共性"规则的进展状况②。

(二) 中国乡村的"公共领域"系统

在厘清了"公共领域"这一概念的内涵、定义和特定指陈之后,有必要就其理论适用性和诠释力进行考察。

黄宗智在批评将具有欧洲早期历史价值色彩的"市民社会"概念直接套用以对应中国问题研究之时,认为当代中国的社会政治变迁过程与哈贝马斯模式之基础的变迁过程大相径庭,因此"第三领域"概念的提出更能够涵括"国家强行组织社会"的背景下,新型的国家与社会两者之间的互动关系。③ 罗威廉也认识到将市民社会、公共领域等概念作为一种分析手段,不可避免会带上可疑的普世主义的规范性假设色彩;但假如将这些繁杂的理论概念予以分解为一系列较易掌握的成分,使之成为限定性更强的中层判断,将会是一种更为有效的途径。④ 毛丹认为这种"中层化"努力"在所谓元理论或者巨型理论与具体经验之间形成有效联接,同时也形成一种本土化语境"⑤。因此,理论的中层化工作包含理论分析手段的下降分解与案例经验的概念上升这两方面的要求。对应于蕴含多种复杂结构因素、且不断变化的当代中国乡村社会的研究,如何将"公共领域"作为一种有

---

① 张静.公共空间的社会基础[C]//中国青基会、非营利组织研究委员会.扩展中的公共空间.天津:天津人民出版社,2002:25.
② 参见张静.现代公共规则与乡村社会[M].上海:上海书店出版社,2006.
③ 黄宗智.中国的"公共领域"与"市民社会"——国家与社会间的第三领域[C]//邓正来,J.C.亚历山大主编.国家与社会——一种社会理论的研究路径.北京:中央编译出版社,2002:421-443.
④ 罗威廉.晚清帝国的"市民社会"问题[C]//黄宗智主编.中国研究的范式问题讨论.北京:社会科学文献出版社,2003:172-190.
⑤ 毛丹,任强.中国农村公共领域的生长:政治社会学视野里的村民自治诸问题[M].北京:中国社会科学出版社,2006:20.

效的分析手段,也需要付出两方面的努力:将理论修订和分解为具有地域性内容的分析系统;以及将农村社会的形态结构抽象出合理的概念框架——形成罗威廉所言的"限定性更强的中层判断"。

首先,一种对"公共领域"理论的分解研究落在"公共空间"的研究之上。哈贝马斯认为,公共领域是各种自发的或者有组织的公共聚会场所和机构的总称,包括报纸、杂志等大众媒介、基于各种目的和兴趣而组成的阅读小组、私人社团、学术协会、宗教团体以及为娱乐和对话提供公共活动空间的剧院、博物馆、音乐厅、沙龙、咖啡馆等[1]。从中导出的"公共空间"概念意指人们可以自由进入并在其中进行各种思想交流的场所,以及在这些场所中产生的制度化组织和制度化活动形式,它是公共领域的重要组成部分。王笛在《晚清长江上游地区公共领域的发展》中借用公共领域这一概念,揭示了晚清长江上游地区公共事业及其组织的扩张与意义。他认为"公共领域"是既非个人又非官方而是处于两者之间的领域,诸如社仓、义仓、义田、义捐、善堂、会庙、祠堂、会馆、书院、民信局、地方慈善组织、商会、教育会、农会、报刊等都被列入公共领域[2]。而在《街头文化:成都公共空间、下层民众与地方政治(1870—1930)》中,他却以"公共空间"为研究重点,考察了街头、广场、庙宇、桥头,尤其是"茶馆"这些看得见、摸得着的场所空间,探究了这些公共空间如何转变为社会政治空间[3]。继而这一概念也被运用到乡村社会的研究之中,比如对川西平原茶馆的研究、对江南茶馆的研究等,从而增添和丰富了乡村研究中一贯关注的"祠堂"等公共空间的研究内容[4]。

---

[1] 陈燕谷,汪晖主编.文化与公共性[M].上海:三联书店,2005:125.
[2] 王笛.晚清长江上游地区公共领域的发展[J].历史研究,1996,1:5-16.
[3] 王笛.街头文化:成都公共空间、下层民众与地方政治 1870—1930[M].北京:中国人民大学出版社,2006.
[4] 王斯福,王铭铭主编.乡土社会的秩序、公正与权威[M].北京:中国政法大学出版社,1997.

第六章 交织的村庄"公共领域"

其次,一种分析理念是对公共性问题的把握。张静提起"现代公共规则"的发展视角,认为公共领域需要一系列不同于私人领域的规则和原则,而公共规则的基础是抽象的个体(individual)之共享部分,而非具体的个人(person)专有的部分;而正是前者构成了公共性的发育。因此,"公共空间是对某些共享利益的共识空间,但更重要的是,这些价值并不超越'个体'利益,也不与之对立。"[1]换言之,个体利益(individual interest)和个人利益(personal interest)的区分直接关系到对乡村秩序中公共空间与私人空间的理解和界定。[2]

而与本章关联最为紧密的是毛丹的中国农村公共领域的分析视野。他认为,改革后中国村庄的"村庄性公共领域"的生长过程在两个层面上展开:一个是实际运作意义上的村庄性公共领域,即实践性的公共领域;另一个是成文制度规制的公共领域。并且,"村庄性公共领域"又形成了自治村社区(相对于国家)与村庄公共领域(村民相对于自治村社区公共机构)的双层复合结构,同时意味着实践意义上的村庄性公共领域中存在着村际公共活动场域、村公共活动场域和村内次一级公共活动场域三个"公共活动场域"。[3]

毋庸置疑的是,"公共领域"与"市民社会"等概念,当其作为分析手段被运用于中国情形之时,已经与"国家-社会"二元对立体系联系在了一起。对于在国家政策制度设计中的中国村庄治理而言,农村公共生活则在自治层面上有着较为明晰的边界,这使得"公共领域"概念的应用有了一定的分析基础。"村组法"作为国家政策制度层面,具体规定和引导了村庄性活动公共领域的形成,并为其存在和运转提供了法律上的依据。

---

[1] 张静.现代公共规则与乡村社会[M].上海:上海书店出版社,2006:28.
[2] 张静.现代公共规则与乡村社会[M].上海:上海书店出版社,2006.
[3] 毛丹,任强.中国农村公共领域的生长:政治社会学视野里的村民自治诸问题[M].北京:中国社会科学出版社,2006:43-66.

村庄内源性组织与乡村治理

——社会自治的公共领域。"村民委员会是村民自我管理、自我教育、自我服务的基层群众性自治组织,实行民主选举、民主决策、民主管理、民主监督。"在建立社会自治主体的基础上,作为自治机构,"村民委员会办理本村的公共事务和公益事业,调解民间纠纷,协助维护社会治安,向人民政府反映村民的意见、要求和提出建议。"[①]在此,以民主的方式组建自治组织机构,组织生产服务活动、管理村级资产、进行精神文明活动和落实社会福利保障等公共事务管理,并将乡村社会的"公民意志"汇聚整合成为公众意志,让人看到了哈贝马斯"公共领域"概念中居于核心的民主精神和"公共性"理念的影子。

——国家公共权力的行为方式。国家公共权力机构对这个自治组织的影响从两个方面实施,一方面是基层党组织与自治组织关系,强调党的基层组织"发挥领导核心作用,按照宪法和法律,领导和支持村民委员会行使职权;支持和保障村民开展自治活动、直接行使民主权利";另一方面是乡镇政府与自治组织的关系,即乡镇政府给予"指导、支持和帮助,但是不得干预依法属于村民自治范围内的事项","村民委员会协助乡、民族乡、镇的人民政府开展工作"。[②]

"村组法"可视作在"国家组织乡村社会"的过程中,用成文规制制造出一个相对独立、以国家"建制村"规划为边界的社区自治空间,并提供给这个自治"社会"类似于哈贝马斯宽泛意义上的"国家与社会之间充满张力的区域"。由于村委会作为农村基层的治理组织而存在,它并不属于政府序列的正式公共部门,因此有学者将它视为社会与国家相分离的产物,类似于黄宗智所言的国家与社会互动过程的"第三领域"。以"第三领域"概念来分析村委会的行动逻辑也许有

---

① "村组法"第二条. 中华人民共和国村民委员会组织法(http://www.gov.cn/flfg/2010-10/28/content_1732986.htm)。
② "村组法"第四条. 中华人民共和国村民委员会组织法(http://www.gov.cn/flfg/2010-10/28/content_1732986.htm)。

其合理性①,但用它来阐释整个乡村社会中国家社会间的互动关系却并非完全合适。

究其原因,最重要的一点在于,现代中国农村社会公共领域发展的契机和动力,主要来自国家政治动员和制度设置,而非西方式公共领域概念中的"市民社会"。改革开放以来的农村社会治理,国家政权日益放弃了直接深入乡村的控制方式,以国家成文制度规制了农村自治社区的范围(社区实体范围和权力行动范围),赋予自治机构合法性基础和程序性资源,从而助推形成了类似"市民社会"的形成公共意见和富有现代性民主精神的"公共领域"。这个领域内虽然形成公共意见和公共舆论,但它并不是为抵抗国家公权力而存在,而是一方面协助国家意志对社会的强制性政策下达,另一方面则是实现和维持社会自身的公共管理运转,因此国家与社会这两个主体之间并非是平等的互动地位。更常发生的情况是自治过程中乡村社会寻求国家权威的支撑,形成"社会"借助"国家"力量来约束"社会"自治组织的状况;也只有依赖于社会的成长,社会方得以在公共领域内实现与国家的有条件的互动和博弈。而西方式的"公共领域"发展逻辑却完全相反:首先,由私域组成的市民社会发育到一定程度,产生与国家公共权力互动的需求和资格,从而衍生出与公共权力发生直接联系的国家社会之间互动的"第三领域",此种互动既是整合和表达民间的要求,又要使公共权力接受来自民间的约束和抵抗。其次,自治组织的制度地位是基层社会民主选举出来的组织机构,属于国家

---

① 徐勇指出,一方面,村民委员会不对所在地区的人民政府负责,而向本村的村民会议负责并报告工作;村因此成为一个由若干农户组成、具有相对独立性的大家庭,村委会则是负责管理这个大家庭的"当家人"。另一方面,村委会只是群众自治性组织而不属于国家行政系统,村领导也只是社区管理者而不属于领取国家工资的政府公务人员。因此,村干部是在本村代办乡镇政府交给的任务,扮演着政府"代理人"的角色,其代理权来自乡镇政府。村委会的两种角色裂变使其"第三领域"的角色变得合理。

预定出来的相对独立的乡村社会场域,并作为一种与国家相对应的乡村自治公共生活的存在。因此,即使村委会在社会与国家夹缝中的运转活动方式呈现出"第三领域"所描述的行为特点,但这个活动范围依旧包含于,或者是重合在"社会"领域之中。因此自治村社会边界层面上,形成的是国家-社会(公共领域)的两元结构,至少无法提取出可作为分析主体视角的"第三领域"概念,形成国家-公共领域-社会这样的三元结构。

在"国家-社会"框架之下,本书大致认同毛丹的"村庄性公共领域(自治村社区与村庄公共领域的双层复合机构)"和"活动场域"①分析概念,运用公共领域分析农村社会可以"重新分析形似零散、不相关的农村社会与政治的现象,从而得到新的、更为深入的理解"②,但认为将村庄性公共领域的活动场域细分为村际公共活动场域、村公共活动场域和村内次一级公共活动场域来考察村庄公共领域的权利结构问题还有待精致化。按照公共利益结构,毛丹将三个活动场域主体分别定位为建制意义上的村社区、村两委和村内次一级组织;由于村社区与后两者显然不属于同一分析层次,存在概念范畴上的互含性,如若将这样的分解方法用于某一村庄的微观案例分析,不可避免地发生诸多乡村公共关系主体和网络的纠结和缠绕,反而降低了"村庄性公共领域"这个中层分析术语的阐释力③。毛丹试图设定每个活动场域以特定的某类主体权力结构和公共利益关系作为研究

---

① 所谓村庄性公共领域的活动领域,是一种在村社区的层面上,既与村民私人领域对立的,又与公共权力部门以及村庄公共机构相对应,对所有村公众开放或得到村公众的公共认可的活动、东西、场合。毛丹,任强.中国农村公共领域的生长:政治社会学视野里的村民自治诸问题[M].北京:中国社会科学出版社,2006:47.
② 毛丹,任强.中国农村公共领域的生长:政治社会学视野里的村民自治诸问题[M].北京:中国社会科学出版社,2006:42.
③ 比如村际公共活动场域必定包含了以村两委为活动主体的村公共活动场域,一定程度上也有跨村界的村庄内次一级组织的参与,如刘老会就存在着跨村域的活动参与;而村公共活动场域的参与者有时候也包括村庄内次一级组织。

第六章 交织的村庄"公共领域"

内容,赋予每个活动场域在研究对象方面的相对独立性和特定性,从而来分界各个活动场域的研究范围。这虽然能将彼此的活动场域区分开来,弱化彼此的互含关系,但又不可避免地将主体研究范围缩小至静止的状态,遮蔽了主体之间的相互联系。

因此,笔者认为,首先,区别于"国家"层面的"社会"自治"公共领域"是作为一个整合的村庄性公共领域"系统"形态而存在。面对国家,它以"建制村"边界为单位,以国家设定的制度性规制为保障,以村两委为核心来实现乡村社会利益集合,参与国家、政府等公共权力部门的有关公共活动。其次,村庄性公共领域系统内部存在着以一种或几种权力主体要素为中心,具有自身组织结构、权力运行范围和活动领域的若干个公共领域子系统,是整个村庄性公共领域系统中不可或缺的重要部分。这些子系统的发育很大程度上依赖于实体公共空间,通过固定的公共空间的成长获取在村庄性公共领域中的活动合法性和参与空间。再次,村庄性公共领域并非是一个静态的概念,还是一个包含活动关系的动态过程。因此,作为次级形态的公共领域子系统并非机械、孤立地存在着,它们之间相对独立但又有一定的互动,以各具特色而又有效的途径和方式,相互交织参与到整个公共领域系统的运作中来,几者之间呈现出分立、冲突、竞争、妥协、合作与磨合等特定关系形态,而此中的消长结果最终形成村庄公共治理绩效的合力。

在乡村社会中,由于法定的与公共权力直接接触者只有村委会这类自治组织,而对其他公共组织尤其是"宗族"、宗教组织、互助组织等村庄内次一级公共组织而言,其活动合法性和成长空间则很大程度上来源于村委会的某部分角色的功能性缺失,即村庄性公共领域中存在着一些"不确定领域",主要是个人或组织拥有的知识、技能、个人魅力等能有效吸引村民的资源,以及能够有效发挥这些优势

村庄内源性组织与乡村治理

的活动①,使得这些公共活动空间得以运行。先不说由村庄内次一级组织形成的公共领域子系统对整个村庄性公共领域所产生的影响作用到底是积极还是消极,毋庸置疑的是,由于活动主体在村庄中的次级地位直接决定了它所形成的公共领域子系统在一定程度上具有组织网络和公共资源的内聚性,即向内部成员的开放性;需要一定的契机和特定的运行轨道,通过与其他子系统尤其是作为自治组织的村委会的有效互动,实现彼此之间资源和网络的共享和衔接(例如"公共空间"的共享),使其向整个村庄性公共领域开启。

从公共管理的视角看,公共领域子系统可以从公共管理实践的主体、客体和机制三个方面加以考察。对于刘村个案研究而言,以拥有各自主客体和组织机制的公共领域子系统来考察公共管理组织运行机制的角度出发,能使刘村村庄治理案例资源的发掘更为有效明晰。

案例村庄中最引人注目的,无疑是宪政体制下的正式村庄自治组织与内发于村庄的非正式组织之间发生的复杂交错的互动关系。那么问题便是,在村庄性公共领域系统内部,有哪些公共领域子系统,各自拥有什么性质的公共空间和权力范围,而其内部的管理客体是什么?从动态的方面考虑,还可以探问促成整个村庄性公共领域治理绩效产生的机制是什么?即刘村的公共权力和公共利益在村庄"公共领域系统"中如何流动,各个公共领域子系统的运转关系状况如何,以及相互之间的结构关系对于整个村庄公共领域的影响有多大,等等。

回答以上问题,需要在复杂的村庄性自治公共领域中,厘清各个子系统的结构要素、活动状态和运作机制,剥离出当中支撑公共空间

---

① 毛丹,任强.中国农村公共领域的生长:政治社会学视野里的村民自治诸问题[M].北京:中国社会科学出版社,2006:65.

第六章 交织的村庄"公共领域"

有效运转的各类因素,这样才能有力地展现出像刘村这类村庄正式组织公共管理缺位的村庄中,乡村内源性组织作为非正式机构,以何种途径进入公共治理空间,参与、组织原本属于村庄正式权力空间领域的公共事务管理,维持村庄事务重新有效运转。这也是回答在农村的基层公共生活实践中,怎样的治理结构能够有利于某类"空巢村"治理绩效水平的提高这一问题的关键所在。

二 刘老会:从内聚到开放的公共空间

本章第一部分提到,"公共空间"术语是属于哈贝马斯"公共领域"概念的衍生研究术语,其表述内容具有两个层次:一是无形的不可见的社会心理空间,在公共领域中是构建形成公共意志和民主精神的重要媒介;二是物质的可见的有形空间,是满足社区民众生产生活、社交、休闲、表意等基本需要的实体公共场所,在乡村社会中则是国家政权代表、乡村精英以及普通村民相互遭遇的公共场域。在本章中的乡村"公共空间"也包含了这两个"空间"层次:一是村民可以自由进入并在其中进行意志交流、形成公共舆论的固定活动场所,诸如大到祠堂、晒场、加工坊、村办工厂,小到村小店、理发店、河边洗衣台或是某个乡村精英家中,等等;二是在这些公共场所中所产生的具有公共性的人际交往结构方式和制度化的社会关联活动形式,如村庄性文娱活动、宗教信仰、村庄民俗仪式等活动,以及村庄次级组织也属于这个范畴。

一般地,公共活动的展开,不可见的无形的社会心理空间的形成,需要一个可以聚集的场所性空间,即一个可见的有形的场所空间,而刘老会活动场所正是刘老会这一公共组织的可见的有形"公共空间"。刘老会在成立之初,办公场所和活动场所均设在刘氏宗祠内。直至2002年,刘老会才迁至现址。由于目前刘氏宗祠仍由刘老会负责管理,当年张贴在墙上的刘老会通知和公告依然可以辨认。比较这些留存的和刘老会现今的通知公告,我们发现了有趣的现象。

刘氏宗祠墙柱上的信息包括刘老会每月财政公开黑板报、刘老会组织管理条例等。综观这些信息,不难发现这一时期的通知和公告的发布主体均为刘老会;而受众均为刘老会会员;信息内容则是有关协会的组织管理和活动开展。

刘老会经过十余年的发展,现如今其张贴的通知和公告却已发生了明显的变化:只要一走近目前刘老会所在的四合院,立马能看到在大门边墙上张贴着三门县政府以及TP镇政府等各级政府部门所发布的有关公告、通知,以及三门县健康教育宣传专栏。进入正门后,门厅的黑板报总是紧跟时政,报道国家时事新闻及相关政策宣传,如"全面小康六大行动计划"、新型农村社会养老保险试点等。而四周墙上,贴满了由刘老会理事用毛笔写在大红纸上的各种公告以及重重叠叠的政府通知、古今中外伟人的哲理名言、宣扬"五讲四美"活动以及呼吁计划生育等宣传标语。将这些信息进行分类,可发现其主要涉及以下几个方面:

村政公告:"刘村村民委员会选举办法"以及最终名单、"村生态公墓若干规定的通告"、"TP镇刘村2008年1—3月财务公布"以及台州市人民政府、三门县人民政府关于清明期间森林消防工作的一系列通知等;

刘老会信息:近期活动通知、月财务公示等;

社区医保方面:《参加农医保的群众待遇的通知》(TP镇政府发布)、"凭医保卡进行免费体检的通知"(TP镇政府和TP医院发布)等;

卫生方面:《预防儿童手口足病的通知》《儿童预防接种的通知》

第六章 交织的村庄"公共领域"

《在老人会接受预防针注射的通知》以及流感预防宣传等；

计生方面：《育龄妇女检查和落实计划生育措施的通知》《计划生育罚款名单》（镇计生办发布）等；

文娱建设方面：《三门县基层文化俱乐部管理办法》（三门县委宣传部和三门县文化广电新闻出版局发布）等；

经济信息方面：收购特定番薯品种的信息等。

相比较上述刘老会两个时间节点的两个有形空间的通知和公告，不难看出，刘老会作为村庄次级组织在村庄公共领域中的角色已经发生了一定的转变。在刘老会的有形"公共空间"内，信息数量大大增多，而信息发布主体除了刘老会自身之外，还有扮演村庄自治组织角色的村两委以及各级政府；信息内容几乎涵盖了涉及村庄日常讯息和公共生活参与的各个方面；而这些信息的受众，除了刘老会信息是"各位会员"外，其他信息都超出了这一范围：由各级政府颁布的信息，大多明确注明颁与的对象为"刘村村民委员会"，常常出现诸如"要求各村委会""请各村委会"等授权性的字眼；而村两委发布的信息，主要为村务公开信息以及前一类信息的具体事务落实通知等，信息受众为所有刘村村民。

在刘老会发展早期，刘老会的活动场所带有浓重的"刘老会"色彩。除了上述显见的通知公告局限于刘老会这一组织外，不同身份的人员对于这一空间的心理感受可谓是泾渭分明。对于刘老会成员而言，一旦进入这个有形空间，就是来到了属于自己的"地盘"，有一种"会员"身份的归属感。在这个自己的空间内，可以看电视、聊天喝茶，也可以打麻将、打牌、下棋，还可以免费理发，比较优惠地租赁场地和物件。更多的，会员们甚至是决定着电视机该怎么放置，什么时候开放；要不要买自动麻将机，向会员、非会员怎么收费；理发和租赁的价格怎么定，添置哪些物件，等等。会员们在这个空间里有充足的

村庄内源性组织与乡村治理

活动权和话语权,让他们深觉自己就是其中的一分子,并得到了物质和精神双方面的满足。而非会员则不然。对于未入会的村庄老人和民众而言,这里是属于刘老会的,没有缴纳会费而到此活动难免抱着一种"蹭"的心态。通常情况下,他们绝大多数不会主动走进这一空间。即使作为诸如打麻将和打牌等休闲活动的参与者,由于刘老会收费标准的不同等原因,他们仍会产生一种身处组织之外的不自在感,感觉到置身于刘老会组织"地盘"之内的无形压力。"来活动的全部是老人会的人,其他人叫他来他也不愿意来,不是老人会的人嘛,总不好意思的。有好多人就是因为欢喜打麻将才加入老人会的。村里面的青年人一般都不来的,总认为老人会么,是老人玩玩的地方,年轻人也不愿意来。"[1]正是村民们这种基于比照自身资格所产生的"身份"认同,使得协会外部成员较少地参与老人会的活动项目。这虽然不能完全归因于组织化的老人会这类机构组织赋予了某个"公共空间"某种归属上的特定性,但至少组织成员在组织内形成的公共空间中获取组织公共信息、组建社会资本网络以及参与组织生活,都赋予了组织成员内聚式的心理价值倾向,从而对无论是有形还是无形的"公共空间"实现"倒逼",使之更加排斥外部成员的参与,性质更具内敛性与凝聚性。

在此,有形和无形的公共空间的形成是一个相互促进相互巩固的过程。在刘老会成立之初,刘氏宗祠被村两委"划拨"给刘老会作为活动场所,刘老会经过多年的组织、制度建设,使刘老会成员在这个有形空间中能够得到协会运作的基础信息,参与刘老会组织的活动,享受内部会员的福利,同时交换会员间的日常信息,交流对村庄事务的看法并进而形成协会内部的公共意志和公共舆论。在这一过

---

[1] FT(LCL)。

程中,无形的社会心理空间逐渐形成。而内聚的无形空间,反过来给刘氏宗祠打上了更为深刻的刘老会烙印。刘老会成为一个完整意义上具有很强内聚性的有限"公共空间"。

内聚性的公共空间虽然具有组织力和凝聚力,而其封闭性和局限性也不言而喻。刘老会走向更为鼎盛的发展,则与其内聚式空间的打破有着至为重要的关系。正是内聚式空间的打破,使刘老会从专注老人事务走向更为多样的村庄公共领域,进而使刘老会身处更为广阔的发展舞台,其影响阈限也扩展至全村村民。2005年的村庄选举,正是刘老会从内聚式走向开放式的转折点和折射点。

村庄选举是涉及整个村庄权力结构变更的大事,直接关系到不同房派、派系的利益分配,刘村的村两委选举一直以来竞争都比较激烈。如 1997 年村主任选举时,村庄两大阵营候选人及其支持者跟随流动票箱进村民家中,都声称受几个长期不在村的村民委托代为领取选票,发生了抢夺选票的事情,之后相互推搡及至动手,并最终在选举结束当晚于村庄小饭店门口发生双方各几十人参与的房族斗殴,之后经过乡政府及派出所多次协调才解决。1999 年选举,乡政府为避免再次发生类似事件做出规定,候选人及其支持者不得跟流动票箱进村民家中,接受委托需村民身份证才有效,当年因为选举阵营力量的悬殊而相对平静。但是 2002 年,选举双重委托现象①再次发生,经乡政府处理后方平息。2005 年,为解决这些问题,镇政府规定村民统一到秘密填票处填票,委托选举除身份证外还需有委托书,选举前先对委托书等进行统计,双重委托者一律作弃权处理。当时,出于场地和人手考虑,选举投票点设置在了刘老会,而选举程序的监督和执行,包括委托书核实、票数统计以及最后的选举结果公布,均由

---

① 一方持委托人身份证原件,另一方持同样有效的身份证复印件。

刘老会负责在旁监督。自此之后,刘老会活跃于村庄选举中,包括2008年的村两委选举,2008年的镇人大代表补选①等。

刘老会之所以能够在2005年通过村庄选举这一事件正式突破刘老会封闭式空间而进入村庄公共领域,可以说是日积月累的蚕食式参与的结果。正如前一章节所述,早在2000年前后,刘老会就自发组织了山林防火队。随着防火队的常规化,刘老会成为刘村森林防火的主力,刘老会活动场所也自然而然地成为森林防火通知的最合适的张贴地。诸如森林防火此类作为上级政府下达的村庄公共管理的"政务型"事务,其内容关系到整个村庄社区的公共事务管理,信息传达面向整个村庄村民,有关内容关乎整个村庄的公共利益,因此这类信息的公开发布及其政策内容的落实,需要在得到正式制度支撑的权力运行框架内进行,需要公共权力部门给予事务执行机构的组织、管理行为以显在的合法性保障。正是这种显在的公共权威的日积月累,赋予了作为信息聚拢和发布场所的刘老会村庄范围的公共组织性质,从而使刘老会最终在2005年的村庄选举中为村民所认可和信任,成为监督者。而刘老会也趁机更为加速地累积来自组织外部的新资源和异质关系网络,向森林防火、村庄选举之外的其他村庄公共事务全方位的拓展,进而成为几乎所有公告通知的发布场所,以及多项政务型事务的实际执行者。

由此,一方面,从有形的公共空间层面来说,原本相对封闭的组织性公共空间由于村庄性自治组织的共享借用,向组织外开放成为各类村庄性公共信息的媒介场所,其信息资源的获取和反馈权利也由刘老会内部会员独享逐渐转变为村庄全体村民所共享;进而,受众群体面向的扩展促成了具有一定排外性、单一信息流、指向组织内部

---

① 当时刘村是选举点之一。

第六章　交织的村庄"公共领域"

的内聚式"组织公共空间"逐渐展开成为信息流动呈开放性的、具多样化公告信息、朝向组织外部的外向性的"村庄性公共空间"。

另一方面,从无形的公共空间层面来说,国家公共权力部门、村两委等自治组织与刘老会共享同一个村庄公共信息发布场所,已经默认了这个"公共空间"向村庄开放的合法性和有效性,这成为刘老会组织公共空间由会员所认同的内部组织权力空间发育成为具有村庄性公共权威的公共空间的基础。这种显在的公共权威认可使得村民逐渐认同其作为"村庄性公共空间"的存在价值,村庄场所性空间的"公共性"价值倾向和心理倾向也得到了强化,"老人会"的标签也逐渐从公共心理中逐渐消退。现如今,在刘老会活动的中青年村民依然不多,但是其内在的原因已经不是先前的"那是老人会的地盘",而是更多地来自年龄、兴趣、喜好等社会分层的差距,如认为"和老人打牌玩得太小没意思"等。而非会员的村庄老人,已经基本没有"我没有入会,不能在老人会活动"的心理障碍。在村民诸如"——去哪里啊""——老人会"的外在话语体系以及内在心理认同倾向中,"老人会"已经并非仅是具象的村庄次级公共组织的"刘村老人协会",是刘老会会员的"老人会",而是具抽象的村庄性公共空间性质和实体的公共信息聚集和公共活动场所的村庄性公共空间,村民认可自身在这个"公共空间"内参与涉及自己权益和整个村庄公共利益的村庄性公共事务的合理性。在实体性、可见的"公共空间"打开的基础上,社会心理空间也在逐渐打破隔阂,在不同群体间敞开流动。

支撑公共空间向村庄性公共领域外放式打开的认同价值体系,并非只有村民对"老人会"的单向度价值倾向,同时也包含刘老会会员的从组织内指向组织外部村庄社会的"公共性"精神的培养和认同。张静认为,"组织化的社会联合由私域向公域的变动……尝试将分散的个体力量内聚,从分散、私域的民间社会多元组成,转向自主联合、由公域的公民社会组成"①。如果中间加入公共组织的变量,那么由私域向公域的变动过程分解开来其实可以看作是两个步骤——个人的组织化以及组织的公共化。首先是作为个人之于组织"公共性"精神的培育,即村民通过刘老会之类机构媒介的组织化活动参与,形成个人私域向组织公域的移动,这种活动的结果是个人对组织的认同以及组织性内聚式公共活动空间的形成;其次是村民作为村庄社会的成员,借助于刘老会等组织机构,通过组织化的途径和活动方式,被纳入村庄公共事务参与中,在村庄公共领域中形成公共意志和公共利益,并实现对公共权力的监督。

就此,将刘老会"公共空间"的内聚和打开过程用于解释村庄性公共精神的培育,则可发现,第一个步骤属于"个人"利益的自我内倾性性格向群体性"个体"的转化,这可通过组织本身的有序结构和制度化运行经验潜移默化地将组织认同和公共精神传输给组织成员。但是公共组织尤其是村庄次级公共组织大都致力于为本组织成员提供服务,所创设的是一种比较狭隘的内聚式公共空间,因此在村庄自治精神培育过程中,如何将组织公共空间与村庄性公共领域实现对接,并使这一公共空间内的组织资源转变为构建村庄"公共性"精神的动力成为值得探索的问题。刘老会走出了自己的路径:出于村庄现实从某一事务性领域(森林防火)开始局部突破,进而借助某一时机(2005村庄选举)实现较为显著的显现突破,并随之逐步走向更为全领域的突破,实现组织"公共空间"与村两委等自治性组织所需的公共空间的共享,最终,刘老会参与村庄公共事务的合法性,村庄性事务承担者的身份逐渐被认可,并在村庄性公共领域中将内聚式的组织空间整合成为指向整个村庄的、开放式的"村庄性公共空间"。

---

① 张静.公共空间的社会基础[C]//中国青基会,非营利组织研究委员会.扩展中的公共空间.天津:天津人民出版社,2002:25.

第六章 交织的村庄"公共领域"

三 参与和妥协：两个公共领域子系统的对接

按照上述"公共领域系统"的视角，村庄性公共领域中存在着若干个各具主体、客体以及权力运行范围和活动领域的公共领域子系统。在公共管理体制的运行中，村庄中各个子系统之间呈现出竞争、妥协、合作、冲突等不同的关系形态，这些博弈形态中蕴含着乡村公共生活的秩序形态和运转状态。在子系统的互动关系中，其中比较引人注目的，无疑是作为乡村自治组织的村两委形成的公域与村庄次级公共组织形成的公域之间的相互关系，以及两者在村庄性公共领域中的角色行为，在前文对于刘老会这一子系统的论述中，也无可避免地涉及村两委，正是因为其千丝万缕的关系。能否实现两者之间的积极互动甚至相互对接，决定了整个村庄性公共领域的最终治理绩效。

以次级组织形成的公共领域子系统作为观察主体，在与村两委等正式自治组织形成的公共领域子系统互动的过程中，大致可类分出内聚式和扩张型两种基本关系结构。如李华伟研究的豫西李村的各派宗教组织就属于典型的各个内聚式乡村公共领域子系统[①]。这些"公共领域"子系统以信仰作为纽带，以"咱们这一教"的排外性形成成员对组织的内聚力，并产生各自的社会救助网络和社交网络，替代缺失的村庄公共物品及公共空间；各教派之间以及与村两委的关系均按照"各人自扫瓦上霜"的观念，互不交叉重叠。这样的公共领域子系统只达到将村民组织起来的目标，却无法超越组织的局限性，使整个组织参与到村庄性的公共事务中来。而扩张型的公共领域子

---

① 李华伟.乡村公共空间的变迁与民众生活秩序的建构——以豫西李村宗族、庙会与乡村基督教的互动为例[J].民俗研究,2008,4:72-101.

村庄内源性组织与乡村治理

系统则走向另一种极端,如罗兴佐所研究的温州地区的老人协会①。温州老人协会以垄断村庄范围的搬运工作来获取高于一般价格的收入(称为"老人搬")。一旦这种垄断遭受挫折,老人协会便要挟村两委予以支持,甚至撇开村两委直接诉诸非理性行为,最终导致村两委离职,陷自治组织于瘫痪的境地;除此,老人协会以权威者身份指点村中事务,替代村两委执行部分村庄管理功能。"老人搬"以丰富的传统资源形成内聚式的公共领域,以非制度化的无序参与方式强行进入制度化的自治组织公共领域,试图构建以老人协会为中心的村庄性公共领域,具有极强的扩张性,并导致了村级权威的衰落和村庄的不稳定。

在现代公共规则文化薄弱的乡村社会,实现将分散的个人组织起来并重铸社群文化,打造坚实的自治基础,村庄次级组织有其不可替代的积极功效。但这类组织在运行过程中为保持组织的聚合力,容易形成资源和关系在组织内部流动的内聚式的关系网络和闭合的场所性公共空间;另一方面,次级组织虽然营造了新的"公共领域",但由于缺乏村庄正式公共权力的支撑和组织参与村庄公共事务管理的渠道,使其无法摆脱其"次级公共权力"的局限性。或者是如同温州老人协会那样完全走向另一个极端,为突破"次级"的限制而与其他公共领域子系统尤其是村两委这一子系统相对立。村庄治理是各种力量在村庄内交互作用、有序化的制度性参与的过程。那么,在公共领域子系统从内聚走向开放的过程中,如何实现与由政策制度规置的、拥有自治公共权力的、以村两委为中心的公共领域子系统的衔

---

① 罗兴佐. 论民间组织在村庄治理中的参与及后果——对浙江省先锋村村治过程的初步分析[J]. 中国农村观察,2003,5. 罗兴佐. 论村庄治理中的民间组织——以浙江先锋村为个案[EB/OL]. 资源输入、村庄结构与合作困境:实验五村案例研究[EB/OL]. 荆门实验调查纪事[EB/OL]. 三农中国网学者文集(http://www.snzg.cn/member1/member.php?username=罗兴佐)。

第六章　交织的村庄"公共领域"

接,从而有序地加入到村庄性公共领域之中？刘老会的个案分析,正是试图能够呈现一种较为良性的对接方式。

在刘村,近几年村两委的办公地点有过一次搬迁;2009年前曾设在原ZM中学的大楼内,平日当时的村会计时常会在那里值班;2009年新一届两委产生后,办公室搬到刘氏祠堂的东厢房。村两委虽然设有办公室,但是这一最有可能成为"公共空间"的场所通常大门紧闭,外墙也没有设置公告栏,村两委只是在必要时在此组织召开村两委有关会议,而没有开展日常办公。这里的冷清与刘老会这一公共空间的热闹形成了鲜明的对比。"老人会人多、热闹,有什么通知大家都容易看到","这些事情(指张贴通知等琐事)老人会做做就好",这是刘老会和村两委双方的共识,于是那些由上级政府授权村两委发布或者由村两委自身颁布的政策文件和公共信息,现在一般由村支书送至刘老会办公室,交由刘老会理事负责张贴。而刘村村民对此种信息公布场所和负责人员的移位也觉得理所当然。从这种理所当然可以看出,刘老会已经承接了村两委的部分职能。

这种职能的代理是刘老会与村两委这两个公共领域子系统"你情我愿""互惠互利"的合作结果：在有刘老会主动"打下手"的情况下,对于一些需要花费大量的时间及人力成本,但并无私人利益获取空间的"政务型"村庄公共事务处理,村两委乐得清闲;对于刘老会而言,这些工作虽然耗时耗力,但在留守村庄的大部分是老年人的"空巢村"背景下,这似乎又是"有为的""为村庄发展做贡献"的自治组织的使命。同时,刘老会已通过将村庄老人的组织化,建立起了遍及村庄各角落的会员关系网络,利用每家每户的老人这一组织资源能快速将信息传达到各家各户,这在某种程度上使这些繁琐的工作变得相对方便。由此,刘老会也乐意为村庄事务出力。

值得注意的是,两个公共领域系统之间在村庄事务管理与权力运行层面上实质性对接的实现,除了处于优势地位的村两委子系统的权力下放外,刘老会这一公共领域子系统的主动争取,以及第三方尤其是政府公共权力部门的插入性互动等,同样在不同情况下发挥着不可忽视甚至是至关重要的作用。同时,在这一多方互动中,刘老会和村两委两大村庄公共领域子系统的力量对比也发生着微妙的变化。"刘村基层文化俱乐部"的建立这一案例可以较好地窥其过程之一斑。

2007年,三门县文广局发布了送达各乡镇政府和村两委的关于建立基层文化俱乐部的通知,要求"……(俱乐部)有专门的活动场所,需要专人管理。资金由各村建设投入,通过多渠道、多方式筹集,乡镇政府要给予一定的扶持。筹措的资金和上级奖励的资金不得用于其他用途……。"[①]

对于村两委而言,根据绩效评估占比及长期的任务执行经验,可将上级组织下达的村政任务分为"硬性指标任务"和"软性指标任务"。前者要求实施力度和强制力都较强势,是政府公共权力部门要求村两委必须完成或将完成效果直接计入村两委绩效评估内容的村庄公共项目,因此村两委必然会尽心尽力地完成,如"康庄工程"、村庄路面硬化等;而后者则温和得多,事务大多涉及隐性的村庄精神文明建设层面,往往无法作为量化指标来对村两委公共事务管理绩效进行评估,因此对村两委而言并非是必须予以完成的项目。刘村村两委对于建立"基层文化俱乐部"这一任务的判断,也正是基于这一经验性划分:从"管理办法"文件中可以觉察出建立"基层文化俱乐部"的政策立足点在于助力农村公共文化建设,是作为提升村民文娱活动质量的一项有益措施而推广。一方面,"管理办法"的政策语言

---

① 三门县文广局.基层文化俱乐部管理办法.2007.

第六章 交织的村庄"公共领域"

突出强调了"基层文化俱乐部"的实体性活动场所建立的必要性,却未规定活动内容、活动形式以及活动开展所应达到的效益成果,也没有详细的强制性项目质量评估标准。这就给予了乡镇政府和村庄自治组织较大的诸如"可做可不做"或是"随便应付做做"的灵活实施空间。另一方面,文化系统部门在公共权力组织中经济利益倾向性色彩较淡,缺乏强硬的政策性强制手段,其公共职权范围也较少地能够直接触及基层政府和乡村社会,其所发布的政策性任务对乡镇政府以及村两委的最终政绩评定的影响相比较于其他"实权部门"要小得多。"基层文化俱乐部"的任务作为文化系统发布的不折不扣的"软性指标任务",在具体实施过程中,乡镇政府和村两委因此较多地持有"完成了最好,完不成也没关系"的心态。而从运行成本角度来看,基层俱乐部的开展、建设和维护需要花费相当大的物资和管理成本,并且无法即时体现运转绩效,甚至无法预料运转绩效,因此从实用性来讲这也仅是一项"浪费"经济资源和人力资本的任务。基于此,很多村庄的"基层文化俱乐部"就只是象征性地应付一下,并没有实际性地操作和实施,如有"先进示范村"称号的刘村邻村——板村,也仅将"基层文化俱乐部"的牌匾挂在村祠堂中了事。刘村村委会也如同其他村一样,并未重视这项建设,也未按照"管理办法"采取筹建行动。

出乎意料的是,台州市委对乡村"基层文化俱乐部"活动项目的开展相当重视,并打算前往三门县视察村庄俱乐部建设情况,而刘村恰好在抽查范围内。这种情况下,三门县县政府立即做出了反应:临时购置了百余册图书和几套社区健身设备拨给刘村,要求村两委能搞出一个像样子的"文化俱乐部",以顺利应对上级检查。对于刘村村两委而言,"基层文化俱乐部"在突然之间成了必须做而且必须做好的"硬性指标任务"。在哪里建俱乐部?俱乐部包括哪些内容?俱乐部怎么运行？村两委发现，这些问题的答案都指向了同一个主体：刘老会。

在场所上，人气较旺、同时又是村两委办公场所所在地、有较多闲置房屋的"刘氏宗祠"成为最佳选择。而更为助益的是，刘老会就在此。刘老会棋牌、电视等文娱活动的设置，正好可以成为俱乐部内容之一。同时，利用上级拨给的图书以及健身器材，村两委进一步扩展了俱乐部活动内容：增设图书室，将县政府所拨图书以"政府对于老人会活动的支持"的名义，由村委会转授给刘老会。刘老会腾出一间办公室作为图书室向全村村民提供借阅服务，并委任一位理事专门负责在《三门县文化俱乐部图书管理簿》[①]登录图书借阅以及归还情况。同时增设健身室，将下拨的几套社区健身设备设置于刘氏宗祠门口空地上，由刘老会负责进行维护管理。而刘老会在接受"委派"后也主动在健身设施四周栽上花木形成花坛，并以协会名义发布"公告"，提醒"村人有责把它管好，尤其要教育小孩不得摇拔，撕枝，摘叶损害花木正常生长"。至此，刘村基层文化俱乐部的外部架子像模像样地搭建了起来。

在这一过程中，在外部力量的直接助推下，村两委和刘老会两个子系统的关系得到进一步对接，带来了村庄公共治理的"多赢"局面和绩效存量的提升：对于村两委而言，刘老会的职能替代，使其顺利完成了时间紧迫的"硬性指标任务"；同时，上级部门的公共物品投入仅是应付检查的临时应景之作，是"一次性消费"性质的公共用品供给。虽然这部分公共服务供给符合村庄文化建设的需求，但由于"村庄性公共领域"中缺乏后续维护的组织管理资源和充分运转的"公共空间"，最终将难以为继，而"利用"刘老会的管理资源则让自己摆脱

---

① 作为俱乐部成果展示，定期上交检查。

第六章 交织的村庄"公共领域"

管理和维护成本,使资源利用效益达到最大化。而在刘老会看来,物资投入的赠予是"政府看得起老人会"的表现,是对刘老会工作的肯定,而且配合村两委的工作能够为村庄做实事。于是刘老会很愿意回应村两委的主动赠予和相关权力外放,并主动投入力量加强后续的维护管理和扩展建设,最大可能地将本是应付上级检查的政务性的粗放建设通过精细化的管理使其实现在村庄内的真正运行。而在对公权力的职能弥补性参与中,刘老会这一内向性的"公共领域"子系统得以再次接入到村庄性公共活动领域之中,促进了自身的发展。对于村庄社区而言,刘老会的公共服务供给扭转了简单粗放作风,防止了被迫的"达标"任务过程中所出现的"种的树都死光、开的渠不能用、防疫针不防病、鼠药毒不死老鼠"[①]的低质量层次的公共产品供给局面,而实现了"下拨的图书有人借阅有人整理,健身器材有人使用有人维护",使其朝着更符合村庄公共利益需求的方向发展。同时,刘老会本属于内部会员所有的小"公共空间",借此开放成为村民所共同享有的大"公共空间",村民文化娱乐以及参与村庄政治生活有了新的场所。

除了合作性参与,在实现两个"公共领域"子系统的对接过程中,或者说在刘老会由内聚式走向开放式的过程中,面对先天强势的村两委子系统,始终离不开刘老会的低姿态妥协。

长期以来,刘老会在村庄性公共领域中虽然承担了一部分村政事务,但其角色定位只是替村委会"打打杂"和"做做下手",承担一些无关村庄经济根基的、琐碎的、实施手段和步骤有详细制度性规置的"政务型"事务;而涉及村庄深层次利益结构的公共服务,如自来水工程、村庄工程项目承包、蛇盘塘滩涂承包等却依旧由村两委完全把

---

① 张静.现代公共规则与乡村社会[M].上海:上海书店出版社,2006:132.

持,刘老会以及村民在很大程度上被排除在意见决策和利益分享之外。在村庄公共性领域中,刘老会和村庄正式自治组织村两委这两个公共领域子系统之间的关系结构既存在着"公共空间"资源的共享渗透,也存在着权力和利益结构的微妙距离。村庄"公共领域"的运行机制是不同公共权力主体之间形成的耦合机制,作为村庄次级公共组织,其组织的生存和活动不得不在不违背村两委公共权力活动范围和容忍限度内展开。因此刘老会在公共领域中难免表现出两面性态度:一方面是对村庄公共活动参与的兴趣和渴望,另一方面则对公权力表现出一定程度的妥协与让步。如对于村委会村务公开信息,尤其是财政收支信息的公开,刘老会一直颇有微词,表现出诸多的不满以及进行意见表达的深切渴望;但当问及对刘老会日后发展的前景时,几乎每个刘老会核心成员都提道:"老人们年纪都大了,做的事情太多,身体也吃不消,做到这个程度已经差不多了",言辞之间似乎表现出刘老会并无触及村庄深层次利益结构的意向,也并未试图通过组织努力对此形成实践性的监督和舆论压力。这种态度的裂变,正是刘老会在村庄性公共领域中与村庄正式自治组织的妥协。在这种妥协性参与的态度下,刘老会所承担的公共事务行为不会过度超越村庄次级公共组织的职权范围,从而避免了对于村两委子系统的直接"越权"刺激。

但是同时,这种蚕食式的妥协性参与,使刘老会在能够比较顺利地进入村庄性公共领域的同时,也使以刘老会为代表的自治意识和自治力量发生着微妙的变化。刘老会等在协助村两委执行具体任务的同时,开始有机会在一定程度上参与到村庄事务的决策和监督上。村两委关于村庄事务决策的部分会议,如关于殡葬改革工作的商讨,刘老会以组织的名义被邀请参加,LCB、LKD、LKN等同是刘老会理事会成员和村民代表的人物,也以前一身份参加会议。"殡葬改革工

第六章 交织的村庄"公共领域"

作,其实落实到村子里就是公墓建设,选址选在哪?墓园式样怎么做?老人毕竟是先去的,他们更有说话权。而且有些事情比方说动员村民以后将坟墓弄在统一的墓地里,老人会做起来更为方便,"①村两委已经自然而然地将刘老会看作是全村老人群体的代言人,而且也承认在某些方面刘老会更有办法。在监督方面,前文提到的刘老会在村庄选举过程中的监督无疑是一例证。从这些事例可以看出,虽然村两委在经济发展、政治运作等核心领域依然牢牢掌控着主导权,但是刘老会的长期实践,也已经使其在村庄某些公共领域有比较实质性的影响力。

---

① FT(LSW)。

第七章
"社会资本"视域下的公共组织化过程

上文已经从公共领域的视角,对刘老会这一公共领域子系统进行了从内聚到开放的过程分析,通过参与和妥协,刘老会与村两委这两个公共领域子系统实现了对接。那么,在这一对接过程中,刘老会这一主体是如何调动成员个体、组织团体的各类资源,实现组织内部治理和村庄治理参与的呢?下文将引入社会资本这一分析概念对此展开探讨。

一 "社会资本"概念及其理论体系

社会资本概念,自 1980 年皮埃尔·布迪厄第一个对其进行系统分析以来,经过众多学者几十年的进一步阐释和应用,已成为经济学、社会学和政治学的重要术语。多学科、多视角的讨论,在相当程度地阐发和丰富了社会资本内涵的同时,也使"社会资本"概念术语无论是其内涵和外延,还是测量标准、应用范围,都显得纷繁复杂、莫衷一是。

几位研究社会资本理论的代表性学者都对社会资本有着自己的定义。作为社会资本理论的研究先驱,布迪厄从对场域的分析出发,

村庄内源性组织与乡村治理

将社会资本区别于经济资本和文化资本,认为社会资本是"实际的或潜在的资源的集合体,那些资源是同对某种持久的网络的占有密不可分的。这一网络是大家共同熟悉的,得到公认的,而且是一种体制化的关系网络,换句话说,这一网络是同某团体的会员制相联系的,它从集体性拥有资本的角度对每个会员提供支持,提供为他们赢得声望的'凭证'"①。

比较早地系统论述社会资本理论的美国社会学大师科尔曼,则从社会资本的功能出发进行了定义:"社会资本的定义由其功能而来,它不是某种单独的实体,而是具有各种形式的不同实体。其共同特征有两个:它们由构成社会结构的各个要素所组成;它们为结构内部的个人行动提供便利。"②在科尔曼看来,社会资本即个人所拥有的社会结构资源,它"基本上是无形的,表现为人与人的关系"。主要形式包括义务与期望、信息网络、规范和有效惩罚、权威关系、多功能社会组织以及有意创建的组织等。而公共物品性质是社会资本的重要属性,调用社会资本的行动往往为行动者之外的人带来影响。

帕特南的一系列著作和论述,如《使民主运转起来:现代意大利的公民传统》《独自打保龄球:美国下降的社会资本》等,使关于社会资本的讨论进入了一个高潮。而其对社会资本的定义"社会资本指的是社会组织的特征,例如信任、规范和网络,它们能够通过推动协调和行动来提高社会效率。社会资本提高了投资于物质资本和人力资本的收益"③,使社会资本与公民精神、公民参与以及民主政治、制度绩效等概念实现了对接,从而将社会资本理论扩展到政治学领域。

---

① [法]布迪厄.文化资本与社会炼金术——布尔迪厄访谈录[M].包亚明,译.上海:上海人民出版社,1997:202.
② [美]詹姆斯·S.科尔曼.社会理论的基础[M].邓方,译.北京:社会科学文献出版社,1999.
③ [美]罗伯特·帕特南.繁荣的社群——社会资本与公共生活[C]//李惠斌,杨雪冬主编.社会资本与社会发展.北京:社会科学文献出版社,2000:155-156.

第七章 "社会资本"视域下的公共组织化过程

但是帕特南对于社会资本过于宽泛的指涉,却引起诸多质疑。如同样强调信任,探讨公民社会的福山就认为:"信任、网络、公民社会以及诸多此类的事务虽同社会资本相关联,但全都属于附带现象,即它们是社会资本的结果,而不是社会资本本身"。在他看来,"社会资本是一种有助于两个或更多个体之间相互合作、可用事例说明的非正式规范。这种规范从两个朋友之间的互惠性规范一直延伸至那些像基督教或儒教之类的复杂而精巧的教条。"①

此外,其他比较具有代表性的社会资本定义还有:林南的"社会资本——作为在市场中期望得到回报的社会关系投资——可以定义为在目的性行动中被获取的和/或被动员的、嵌入在社会结构中的资源"②,根据他的理解,社会资本概念有三个关键性的组成部分:嵌入于一种社会结构中的资源;个人摄取这些社会资源的能力;个人通过有目的的行动运用或动员这些资源。亚历山德罗·波茨认为,社会资本是"个人通过他们的成员资格在网络中或者在更宽泛的社会结构中获取短缺资源的能力。"③而埃莉诺·奥斯特罗姆则认为,"社会资本是关于互动模式的共享知识、理解、规范、规则和期望,个人组成的群体利用这种模式来完成经常性活动。"④

面对如此多主体、多形态、多功能但又相对无形的社会资本,概念论述已是错综纷呈,更不必说在不同概念界定下所进一步展开的理论体系的建构。美国社会学教授布朗为了使社会资本理论相对统

---

① [美]弗朗西斯·福山.公民社会与发展[C]//曹荣湘主编.走出囚徒困境——社会资本与制度分析.上海:上海三联书店,2003:72.
② [美]林南.社会资本——关于社会结构与行动的理论[M].张磊,译.上海:上海人民出版社,2005:28.
③ 转引自燕继荣.投资社会资本:政治发展的一种新维度[M].北京:北京大学出版社,2006:80.
④ [美]埃莉诺·奥斯特罗姆.社会资本:流行的狂热抑或基本的概念?[J].龙虎,译.经济社会体制比较,2003,2:26-34.

一和清晰,尝试将以往"最好的理论"进行合并整合。他根据系统理论,将社会资本定义为"按照构成社会网络的个体自我间的关系类型在社会网络中分配资源的过程系统"[1],进而论述这一系统的构成要素、结构和环境,从而试图把这三个分析角度勾画成微观、中观和宏观三个分析层次,厘清社会资本的主要理论表述。本书借鉴这一分层,在对上文所提及的诸多社会资本定义进行整合性梳理的基础上,提出界定。

布朗把微观层面的社会资本分析称之为嵌入自我的观点,主要讨论"个体自我通过社会网络(自我包括在内)调动资源的潜力"。此层面的分析可谓是相当丰富:在微观层面定义和论述社会资本的学者,自然聚焦于这种基于个体和自我的分析;即使是在中观和宏观层面对社会资本加以规定的学者,虽然并不一定认为微观层面所定义的社会资本概念是其理论架构中的社会资本概念,但是仍然无可避免地在讨论社会资本的来源、运行等内容的时候,涉及这一微观层次所涉内容的探讨。尤其是从中观的结构层面探讨社会资本的学者,更是将大量的论述集中在了微观的个体理性、个人道德层面,从而分析社会网络中人与人互动过程得以实现的动力。由此可见,由于同一学者对于社会资本的定义和对社会资本理论的论述重点并不一定归属于布朗三层次的同一层次,所以在三层次的归属划分时有必要对这两者有一个区分。大体来讲,微观层面的社会资本的定义,往往以"资源"和"能力"为落脚点,承载主体也往往是个人。布迪厄的定义就主要是集中在微观层面,主要关注个人的社会资本,即个人通过参与团体活动不断增加其收益以及为了创造这种资源而对社会能力的精心建构。林南和波茨亦是。后来不少学者也沿着这一路径,将

---

[1] [美]托马斯·福特·布朗.社会资本理论综述[C]//李惠斌,杨雪冬主编.社会资本与社会发展.北京:社会科学文献出版社,2000:78.

第七章 "社会资本"视域下的公共组织化过程

研究焦点集中在社会转型过程中,个人如何将原有的社会资本转化为在新的社会中可以使用的资源,并为自己确定在新社会中的地位。如罗纳塔斯对传统社会主义国家中的干部在转型社会中的角色变化的研究、克拉基维茨对波兰社会变迁的研究、李路路对中国民营企业家的研究,等等。①

中观层面的社会资本分析,布朗称之为结构的观点,主要讨论"社会资本特点网络的结构化,该网络中的自我之间联系的定型,以及资源因其特殊结构而通过该网络流动的方式"。这一层面的定义主要集中点有二:一是"社会网络""人与人的关系",二是"组织的特征"。科尔曼和伯特是前者的代表,涉及更多的是微观和中观层面的勾连;而帕特南则主要围绕后者展开论述,并将理论触角延伸至了宏观层面。

科尔曼之所以热衷于社会资本理论的研究,按其自己的说法是为了实现微观理论与宏观理论相联系、个人行动与社会结构相结合的学术目标。他认为社会资本能够与其他资源相结合从而导致宏观水平的不同行为与微观水平的不同结果,因而阐释社会资本理论有助于解释微观现象的差别,又可以实现微观到宏观的过渡。② 但是值得一提的是,科尔曼意义上的微观与宏观,与布朗三层次中的微观与宏观并不能完全对应。前者的宏观意指社会结构,与其更为对应的是后者的中观层次。科尔曼勾连微观和宏观的一个很重要的过渡是其称为"闭合"的一种特有社会网络。三角闭合,即三人组合中两两建立联系,是最为简易的结构模型。在闭合系统中,任何信息和资源都有可能通过两者之间的关系线实现网络中的个体间的直接联系,

---

① 参见卜长莉.社会资本与社会和谐[M].北京:社会科学文献出版社,2005:34.
② [美]詹姆斯·S.科尔曼.社会理论的基础[M].邓方,译.北京:社会科学文献出版社,1999:357.

村庄内源性组织与乡村治理

而在此互动中,义务与期望是必不可少的黏合剂,信任既来源于这种预期中的有所偿还的利益期待,同时又在得到加强后进一步促进了互动。① 伯特的结构空档理论正是在科尔曼闭合系统的分析基础上进行的深化与修正。② 林南也从个人行动动机、个人获取资源能力的角度出发论述了社会互动、社会结构形成的机制。

如果说科尔曼、伯特、林南等只是出于讨论社会结构的生成、集体行动的动力而涉及了信任、规则、制度等的讨论,那么帕特南却是通过对社会资本的不同界定,有意识地将关注焦点集中到了抽离于具体结构的认知、精神等社会资本价值特征的层面,从而在较大的政治经济系统以及文化与规范系统中探讨社会资本,这也就更接近于布朗所区分的宏观层面的嵌入结构的观点。在此之前,无论是微观还是中观层面,社会资本的承载主体虽然有所不同,前者是个体,后者是组织,但其活跃区域和行动过程却是一样的,都是个体在网络中的互动,只不过前者是同一个体在不同网络中,后者是不同个体在同一网络中。但是,帕特南从价值层面的论述,却将社会资本由布迪厄、科尔曼等理论中的一种个人行动可以利用的资源转变成了一个社会良好运转的前提条件,从个人层面上升到了集体层面,甚至是整个国家的社会资本存量和质量层面的考察。虽然依然关注个体层面的公民道德,组织层面的"公民参与网络",但是却由先前的由微观扩展至宏观的研究向度转变成了由宏观追溯到微观的研究向度,也就是说在帕特南的社会资本理论体系中,研究微观和中观层面的社会

---

① [美]詹姆斯·S.科尔曼.社会理论的基础[M].邓方,译.北京:社会科学文献出版社,1999. 科尔曼这种网络与信任的论证,也使其陷入了循环论证的诟病中。根据科尔曼的论述,一方面,有待偿还的义务关系是在公共网络成员中普及信任的基础;另一方面,社会资本网络的存在也可能被解释为社会上预先存在普遍信任以及产生互惠预期的结果。正如布朗在《社会资本理论综述》中所说:"我认为有必要提出'鸡与蛋'的问题进行质疑,这个问题是:先有信任,还是先有社会资本网络呢?"

② 关于结构空档理论的详细论述可参见[美]托马斯·福特·布朗.社会资本理论综述[C]// 李惠斌,杨雪冬主编.社会资本与社会发展.北京:社会科学文献出版社,2000:87-93.

第七章 "社会资本"视域下的公共组织化过程

资本更多地是为了了解甚至是测量宏观上的社会资本数量和质量，并进而讨论"使民主运转起来"所需的社会资本。① 虽然帕特南的社会资本理论超出了单一的网络和组织，但是其立足点依然是结构，只不过是较大的结构甚至系统而已，这与布朗所说的从"外部"文化、政治、经济对网络、组织的影响等宏观层面对社会资本展开探讨还是存在着区别，所以笔者暂且将帕特南的理论论述也归属在中观层面。

而布朗所言的宏观层面，即包含结构的观点，关注"特定社会资本网络包含在政治经济体系中的方式，以及包含在更大的文化或规范系统中的方式"，即"外在"文化、政治和宏观经济对网络中的社会联系的性质的影响，对网络结构的影响，以及对网络构建、变化和转移的动力的影响。② 正如布朗所说，"社会资本的嵌入结构观点讲述的不多。相关的理论要点出现在文化社会学的经济研究中，而且并不直接关注社会资本"，几乎没有学者将社会资本定义在这一层面。但是，宏观环境却成为社会资本理论的底色动力要素，"宏观社会逻辑支配着许多种社会资本网络"，甚至支配着论述社会资本理论的学者本身的学术和价值取向。

基于布朗这三个层面的整合性梳理，笔者认为，政治学领域的"社会资本"概念，比较适宜将核心点置于中观层面，即分析关系的定型、网络的结构化以及组织的特征。从社会资本理论试图解决集体行动的困境的初衷看，"我们所需要的社会资本，不应该是一种仅仅服务于私人的物品，也不应该是那种具有负外部性大于正外部性的集团物品，而应该是具有很强公共物品性质的物品，且它不应该是一

---

① 参见［美］罗伯特·D.帕特南.使民主运转起来——现代意大利的公民传统［M］.王列，赖海榕，译.南昌：江西人民出版社，2001.
② ［美］托马斯·福特·布朗.社会资本理论综述［C］//李惠斌，杨雪冬主编.社会资本与社会发展.北京：社会科学文献出版社，2000：79.

种公共坏物品"①。而基于微观层次的定义,容易模糊社会资本的"社会"限定,使其与个人的社会关系等概念相混淆,这种混淆同时很容易使社会资本的意义陷入是积极还是消极的悖论。如"中国公民对'走关系''拉关系'历来都不陌生。它正是中国社会缺乏理性化的制度的重要原因。因此,简单地说关系就是社会资本,这是片面的。对个人来说,关系就是资本,可能永远都是正确的。但这种资本是不是社会资本? 就是一个问题"。② 微观层次的,也就是侧重于个体的社会资本,也许用"个人关系资本"③等概念更不容易产生语义上的歧义和逻辑上的混淆。而宏观层次的定义,容易将社会资本概念泛化,反而使社会资本理论失去解释力,甚至使其有以"社会资本"之"新瓶"装制度、文化等理论的"旧酒"之嫌。武考克就指出了这一质疑:"来自不同社会学传统的社会资本的修正主义者冒着试图用太少的理论来解释太多现象的危险","如果社会资本能成为理性的、先理性的,或者甚至是非理性的,那么它'不是'什么?"④宏观层面的社会资本概念,如果以组织和网络的社会资本为出发点,可以将其看作组织外部环境或者组织与组织间的结构化,依然在中观层面展开分析;而如果以宏观的国家和社会为立足点,将其看作是不可分割的宏观整体所具有的社会资本,那么也许用"政治文化""公民文化"等概念论述更为合适。

---

① 王诗宗.社会资本:公共物品还是私人物品[J].浙江大学学报(人文社会科学版),2003,3:16-17.
② 李惠斌.社会资本与社会发展引论[C]//李惠斌,杨雪冬主编.社会资本与社会发展.北京:社会科学文献出版社,2000:17.
③ 王诗宗.社会资本:公共物品还是私人物品[J].浙江大学学报(人文社会科学版),2003,3:20.
④ 武考克.社会资本与经济发展:一种理论综合与政策构架[C]//李惠斌,杨雪冬主编.社会资本与社会发展.北京:社会科学文献出版社,2000:251.

第七章 "社会资本"视域下的公共组织化过程

在进入从社会资本视角对刘老会个案进行诠释之前,我们有必要先来了解一下社会资本视角下关于中国乡村自治的已有研究,这有助于加强对中国乡村形态和社会资本主要特征的总体把握。

在直接针对"社会资本"的纯理论研究上,中国学者尚未生产出具有国际影响力的研究成果,主要还停留在对国外相关文献的翻译、引介方面①,少数著作对国外诸多社会资本理论的研究进行了梳理和研究,如对社会资本理论演进过程的研究,对"社会资本"的定义、属性、构成、类型、测度、运作过程、存在根据、功能等的爬梳和分析②。

同时,中国学者也尝试对接"社会资本"概念和分析框架与中国村民自治实践,将社会资本这一西方语境的现代术语应用到本土研究中。如林聚任等在《社会信任和社会资本重建——当前乡村社会关系研究》一书中,从社会关系的基本问题、类型和历史变迁、"差序格局"状况分析了中国乡村社会关系的发展状况,重点剖析了当前所存在的社会信任危机和社会资本下降问题,并且结合调查问卷等获得的数据进行了定量上的分析。③ 周红云将社会资本在中国农村的表现形式分为四类:以血缘、姻缘、亲缘关系为基础的家族宗族网络所形成的社会资本,以功能性组织为基础的功能性网络所形成的社会资本,以习俗宗教信仰等为基础的象征性活动网络所形成的社会资本,以及以地缘、业缘等同样经历为基础的一般人际关系所形成的社会资本。并在此基础上考察了村级治理主体、结构和过程中的社

---

① 比较典型的选编本有李惠斌,杨雪冬主编.社会资本与社会发展[M].北京:社会科学文献出版社,2000.曹荣湘主编.走出囚徒困境——社会资本与制度分析[M]上海:上海三联书店,2003.帕萨·达斯古普特,等.社会资本——一个多角度的观点[M].张慧东,等译.北京:中国人民大学出版社,2005.
② 比较典型的著作有燕继荣.投资社会资本:政治发展的一种新维度[M].北京:北京大学出版社,2006.卜长莉.社会资本与社会和谐[M].北京:社会科学文献出版社,2005.
③ 详见林聚任,等.社会信任和社会资本重建——当前乡村社会关系研究[M].济南:山东人民出版社,2007.

会资本性状。① 郑传贵则以赣东项村为案例,对社会资本与农村社区发展的关系进行了考察。他在论述过程中分层次考察了家庭社会资本形态和变化(留守儿童教育问题、空巢老人抚养问题等案例);家族和邻里社会资本(表现在仪式参与、邻里照料、流动信息分享、村落治安维护、家族企业创立和发展等事项中);民间组织社会资本以及行政社区社会资本。其中,他把民间组织社会资本定义为"民间组织内部成员在长期的自愿互助合作的基础上形成的一系列信任、规范、网络等组织特征",并以村庄道路修建领导小组为案例展开了具体分析。②

这些"社会资本"视域下的理论和应用研究,总体来说都还有待进一步的拓展和深掘。但是如果撇开"社会资本"这一术语,从上述社会资本的概念内涵来看,中国社会资本理论的研究却是由来已久,成果颇丰。无论是人类学界还是政治学、社会学都从各自的角度对此有着比较深入和翔实的探究,只不过以往的这些研究使用的是"社会结构""社会关系""社会关联"等国内学界常用的概念术语和词汇。这些研究表明,中国乡土社会的社会资本呈现出以下几个明显特征。

一是人际关系结构的"差序格局"和"紧缩圈层"。"中国乡土社会的基层结构是一种我所谓'差序格局',是一个'一根根私人联系所构成的网络'","以'己'为中心,像石子一般投入水中,和别人所联系成的社会关系,不像团体中的分子一般大家立在一个平面上,而是像水的波纹一般,一圈圈推出去,愈推愈远,也愈推愈薄",而"我们社会中最重要的亲属关系就是这种丢石头形成同心圆波纹的性质"。③ 费孝通用圈纹的远近和厚薄形象地点明了社会关系的有秩序的差别。

---

① 详见周红云.社会资本与中国农村治理改革[M].北京:中央编译出版社,2007.
② 详见郑传贵.社会资本与农村社区发展——以赣东项村为例[M].上海:学林出版社,2007.
③ 费孝通.乡土中国[M].北京:北京出版社,2005:34,32,41.

第七章 "社会资本"视域下的公共组织化过程

而周建国借鉴"差序格局"理论中圈层的比喻所提出的紧缩圈层结构论,对社会结构疏密程度和社会关系流动方向进行了分析:在人们获取最多社会资源动力的作用下,每个人都会尽自己努力向资源最多的中心圈内移动,向圈内挤压,使得财富、权力、声望三个圈子向内紧缩形成紧缩圈。除横向的"圈"外,社会还存在着一个纵向的"层"。越往社会结构上层,社会资源的密度就越大,社会资源也越集中。与人们竭力向资源"圈"的中心流动一样,处于社会结构任何层面的人都会竭尽全力向社会结构的上层移动,形成"紧缩层"的人际关系结构。"紧缩圈"和"紧缩层"结合在一起,整个社会的人际关系结构就成了"紧缩圈层结构"。①

二是熟人、半熟人社会。正如费孝通的《乡土中国》中所说,中国传统乡村往往是一个"熟人社会","每个孩子都是在人家眼中看着长大的,在孩子眼里周围的人也是从小就看惯的",村民之间彼此了解和熟悉程度相当高。因为这一份知根知底的熟悉,乡土社会的信任不运而生。"乡土社会里从熟悉得到信任","乡土社会的信用并不是对契约的重视,而是发生于对一种行为的规矩熟悉到不假思索时的可靠性"②。随着中国乡村的转型,村落的相对封闭被打破,彼此之间的身世、亲友关系、才干和人品等不再是全然了解,"熟人"变成了"半熟人"③。而血缘、亲缘和地缘之外,业缘、学缘等关系也变得比以往更为重要,"差序格局"有了多元的圆心。而市场经济契约信任的渗入,更使"熟人"不再成为唯一的信任来源,这种建立在非熟人关系上的信任进一步对熟人社会的运行原则形成挑战,瓦解着熟人、半熟人社会及其信任原则。

---

① 周建国.紧缩圈层结构论:一项中国人际关系的结构与功能分析[M].上海:上海三联书店,2005.
② 参见费孝通.乡土中国[M].北京:北京出版社,2005:6,8.
③ 参见贺雪峰.论半熟人社会——理解村委会选举的一个视角[J].政治学研究,2000,3.

再者,社会关系的"差序格局"和熟人、半熟人的社会性质,使中国乡土社会呈现出另一个为不少学者所注意的特征,即"人情"社会。"'人情'是指中国社会中人与人应该如何相处的社会规范。'人情'的社会规范主要包含两大类的社会行为:其一是,在平常时候,个人应当用馈赠礼物、互相问候和拜会访问等方式与其关系网内的其他人保持联系和良好的人际交往……其次是,当关系网内的某一个人遭遇到贫病困厄时,其他人当有'不忍之心',同情他,体谅他,并尽力帮助他,'做人情给他'。"①"人情"所概说的"帮"与"报",成为中国乡村普遍遵循的传统。

二 刘老会核心成员个人的社会资源

在刘老会成立之初,其成立虽然是行政力量推动的结果,但是刘老会后来的发展历程却日益与行政主导脱节,尤其是在 2008 年前,刘老会基本处于自我生长、自娱自乐的阶段,与乡镇老龄委等可能的上级指导部门、村两委等村庄内组织基本没有实际意义上的联系。也就是说,对于此时的刘老会来说,基本不存在组织外部网络资源②。而组织的内部网络及组织特性,也均尚未成型。由此,刘老会在刚成立阶段基本不存在组织意义上的社会资本。

随着刘老会作为组织的逐渐健全,其社会资本也随之较为明显增长。这种增长一方面固然得益于刘老会的成长,另一方面,刘老会核心成员可能利用的社会资源的作用也不可忽视,可以说,这些与刘老会存在着或多或少联系的潜在的社会资源,正是刘老会成长的基

---

① 黄光国. 人情与面子:中国人的权力游戏[C]//中国人的权力与游戏. 台北:巨流图书公司,1988. 转引自王铭铭. 村落视野中的文化与权力——闽台三村五论[M]. 北京:生活·读书·新知三联书店,1997:173.
② 本章第四节对于刘老会的组织外部网络将会有更为详细的论述。

第七章 "社会资本"视域下的公共组织化过程

础。刘老会从 1993 年建立之初到 2017 年的二十余年里,共经历了八届四任会长,核心成员主要有 LKYi、LXK、LCR、LCB、LKYu、LZC、LKD、MZX、LKN、LSF、LCL、LAL 和 MFQ 等。LKYi、LXK、LCR 和 LCB 四任会长的个人社会资源类型①,可以说存在着较大的差异,下文对此展开具体叙述。

LKYi 在 1992—1999 年期间连续两届担任刘村党支部书记,1999—2002 年期间担任村支委,其担任刘老会会长期间,正是在村支书任上。LKYi 之所以能够担任刘老会会长,也正是因为其村支书身份。刘老会在成立之初是一个"行政"色彩相当浓厚的"组织",相应地,是否能够担任刘老会会长最关键的因素,也就是其与政治组织、领导干部是否有足够广厚的社会关系网络。村支书 LKYi 无疑是最佳人选。

第二任会长 LXK 所拥有的社会资源却与前任相差甚大。

"老人会现在的很多规章制度都是 LXK 当会长的时候弄起来的。他是钢铁厂退休回来的,对这些熟,知道怎么弄。他人又好,我就是在他的劝说下开始在老人会做事的,做着做着就一直做到现在,十多年了。"LCB 会长每次说起 LXK,总是充满怀念。和 LCB 一样,不少老人说到 LXK 时最常说的两句话正是"从钢铁厂退休"和"人很好"。

长时间钢铁厂的工作经历,使 LXK 因业缘网络而形成的社会资源较之于刘村其他人更为丰富。但是这类社会资源本来只是存在于 LXK 与钢铁厂同事(村外之人)的人际交往网络中,因为村落的相对封闭性和独立性,这一其他网络内的社会资源在村域系统内很少需要被直接利用。所以对 LXK 来说,业缘所形成的社会资源并不能直接成为其在村域系统内的社会资源,但这一经历无疑使 LXK 具备了

---

① 2018 年后的两任会长 LAL 和 LKQ 的个人社会资源参见后述,此处不再另列。

刘村村民所认可的其他类型的资本,如人力资本①、文化资本②等。因为资本之间的可转换性③,于是 LXK 在刘村的社会资源得以增加。如刘村村民有可能正好碰上某些特殊事件需要通过 LXK 这一中介调用其在村外的社会资本网络,这就直接促使这些村民与 LXK 建立或增强联系;而另一方面,由于 LXK 社会资源拥有量的丰富,刘村村民无论是出于潜在的利益期待还是出于对 LXK 的敬重,更多的人都愿意在不同程度上与其保持交往,在长期的交往实践中,LXK 在村内的社会资源迅速积累,而且其积累的速度和资源的稳定性都比较高效能。所以归根结底,LXK 的村内社会资源的形成,很大程度上得益于其大型企业退休职工的身份。

与 LKYi 支书身份和 LXK 退休职工身份不同的是,LCR 和 LCB 并不具备这些身份,他们的社会资源更多的是源自家族宗族因素及其所形成的关系网络。拿 LCB 来说,他是具有浓厚乡村传统精英色彩的老人。"LCB 他人正直、热情,办事负责,老人会的事一干就是十多年。"LCB 的为人是刘老会会员和村民公认的。

LCB 自 1997 年成为刘老会核心成员以来,一直负责刘老会的文书和档案工作,即使是后来担任了会长一职,刘老会《史记》也一直由他在记录。虽然 LCB 他自己说"文化程度低",但是在"熟人、半熟人"的乡村社会里,村民都知道他是"读过书的"。确实,LCB 在小时候念过几年私塾,虽然后来因为所谓的"出身不好"没能继续学业,但是其手书的近 4 万字的《史记》和较为标准的普通话,已很好地证明了其文化水平。虽然如今的乡村较之于几十年前已物是人非,但是

---

① 后天所获得的知识、技能、迁移能力、思想观念等因素的总和。
② 主要是布迪厄所定义的第一种形式的文化资本,即个体化的文化资本,主要以精神和身体的持久性情的形式存在。诸如他见多识广、又经历过现代企业组织生活的熏陶等。
③ 不同资本类型的转换思想可参见:文化资本与社会炼金术——布尔迪厄访谈录[M].包亚明,译.上海:上海人民出版社,1997:207-211.

第七章 "社会资本"视域下的公共组织化过程

家族社会资源的世代积累和文化品性的长年沉淀并不可能在短短几代人间全然无影。LCB 作为大房人,与刘村绝大多数村民属于同一房派,而且其房支(祖上)可以说一直都在族人中享有盛誉:其祖父曾担任当地乡长,任职期间因为人公正在乡里颇有口碑;其祖父之兄是民国时期当地赫赫有名的 LYG 上将,至今仍是刘村村民的共同记忆;长时间担任村委会主任并参与创立刘老会的 LCH 也是其祖父另一兄弟的嫡孙。再加上 LCB 的为人处事都颇有传统精英风范,这就更让村民时不时地将其祖上的声誉直接挪移到 LCB 身上。于是,无论是按照乡村"差序格局"的行动逻辑,还是按照村民尊崇权威的心理趋向,LCB 在刘村的社会资源的数量和质量都处于优位。

刘老会建立初期、转型期和稳定期三个阶段正好一一对应了三类具备不同类型的社会资源的负责人,这种耦合和互动看似偶然,但其中又有着某种"时势造英雄"和刘村社区社会关联性较强、老龄群体中"人力资源"较为丰富、"江山代有才人出"之现象与机制间相互契合的必然。刘老会的创建机缘决定了建立初期的负责人必然是来自体制内的精英,而由体制内精英负责又使其"行政"色彩得以维持。而从"外面"回来的精英的介入,很自然地带回不少"外面"的东西,包括现代组织的机构设置、运作规章、管理理念等现代性的知识储备和包括改革魄力等运用知识储备的能力。当这些知识和能力与刘老会内源性的改革要求不期而遇,刘老会的转型就成为现实。而当基本的组织架构已经确立并初步稳定,社会关系网络铺盖面广、社会资源深厚、经验丰富的人,无疑是比较理想的组织管理者。由此可见,组织不同时期的形态和目标确实在很大程度上影响了对组织核心成员的素质要求;但另一方面,组织核心成员的资源和特质,也同时影响着组织特性的形成和成长,有时,尤其在组织变革时期,甚至发挥着关键性的作用。

村庄内源性组织与乡村治理

除四任会长之外,其他核心成员的社会资源类型,也主要来自以上三个方面:一是曾经的(准)行政系统"公职身份"为基础所形成的政治关系网络,如 LZC 就曾长期担任刘村生产大队会计和之后的刘村村委会会计;二是主要由其他资本类型所转换而来的人际关系网络,如 LCL、LSF 等都长期在外务工,退休回乡后才回到刘村生活领域;三是以血缘、姻缘、亲缘关系为基础的家族、宗族关系网络,各小组长大部分属于这一类型①。值得注意的是,这三类社会资源的来源并没有绝对的区分,而且更多的是相互掺杂。如政治关系网络与家族宗族网络在很大程度上就存在着重叠,甚至当时能够成为(准)行政系统内成员的一大因素就是其家族宗族网络资源的丰富。而退休老人虽然在退休之前长期不在刘村,但是其家族宗族关系并没有完全消退,而其回村后人际关系网络再次形成的迅速和高效在很大程度上得益于这种家族宗族网络的依然存在。另外,退休老人往往具有中共党员身份,这也使其与(准)行政系统有机会建立一定的联系。与此同时,以家族宗族网络为基础的社会资本的积累,同样依赖于个体本身的人力资本和文化资本,地缘、业缘、学缘等其他人际关系网络这些因素的综合影响。本节之所以将不同老人的社会资源性状归结于某一类型,也主要是根据其最为典型的社会资源来源所进行的大致分类,以方便简明的理论分析。

个人社会资源来源的不同,对其作用范围与作用功效的差异有很大的影响。MZX 的案例能让我们对此有更为清晰的认识。MZX 自 1997 年入会以来,一直是刘老会"理事"之一,负责宣传学习工作,主要包括每期黑板报的编排,通知和公告的发布等;另外,MZX 还负责组织召开每月的例会以及老人节和过年茶话会的发言。MZX 每次都

---

① 详细分析可参考第四章对于小组长的讨论。

第七章 "社会资本"视域下的公共组织化过程

能顺利当选理事,主要是因为以下两大原因:一是当了40余年的乡小学教师,是刘村老人眼里的"知识分子",而且与刘村的几乎所有家庭都因这一身份建立了关系,这决定了其社会资源网络的网面之宽。二是梅氏宗族网络所形成的社会资源,这也是 MZX 宽广网面中最为密集和厚实之处。这类社会资源的宗族属性给他带来了正负双重影响,而且两方面的影响都非常显著。一方面,梅氏宗族网络所形成的社会资源使 MZX 比刘姓的刘老会核心成员更容易斡旋于梅氏之间,毕竟梅氏会给"自己人"更大的"人情","天然"地使 MZX 能够更方便更和平地处理有可能涉及梅氏宗族的事项。但是另一方面,梅氏宗族人口相较于刘氏宗族人口明显处于弱势。虽然刘老会不是宗族组织,刘老会核心成员和普通会员都不会把姓什么摆到显层面,但是刘村的宗族形态多多少少对刘老会的人事安排有所影响。MZX 自始至终只是负责宣传工作而没有去参选会长之职,可以说很大程度上是因为宗族因素的影响。

除了社会资源的来源和类型,社会资源的总量对于个人行动能力的大小以及行动目标的实现,也同样有着至关重要的影响。刘老会核心成员的组成和顺序的排列,都在一定意义上受到其个人社会资源性状的影响。一般而言,个体的社会资源越丰富,就越容易在选举中获胜。

LNY 是第五届的副会长,也是唯一一个曾经担任过刘老会"一官半职"的女性。"没担任什么工作,副会长没什么的",正如 LNY 自己所说,她在刘老会更多的只是空具副会长之头衔。2008 年初 LCR 因病去世,副会长 LNY 并没有按照刘老会章程规定暂时履行会长职责,而是由 LCB 代任,也很能说明问题。既然是会员选举的,为什么有头衔没实权?在刘老会这一组织中,虽然女性会员要比男性会员更多,但是无论是活动参与还是组织参与,女性会员都远没有男性会员活跃。而在刘老会之外,女性长久以来都被局限在家庭内部交流和外部空间的少量交往,这就使女性拥有的社会资源总量大大少于男性,这也就意味着其个人实际可支配资源也比男性更少。主观上和客观上的原因使 LNY 缺少实权成为必然。既然 LNY 的社会资源不足,为何她又能当选?"由女的担任副会长,也是向那些正式的组织学的,像村委里一般都有个支委是女的,国家也都有女的领导人。"①原来学习其他组织按性别派送名额,才是女副会长存在的最大原因。由此可见,在社会资源之外,还有更多的复杂因素,包括外部政治制度设计、村庄文化、村民信仰和观念等,影响着刘老会的组织架构、人事安排等各个方面。而这些外部因素,从帕特南的定义来讲正是宏观意义上的国家、社会层面的社会资本②。

三 从个人社会资源到组织社会资本

分析了刘老会核心成员主要的社会资源性状后,我们不禁要问,在刘老会组织运作和具体事项执行过程中,他们因何愿意调动这些个人的社会资源?这些个人的社会资源又是通过怎样的组织化过程逐渐转化为组织的社会资源?甚至使其在实现刘老会内聚性组织目标的同时,突破了"老人会"的分群阈限,渗入到整个村庄治理的诸多方面?下面拟通过分析刘老会前期活动场所——刘氏宗祠的"收回"与三次维修这一事项来一窥其貌。

如前文所言,刘氏宗祠起初是刘村刘氏族产,中华人民共和国成立后成为刘村村产,归集体所有,在 20 世纪六七十年代曾长期作为村小学校舍。后来小学迁址他处,祠堂逐渐沦落为厂房。

---

① FT(LCB)。
② 关于这一内容的论述,将在第八章有所涉及。

第七章 "社会资本"视域下的公共组织化过程

"LKD 是为老人会出过大力的。"LCL 在说起刘老会往昔时感慨道。原来 20 世纪 90 年代初刘氏宗祠由厂房变为刘老会活动场所，还有一段故事：LKD 的儿子当时是市某消防队队长，于是利用职务之便，以消防安全为由将厂房"赶"出了刘氏宗祠。当时的村支书 LCH 随即将其"拨"为刘老会活动场所，并由村委会出资对刘氏宗祠进行了初步整理和修缮。1999 年，为了修整刘老会活动场所，刘老会在协会内部筹款 3 295 元，对刘氏宗祠的大殿及大门口浇筑水泥①。

而刘氏宗祠 2007 年的修缮②，刘老会专门成立了刘村祠堂基建小组，由会长 LCR 担任组长，LKD 担任副组长并与 LCL 一同负责财务管理，其他成员还包括 LCS、LZC、LKB、LKS 和 LCG 等老人会中的刘氏子弟。其中由 LCB 和 LZC 赴刘村外出务工村民最为集中的宁波和三门县城等地向"小老板"有重点地筹集赞助资金。据悉，此次共筹集资金 49 200 元，祠堂坦地、廊坊均实现水泥浇筑。

在这一案例中，包括了借助于上级行政机构、村级自治组织村委会拨款、自组织内部集资、向组织外部成员筹资等不同层级不同社会关联的互动过程。不同的刘老会成员活跃于这些不同社会关系网中，动用了大量的个人社会资源来共同完成这件大事。总的来说，发挥作用的个人社会资源主要有两类：一是以家族、宗族为基础形成的社会资源，一是以业缘为基础，即作为其他社会组织的成员所形成的社会资源。

虽然在宗祠"回收"事件中，LKD 之子起到了关键作用，但是在村民（刘氏族人）的心中和口中，想到的说到的都是 LKD。原因主要有二：一是 LKD 作为一家之长，在中国长期的传统中理所当然地可以代表其儿子的出力。二是宗祠"回收"后成为刘老会的活动场所，而

---

① 参见 SJ。
② 参见前文。

LKD 才是刘老会会员,按一般逻辑肯定是他为了刘老会而动用了他的家族社会资源。所以在这一案例中,我们可以将 LKD 父子视为同一主体。刘老会与上级非直属管理关系的行政机构之间的联系,因为同一主体同属于两个组织(刘老会和消防队)而得以建立,以业缘为基础所形成的社会资源在此发挥了作用。

而以血缘为基础的家族宗族社会网络所形成的社会资源的利用,在案例中更为明显,尤其是 2007 年的筹资。刘老会之所以安排 LCB 和 LZC 负责筹资之事,宗族因素是重要原因——当时在宁波等地务工的主要是 LCB 和 LZC 房支的年轻一辈。而祠堂基建小组成员的组成,也是充分考虑到了这一点,成员均满足刘老会核心成员和刘氏宗族"长老式"人物的双重条件。

无论是来自血缘、亲缘等由于个人在社会生活中的自然原因而形成的社会资源,还是经过个人有目的投资而形成的诸如业缘、学缘和其他社会关系所形成的社会资源,不管具体形态和性状有何不同,有一点是可以确认的:这些社会资源都具有私人性。但是,刘老会内部和外部的成员说起刘氏宗祠的修缮,总是直接或间接地说道:"老人会出了不少人力物力修的。"LKD、LCB 等老人会成员的私人社会资源在不知觉间跨过了私人的界限,融为刘老会组织的社会资源,具有了公共性。是哪些因素推动着社会资源由私人属性到公共属性的转化?

这首先得从社会资源(资本)的特性说起。之于将社会资本视为私人物品①的学者来讲,"外部性"是所有资本所共有的特性,而"社会资本跟其他形式的资本相比,具有更多的外部性②"。而科尔曼、帕

---

① 也就是笔者所说的个人社会资源。
② 详见[美]弗朗西斯·福山. 公民社会与发展[C]//曹荣湘主编. 走出囚徒困境——社会资本与制度分析. 上海:上海三联书店,2003:82.

第七章 "社会资本"视域下的公共组织化过程

特南等从信任、规范和网络等宏观角度所说及的社会资本,则一般被认为是公共物品或准公共物品①。社会资本的外部性和公共物品特征,使其虽有所有者,但是其利用的效果却更具有社会扩散性。刘老会会员的个人社会资源的功用或多或少地辐射到整个组织,也就成为即使有意避免仍避之不及的事。更何况其并不想避免这种辐射和共享,甚至所有的努力正是为了实现这种共享。也就是说,在主观上,私人社会资源的拥有者很乐意将其公共化,之所以如此,是因为刘老会会员对组织的认同感、归属感,以及对于这一公共化行为所带来的利益权衡。

寻求归属是刘老会这一组织得以存在和良好运行的一大维系要素,这可以帮助老人这一"弱势群体"摆脱"晃眼老矣"的无力感和"子女都各自成家立业甚至不在身边"的孤独感,重新感到社会的认同。不少老人加入刘老会甚至为协会服务多年,就是为了这份情感需求。"我父亲本来不是老人会会员,每次他都说,'我村主任都干了20多年不想干了,难道还跑去当个什么老人会会长?'他觉得老人会那是小打小闹,没意思。可是,每次老人会老人节和过年大会发东西,我看我父亲都特意不出门避开村里的热闹。于是我开玩笑地跟他说'你也加入老人会得了,还有东西发'。他酸酸地说一句'那些个东西我自己又不是没钱买'。直至后来,在他生病的时候,他耐不住了,开始念叨'听说他们老人会有个送葬的规定,全村的老人都会去送行',于是默认了我让他加入老人会的提议。那年的九九重阳节,本来按照老人会入会超过半年才能享受过节礼物这一福利的规定,我父亲

---

① 参见[美]罗伯特·帕特南.使民主运转起来:现代意大利的公民传统[M].王列,赖海榕,译.南昌:江西人民出版社,2001:199."社会资本,如信任、规范和网络,一般来说都是公共用品,而常规资本一般则是私人用品。这是社会资本的一个特性";[美]詹姆斯·科尔曼.人力资本创造中的社会资本[C]//帕萨·达斯古普特主编.社会资本——一个多角度的观点.张慧东,等译.北京:中国人民大学出版社,2005:44."大多数社会资本类型具有公共利益的特征"。

是分不到的。但为了父亲高兴,我就去老人会跟 LCB 他们商量,打算自己出钱让老人会送礼物。没想到老人会办事很周到,考虑到父亲生病的特殊情况已经召开理事会同意给他也发一份了。那天父亲乐滋滋地去老人会领了东西,回来还一个劲地感慨'没想到老人会能办成现在这样'。"①老村委会主任 KeY 的入会理由,也正是不少其他老人的入会理由。有了这份对刘老会的归属,老人们也就很愿意在刘老会需要的时候出上自己的一份力。

除了情感需求,刘老会会员愿意动用私人社会资源,其实也有利益上的考量。如果说普通会员更多在意的是逢年过节的礼物和平时活动的"有个去处"这些比较直观化的"福利",那么核心成员追求的则要复杂得多,往往是个人社会声望的积累,以及通过成为刘老会一员所能得到的直接和间接利益。在很多时候,利益因素和情感因素是紧密一体的,并不能清晰地分开,如对于声望的追求,既是出于理性作用下的权衡,也难以排除是出于情感满足的需要。

宽泛地来讲,社会声望也是利益的一种,但是因为声望在乡村社会的特殊地位,在这里单独讨论。LCB 加入刘老会的时候才 54 岁,其实是不符合刘老会"年满 60 岁才能加入"的规定的。"是因为 LXK 再三地到家里来找我,要我加入帮忙。"LCB 能在几乎没有薪酬的刘老会一干就是十多年,尽心尽力,固然部分原因是他所说的"LXK 的诚意"和"老人会这边走不开",但是他里里外外透出的乡绅后人的气质似乎更能说明问题。在乡土社会里,社会声望可以说是一个人社会价值的最高体现,"为善乡里"往往是乡村传统精英的选择,他们希望通过自己的"慷慨大方""热心正直"而被村民所认可,从而"光宗耀祖"。在刘村,虽然经过国家政权正式权威的长期渗入和市场经济实

---

① FT(LSW)。

第七章 "社会资本"视域下的公共组织化过程

践的经济利益的刺激性诱导,乡村权威的来源和形式已经多元化,甚至政治精英和经济精英可能更容易成为村民追逐的目标,但是"人好"比"人厉害"往往仍然更能博得村民的心理认同,"好名声"也就依然是个人之所求,众人之所望。"老人会的老人(核心成员)一年到头忙东忙西,图的可不是那几十块钱。现在村里条件好,他们谁也不缺这点钱,MZX、LCL 几个每月都拿着几百上千的退休工资,即使像 LCB 这样没退休金的,他自己养养蜂也根本用不着子女照顾。他们看重的,是'名'啊,老人可比谁都看重这个'名'字,尤其是像 LCB 这样祖上有名望的。"[①]

除了声望这些在短期内难以衡量的隐利益之外,刘老会也给核心成员带来了一眼就能看到的显利益,比方说有更多机会参与到乡村权力体系内。现在,随着村民乃至乡镇对刘老会的认可度越来越高,刘老会的正副会长和理事在村民心中已经成为一个"人物"。如果说在组织发展初期,个人更多的是因为其他身份而成为刘老会的核心成员;而现在,却因为是刘老会的核心成员,而能够衍生出其他不少社会角色,如村财务监督小组人员、村治保调解成员、村民主理财小组成员,等等。如 LCB 虽然在以前从未进入过政府和准政府组织的权力网络,但是近年村两委的不少临时性工作小组,如村经济合作社社管会和社监会、法律普及负责人员等名单中,都能看到 LCB 的名字。除此明文性的职务之外,刘老会核心成员甚至能够因其老人会职务而和村两委干部一起参与和乡镇干部的非正式见面和商谈,而我们知道,在乡村政治社会中,很多政务性运作就是在这些非正式的商谈中实现的。随着刘老会对于村庄治理参与得越多,刘老会核心成员在村庄权力体系内的分量就越重,受限于年龄等因素制约的

---

① FT(MYQ)。

老人,也就能够通过老人会组织而实现更多的利益需求。

如果说很多老人是通过入会来实现声望和利益的追求,那么有些老人的不入会或者不加入核心组,恰恰是另一种意义上的权力平衡和声望追求,LCH 就是这样。LCH 曾担任一届副村主任,两届村主任,两届支委,四届县政协委员,退休多年后又被村支书重新请出山当村文书,可以说是刘村内政治资本数一数二的人物。"老人会有 LCB 他们在就够了,我也难得清闲。"当被问及为什么不加入刘老会时,LCH 总是这么说。但是,LCH 并没有如他所说避开刘老会的繁杂琐事,享受清闲,而是相反,时常主动出现在刘老会,帮刘老会做些力所能及的事,如逢年过节刘老会举办活动时,他会帮忙做做会场布置、人员登记、活动计分、分发礼物等,平时也会和老人们搓搓麻将、聊聊天。比避开那份忙碌更重要的,可能还是避开和 LCB、LZC、MZX、LCL、LKD 等长年在刘老会做事的老人的职位之"争"。虽然 LCH 通过不加入刘老会有意避开了这些职位之争,但是他在实质上将自己私人的人力资本和社会资本投入刘老会,也因此收获了各方认可。从这里也可以侧面看出,刘老会福利对于一些老人来说,是无关紧要的,更为重要的是刘老会所蕴含的其他诸如声望等隐性资源。

上述客观和主观的原因,情感和利益的追求,成功地促使刘老会会员愿意将个人社会资源为组织所共享。然而,从意愿变为现实,还需要一个非常重要的促进条件,就是刘村对于刘老会这一组织本身的认同。"这事情如果不是老人会在办,我也不愿意出这个钱。"这是刘氏宗祠修缮活动中不少捐款村民的想法。也就是说,如果没有刘老会这一组织背景,LCB 等即使是在同样的个人社会资源情况下,对外集资也很有可能没办法达到现在这个程度。正是在这种个体和组织长期循环往复的互惠和期望中,组织为个体所认同,个体成为"组织成员"。而当个体成为"组织成员",刘老会这一组织除了拥有由组织成员的个人社会资源为组织所带来的资源以外,组织中还形成了作为团体和网络才具有的社会资本。也正是这一组织本身的社会资本,彰显出其作为组织而存在的意义。下面一节就专门对这类组织社会资本展开探析。

四 刘老会组织的社会资本性状

正如前文所言,刘老会有着其组织意义上的社会资本,这种社会资本从一开始就具有集体而不是个人的特性,不能为个人分割所拥有。总的来说,这类社会资本按其属性和特质主要可以分为两类:"结构型社会资本"和"认知型社会资本"①,前者主要表现为组织内部成员之间、成员个体与组织之间(内部网络)、组织与其他个体和团体之间(外部网络)的动态关系;后者主要表现为相对定型的组织的规范、价值、态度、信仰等②。

刘老会作为一村庄次级自治组织,其可能建立的最主要的组织外部关系网络有二,一是和村两委等村民自治组织的关系,一是和县、乡镇的民政部门和老龄委等上级行政组织的关系。大致来讲,刘老会从1993年成立至今,基本经历了三个发展阶段,其组织外部关系网络在这三个阶段也表现出很大的不同。第一、二阶段的转折点很明显,是1997年年底开始的内部机制的改革。改革之前,刘老会虽然与村两委关系极为密切,但是此时的刘老会可以说是隶属于村两委,

---

① "结构型社会资本"和"认知型社会资本"的概念表述借鉴自诺曼·厄普霍夫的论述,但本书中的具体内涵与其表述有差异。详见诺曼·厄普霍夫. 理解社会资本:学习参与分析及参与经验[C]//帕萨·达斯古普特,等主编. 社会资本——一个多角度的观点. 张慧东,等译. 北京:中国人民大学出版社,2005:281.
② 其中,组织内部成员之间、成员个体与组织之间(内部网络)的动态关系等涉及组织内部结构型社会资本的内容在本章第三部分已有较为具体的提及,认知型社会资本在第四章关于刘老会的制度与惯习中已有诸多涉及,在此不再赘述。

村庄内源性组织与乡村治理

基本是一有名无实的组织,也就不存在组织意义上的社会资本。1997年以来的一系列改革和运作,使名存实亡的刘老会开始逐渐成长为一个"自为"的公共组织。但是在这一时期的刘老会相对较为封闭:一方面,刘老会可以说是刘村老人的"自娱自乐",与乡镇老龄委等可能的上级指导部门基本没有联系;另一方面,虽然刘老会积极参与村庄治理并取得了很大成效,但是村两委对于刘老会的态度很明确:不反对,不支持,不干涉。因而在这一时期,刘老会的结构型社会资本极为有限,基本尚未与其他组织建立可靠的持久的联系。而在第三个发展阶段,这一情况发生了很大的变化。第二和第三阶段的转承并不明显,转承时间大致可以划分在2008年,因为在这前后发生了几件事:

一是本课题组开始调研刘老会。在刚开始,课题组跟随当时的村支书MYQ之侄MJ进入村庄,并将调研重点选定为刘老会。虽然以MYQ为首的村两委与刘老会的关系较为疏远,对于刘老会基本抱着任其发展的态度,甚至MYQ与刘老会个别理事还存在着矛盾,但是两者并非敌对关系,而且对于课题组的调研,双方均持支持态度。由于课题组的有意无意牵引,村两委和刘老会无可避免地多了些接触,对彼此也多了些了解,这对于两者在日后日益频繁的交往无疑有所助益。更为重要的是,刘老会办会热情因为课题组这一外部力量的肯定而进一步高涨①;而刘老会在村庄中的受关注度也进一步提高,刘村村民都知道"他们是来调研老人会的"。

二是2008年刘村村两委进行了新一届的选举。LSW替代连任两届党支书的MYQ当选为村支书。较之于MYQ,LSW与此时的刘老会会长LCB的关系更为亲厚;同时由于刘老会影响力的上升等因素,

---

① 如辍笔多年的刘老会《史记》也在课题组的鼓励下重新开始记录。

第七章 "社会资本"视域下的公共组织化过程

以 LSW 为首的村两委比较乐意和刘老会合作。如前文所说的清明节防火案例中,村两委邀请刘老会骨干直接参加村两委会议,商讨相关事宜。而刘老会的老人节大会和年底总结大会,也乐意邀请村两委列席,甚至颁奖和讲话。而在刘老会和刘村之外的主体发生关系时,村两委往往也愿意为刘老会提供可能的支持,因为刘老会一旦走出刘村,即是代表着刘村,也就与村两委相关。如 2009 年刘老会向县民政局申请"星光计划"①专项资金时,村两委不仅在申请报告中明确表示支持,而且帮刘老会将报告送到民政局,同时依据其长期与政府部门打交道的经验,建议刘老会在没拿到申请资金前就修缮活动场所、增添活动器材,以使民政局前来验查时能看到实实在在的项目落实,从而愿意给予拨款。而在刘老会接受建议进行材料购置、建筑施工时,村两委也乐意提供帮忙。通过这一换届契机,两者的关系得到明显的改善,逐渐密切。

三是 MFQ 开始比较多地参与刘老会。MFQ 出生于 1951 年,其父曾任中华人民共和国成立后 ZM 乡第一任乡长。MFQ 在刘村颇具才名,曾是刘村民办教师,后任 TP 小学、BT 小学校长等职,退休后在三门县城从事企业经营管理工作,但一般每周都会回村。MFQ 是刘村梅氏后圳派的扛票人②,与村支书 LSF 有着师徒关系,同时本人对于梅氏宗族文化、乡村历史文化有着浓厚的兴趣。近几年,MFQ 虽然因为平时不住在村里等原因尚未加入刘老会,却对刘老会事务比较热心。2009 年民政局"星光计划"的资金申请,在很大程度上正是要归功于 MFQ 的牵线搭桥:向在民政局工作的一位熟人聊起刘老会,

---

① "星光计划"是三门县对于浙江省民政厅、财政厅《关于下达省级福利彩票公益金资助农村老年服务"星光计划"项目资金的通知》(浙财综字〔2008〕134 号)文件精神的执行。三门县计划从 2008 年开始三年完成 100 家农村星光老年之家建设。其中第一年资助 34 个村庄共 477 500 元,每个村庄 12 500 元或 20 000 元。刘老会获得 2009 年资助项目资金 20 000 元。
② 指有很大威信,选票投谁基本由他说了算的人物。

进而得知此项目计划并帮助刘老会申请。在这之后,MFQ 较多地参与到刘老会事务中,如作为嘉宾在 2010 年刘老会年终总结会上发言,向刘老会图书室捐书,以及帮助刘老会出谋划策等①。

正是在以这三件事为代表的外部契机的引诱下,刘老会组织的对外扩张需求和能力均有所加强,并突破性爆发,再加上上级政府部门对于老人会工作的日渐重视,刘老会逐渐从略显封闭的自治,走向与外部力量建立起组织意义上的对接,建立起自身的组织关系网络。值得一提的是,在这一走向开放的过程中,刘老会的资金运行和组织机构均保持着独立。刘老会日常开支等仍然依靠自身的经营性获利,其他非常规化的资金资助对于刘老会来说并不是生存之本,倒更像是"意外之财",刘老会对这些资金的态度很坦然,"有当然更好,没有也无所谓"。

深入探察这三大契机可以发现:促成外部网络扩张的这些契机并不是单纯的外部植入,在很大程度上恰恰是刘老会自身良性运作的结果。

课题组的刘老会调研可以说是次"无心插柳"的意外。2007 年课题组成员第一次进入刘村,是在了解到该村庄是一个具有典型宗族传统的主姓村后,前往考察是否可以将该村庄作为浙江宗族乡村的研究点。正是在这次考察中,发现该村的老人会无论是内部自治还是外部村庄治理的参与都搞得有声有色,进而将刘老会作为切入点开始系列研究。而村两委与刘老会关系的变化,村两委乐意与刘老会合作的缘由很大部分是刘老会对于村庄公共治理的日益不可或缺。而 MFQ 开始关注刘老会,也离不开刘老会的自身建设。对于帮忙争取"星光计划"资金,MFQ 如是说:"我之所以想帮老人会,是因

---

① 2012 年前后,MFQ 被聘为刘老会名誉会长;2013 年,正式加入刘老会,并在新一届理事会选举中当选为理事。

第七章 "社会资本"视域下的公共组织化过程

为觉得老人会做得不错,如果有这笔资助的话,肯定可以做得更好。其实我也只是做个中间人,最后能成老人会自身的工作也很关键。"①确实,县民政局对刘老会先后进行了两次考察,包括活动场所、图书室建设、娱乐活动建设、人员组织等。在考察后,刘老会顺利获得了资助。在这一逐渐发展的过程中,刘老会较好地实现了内外部因素的良性互动,达到了组织社会资本的积累。

值得注意的是,虽然上述外部网络所形成的"结构型社会资本"必须依托刘老会这一组织才得以存在,无法分割,但是这一类社会资本却容易被私人不合理利用,从而蜕变成私人的社会资本。张静就对公共关系个人化有较为系统的论述。她认为"个人关系和公共关系的不同,在于它们的角色和规则不同"。具体表现在,"公共关系中的双方是一样的,必须按照公共规则一视同仁,私人关系中的双方则是不同的个体,需要特别对待;公共关系中的角色向公共规则负责,因而不能根据个人好恶发生变化,而个人关系则对具体的交往对象负责,因而根据不同的对象行为会发生变化"。所以从关系主体来讲,"公共关系的主体是经过抽象化的身份,它们的共性是具有个体性,具体是谁已经不重要,因为这些个体被期待具有一系列社会预期的权利、义务和责任;而个人关系的主体则是具体的个人,它们是个别化的、甚至个性化的"。在乡村社会中,较为普遍地存在着公共关系与私人关系的混合,个人关系伸展至公共关系,公共关系变体为庇护关系等②。在刘老会中,个人社会资源和组织社会资本的混杂,也在一定层面折射出私人和公共的界限之模糊。如果有会员特别是核心会员试图通过"损公肥私"地利用刘老会资本为自己谋利益,将刘老会工具化、公共性"形骸"化,也不是没有可能。但是刘老会在这些

---

① FT(MFQ)。
② 具体论述逻辑可参考张静. 现代公共规则与乡村社会[M]. 上海:上海书店出版社,2006.

村庄内源性组织与乡村治理

年的实践中却比较好地规避了这种可能,刘老会认知型社会资本的积累,如"为老人服务"理念的倡导、规章制度的明确、关系网络的相互制衡等在很大程度上正是抑制公器私用的原因。而这些认知型社会资本的形成,往往是一个"同质吸收和异质排斥"的过程。

"LCF 以前做过电工,工作能力强,身体也好,本来理事会有意将他吸收进来,但是后来发生了一件事。那时候老人会活动场所新搬到现在这里,不少老人都主动前来帮忙,LCF 他也负责给老人会安装电灯,完工后老人会给帮忙的人统一发了补贴,好像是每天 40 元。但是 LCF 却在私底下抱怨老人会给的工钱少了,根本不够一个电工一天的工钱。像他这样只看重钱的,见老人会无利可图,也就慢慢不来了。我们看他是这么个态度,当然也不再把老人会的工作交给他,来老人会本来就是'为老人服务',有时间有能力就多干点,哪有是为钱的。"[1]从这一事例可以看出,和刘老会的价值追求和组织信仰相违背的人员,是被自然而然地排斥在刘老会之外的。在这个过程中,刘老会的认知型社会资本得到了进一步的纯化。正如布迪厄所认为的,社会资本"也许会通过运用一个共同的名字而在社会中得以体制化并得到保障,也可以通过一整套体制性的行为得到保障,在这种情况下,资本在交换中也就或多或少真正地被以决定的形式确定下来,因而也就被维持和巩固下来了。这种确定和维持是建立在牢不可破的物质的和象征的基础上的"[2]。刘老会社会资本也通过如此一个形成、循环、自我增强的过程,最终在组织层面上得到固定和维持。当然,在历时性上,它也操演着社会资本形态、数量、质量等多方面的变迁。

---

[1] FT(LCB)。
[2] [法]布迪厄. 文化资本与社会炼金术——布尔迪厄访谈录[M]. 包亚明,译. 上海:上海人民出版社,1997:202.

第七章 "社会资本"视域下的公共组织化过程

科尔曼从社会资本变迁的角度将社会资本分为两类：由家庭和社区构成的传统的社会资本，以及由法人行动构成的人工创建的社会组织，如学校、企业、行政部门、社会团体等，即现代意义上的社会资本①。在以血缘、亲缘、地缘关系为核心的传统社会资本的土壤上，刘老会却在对社会的现代转型的主动或被动的适应过程中，逐渐形成了以现代性规则和信任等为重要基础的、现代组织为主要载体的新型的社会资本。甚至刘老会本身也成为整个社会的社会资本的一部分。这是一个让人寻味、令人惊喜的变化。毕竟在现代社会中，随着宗族等传统社会组织的逐渐衰落和旧有社会资本的不断受到侵蚀，在公民社会的培育和民主政治的创建过程中，已经"急需一种传统社会资本的替代物，而'人工创建的社会组织'正是这样一种替代物，它们正在行使许多原来由家庭和社区行使的职能"②。但是同时，也如科尔曼所说，"它们永远不能完全取代原始性社会资本"，正如在刘老会成员和组织的社会资本中，以家族宗族为基础所形成的社会资本依然是重要组成部分，只不过即使是家族宗族的网络构成和"差序格局"原则，也发生了变化，渗入了不少现代性。为了更好地考察社会资本的变迁，探讨现代意义上的社会资本的形成，本书将在接下来的章节结合刘村的家族宗族社区记忆、社会主义革命与改革的文化遗存、日常生活中的各类表征等方面的问题，进一步探讨"外在"政治、经济、文化系统这些宽泛意义上的宏观层次的"社会资本"③对刘老会的影响，以及刘老会治理模式对转型期村民自治的借鉴作用。

---

① ［美］詹姆斯·S.科尔曼.社会理论的基础[M].邓方，译.北京：社会科学文献出版社，1999：759.
② 同上.
③ 正如本章第一节所说，这种"嵌入结构"的社会资本概念因为过于宽泛的指涉，引起了诸多质疑，甚至与"政治文化"等概念在很大意义上雷同，所以在下一章节的论述中并不继续明确使用"社会资本"这一分析概念。

第八章
村庄传统、"新传统"与刘老会的内源性成长

刘村这个有着宗族记忆的"空巢村",为刘老会提供了直接的孕育土壤和实践空间,刘老会在这片土壤中,通过二十多年的治理实践,将以血缘、亲缘、地缘关系为核心的传统社会资本,转化为以现代社会规则和公共精神为重要基础的新型社会资本,通过组织和个人有机地融为一体,共同保障刘老会的治理绩效。那么,刘村到底为刘老会成长提供了怎样的外部社会政治生态?这些外部社会政治生态自身经历了怎样的发展过程,在当下转型期又包含了哪些重要的因素从而培育了刘老会?刘老会这一内源性组织的成长对"空巢村"治理和转型期村庄治理又有怎样的启示?本章将试图对这些问题做进一步的探讨。

一 社区传统:家族和宗族的记忆和实践

如前所述,刘村是一个宗族色彩较为浓厚的宗族村庄,时至今日,刘村村民对家族、宗族依然有着比较普遍的记忆。对宗祠和宗谱的重新编修,对清明祭祖的重视程度,对辈分诗句的烂熟于心,对祖先事迹的口口相传,都让人时不时地意识到宗族的存在;而村庄选举

村庄内源性组织与乡村治理

中显现的房派意识,刘老会内部治理和参与村庄治理实践中杂陈的宗族因素,更让人确信了家族、宗族力量对于刘老会治理绩效的影响。但是同时我们也发现,刘老会并不是"宗亲会",而是和"宗亲会"等宗族组织在组织结构、人事制度、管理事务和运行机制等方面都有着实质区别的"老年人协会";刘老会核心成员也并非"族老",虽然他们中的不少人依然尊崇着家族荣誉和礼俗德行,很大一部分的社会资源也是来源于以血缘、亲缘为基础的家族、宗族网络,但是他们却是推崇"为老人服务"、按老人会规章办事的"理事"。不管如何,在探讨刘老会治理绩效的条件和基础时,刘村的家族和宗族传统作为组织的外部环境,成为一个无法回避的考察内容。

总的来说,刘村的家族和宗族文化积淀虽然深厚,但制度性的传统宗族组织的不复存在、宗族文化主体地位的消逝,已经使家族、宗族的存在形态较之于传统社会,发生了无可避免的嬗变。这种嬗变,可以从重大宗族活动和日常礼俗中探知一二。

近些年来,刘村与家族、宗族直接相关的重大活动主要有三:重修宗谱、修缮祠堂和清明祭祖。

宗谱和宗祠作为宗族最重要的象征,在刘村颇受重视。刘村的刘氏和梅氏两大宗族都分别于 1994 年和 1997 年(在距上次修谱 60 多年后)对宗谱进行了重修。另外,刘氏宗祠和梅长者祠也都有多次不同程度的集资修缮,至今保存良好,但是宗祠的功能相比较于传统社会,发生了很大的变迁。刘氏宗祠现如今按功能可以大致分为三块:主祠的一间小屋存放着刘氏宗谱,和大殿中的祖宗画像共同守护着宗祠最后的传统象征;祠堂东厢却已成为村两委办公室;而西厢更是被承包给了个体作为工厂。梅氏宗祠也只有在特殊日期才开放。与宗祠空间功能的变化形成对比的,是宗谱的保管依然严格。存放在宗祠中的刘氏宗谱由两人分别保管,其中一人保管屋子的钥匙,另

第八章 村庄传统、"新传统"与刘老会的内源性成长

一人则保管族谱箱的钥匙,重修的新谱需两人同时在场才能打开翻阅,而旧谱则需要举行隆重的仪式才能"请出来",但是请出旧谱已经只是刘村老人记忆中的事了。而梅氏宗谱则由最小辈分的最年长男性子弟保管,也轻易不示人(尤其宗亲以外的"外人")。虽然宗谱保管制度严格,但是宗谱搬移和保管者交接仪式却也被简化了。如2009年清明刘氏宗谱的搬迁,就只是象征性地放了几挂鞭炮,并由保管人等几个刘氏精英负责搬挪了事,而并没有选定具体时辰,更别说一系列的象征仪式以及刘氏其他成员的列席了。

这种宗族仪式的逐渐简化,也体现在清明祭祖中。清明祭祖一直都是刘村最重要的传统之一,而清明节,在刘村亦是热闹程度仅次于春节的一个传统节日。每当清明节来临,刘村在外的人员,无论是上学的还是务工的,只要有可能,都会在清明节前一天或者当天上午赶回家给祖宗上坟。有些人由于路途遥远等原因实在无法年年回乡祭祖的,也会想方设法隔几年清明回家一趟。

以前,刘村的清明祭祖一般都采取轮流负责制度,每一年都有具体负责的家庭或房支组织祭祖活动,明确分工。但是现在,这种有组织的祭祖已经很少。而祭祖的具体仪式也是相当简单:第一步,清理坟墓周边的杂草,在坟前摆好糕点、水果等祭品,挂起自己剪的红幡白幡,献上从市集上买的花圈;第二步,点燃蜡烛和香;第三步,参加祭祖的所有人分别拜一拜,然后就可以分吃或带回祭品了。整个祭祖前后只需几十分钟甚至十几分钟。

宗族活动的日益减少和仪式的简化,是乡村家族、宗族主义日益消退的外在表现。对于刘村村民来说,生产生活的内核,已经由家族、宗族缩小至了家庭,甚至是个人。与此相应地,重家庭轻家族、宗族则成为必然。刘村的清明祭祖就很明显地体现了这一特征。首先是体现在祭祖顺序上。刘村清明祭祖的顺序,是"先小家后大家",即

村庄内源性组织与乡村治理

先是给自己家族内部已逝的亲人上坟；再是远一些的祖宗，如同一房支的，同一房的，甚至是更远的。一般清明节当天上午举行"小家"的祭祖，下午去祭拜同一房支的"老太公"，第二天再去给更远的"老太公"上坟。现在为了方便，不少家庭索性在给自己家里祖宗上坟后，就派代表顺道直接去"老太公"那里了，有的甚至已经不是每年都去了。"老太公"的祭拜，正在被逐渐淡化。其次是在参加人员上。"小家"和"大家"祭祖在参加人员上有较大的差别。"小家"的祭祖，只要是回村的"小家"人，无论男女老少，一般都会参加。但是给"老太公"上坟时，一般一个家庭只派一个代表参加就可以了。当然，如若碰上"老太公"逢十冥寿等特殊情况，参加人员就会多些。如2009年有凑公房派的祭祖，参加人员就达近四十个，但是祭祖仪式也依然简单，也同样只是上上香拜一拜而已。而更远一些的"老太公"上坟，虽然本来涉及的后人会更多，但是参加的人数则更少了。如2009年刘村刘氏和邻镇的坎下金刘氏相约给一位共同的"老太公"上坟（坟墓在邻镇，离刘村大约有一个小时的车程），刘村前去的人员就只有四位老人，即使是他们，也已是好多年没有去了。对于村内大部分人，尤其是年轻一辈而言，清明祭祖已经演化成了清明祭亲人。他们主要也只想给自己已经逝去的亲人上坟，而那些"连是谁都不清楚"的"老太公"，则由祖辈、父辈去"意思意思"就可以。祭祖后的聚餐也体现了这种家庭中心制。在刘村，整个家族、宗族的祭祖聚餐已是很少见。无论是"小家"祭祖还是家族、宗族这些"大家"祭祖，在结束后一般都是各自回家吃饭，在"小家"范围内庆团圆。"我每年都在这个时候回家就是因为清明节大家都回来了，一家人正好可以聚一聚。"对于很大一部分刘村人来说，清明回家与"小家"全家相聚，似乎已经比祭祖更为重要。

虽然家族、宗族主义在日益消退，尤其是在显象的外观表现上，

第八章　村庄传统、"新传统"与刘老会的内源性成长

如宗族活动的减少,宗族仪式的简化,宗族组织的不复存在,宗族场所的功能异化,等等,但是宗族认同在一定程度上依然存在,修宗谱修宗祠的行为即是一种证明。更为重要的是,家族和宗族的影响力虽然有所下降,但是家族和宗族更多的只是从前台走到了后台,依然以间接的暗隐的方式作用于刘村的政治、社会生活,其力量依然不可小视,甚至在某些领域某些时候,如村两委选举等事件中起着关键作用。

下面以2008年村两委选举为例说明。

2008年的党支部选举依然采取"两推一选"的程序,由于LSW一枝独大,选举结果基本没有悬念。LSW的自身优势很突出:能力强;担任过支委,并帮助其父亲(曾担任多届村支书)长期负责村庄事务,在近年已代替其父亲成为ZTY自然村的"扛票人"。ZTY虽然内部也分为两个房派,但是由于与另两个自然村LJC和ZMC长期地理格局以及房派不同——ZTY分布在金溪一岸,LJC和ZMC接壤,分布在另一岸;ZTY属于刘氏早田洋派,LJC分属刘氏大房有冀公派、大房有光公派、大房有凑公派、四房有昊公派等,ZMC属于梅氏——又有自身的共同利益。而其他比较有竞争性的人或者因为参选村委会或者因为不想参选均退出了村支书的竞争[①],LSW顺利当选。

接下来的村委会选举中,宗族房派与个人因素在村庄选举中的作用更是得到了充分体现。2008年选举共有选民778人,ZTY派的A、B两分派[②]共有198票,六房(大房有光公派)共150票左右,大房

[①]　2002—2005年、2005—2008年连任两届党支书的MYQ没有参选,其主动退出竞争有多方面的原因:主观上,其后辈基本已在村外定居,与刘村基本没什么利益关系;在两届任内,其房派利益基本已经得到实现(如入党、土地规划、其他经济利益等);有自己的生意要忙。客观上,村民对他抱怨声较多,即使参选,组织选票已经比较困难。另外,MYQ虽然更想扶持LCX(两人曾一同在沙场工作很多年,关系很好),但由于LCX个人能力不足,同时MYQ和LSW私人关系也不错,因而没有付诸实施。

[②]　ZTY的两派并没有各自的房派称呼,但村民都知道分属于两个房派。笔者将其称为A分派和B分派,其中A分派以LSW为代表,B分派以LCX为代表,两分派内部斗争激烈,但也能一致对外。

有冀公派 120 多票，大房有凑公派 90 票左右，四房有昊公派 60 票左右，梅氏前房派和后圳派各 60 票左右，其他姓氏 100 多票。其中，当选为村主任的 LF 的票源主要来自有冀公派和有昊公派、ZTY 派中 A 分派的绝大多数，以及梅氏的大多数。"我们当然选 LF"，"只要 LCB 还在，有冀公派的票一定给 LF"，因为有冀公派"扛票人"LCB 对 LF 的力荐（因为 LF 也是有冀公派，为人好，"不会拿一分钱到自己口袋"，个人能力也不错），LF 理所当然地被推选为有冀公派的利益代言人参加村委会竞选。而有昊公派和梅氏选 LF 的很大原因是 LF 母亲很爱帮助村民，在其原属房派有昊公派和居住区附近房派梅氏中的群众基础非常好。梅氏大多数选 LF 除了群众基础外，另外一个原因则是 LF 与梅氏后圳派的 MXY 有姻亲关系，而 MXY 的丈夫和后圳派"扛票人"MFQ 是堂兄弟，因而 LF 和 MFQ 关系也很不错。而 ZTY 派 A 分派是听从 LSW 的意见[①]。其他村委会人员的当选也有各自的原因：LCF 是六房的代表，LCR 是有凑公派的代表，而 LAF 的当选是因为需要有一个女性委员，经过村庄内权力平衡，将名额给了在村人数最多的六房。

表 8-1　刘村的主要房派及 2008 年村委会选举统计

村民小组 （主要房派）	家庭户数 （户）	选举人数 （人）	村民代表 （第一个为组长）
第一小组（梅氏前房派、刘氏有凑公派）	29	81	MYQ、MSD
第二小组（梅氏前房派、刘氏有凑公派）	20	64	LKC、LFG

---

① 据笔者了解，选举前，六房中曾有人拿一万元钱让 LSW 帮他选村主任，但那时 LSW 已经答应帮 LF。LF 知道后，虽然票源很稳，但为以防万一，还是给那位试图参选村主任的人 3 000 元，并请客吃饭 6 000 多元，从而让其退出。

第八章 村庄传统、"新传统"与刘老会的内源性成长

续 表

村民小组 （主要房派）	家庭户数 （户）	选举人数 （人）	村民代表 （第一个为组长）
第三小组（刘氏大房有凑公派、梅氏后圳派）	32	75	LCR、MSB、LCO
第四小组（刘氏六房）	43	100	LCF、HXY、LCI
第五小组（刘氏大房有冀公派）	27	73	LCB、LF、LY
第六小组（刘氏大房有冀公派）	27	60	LCH、LKB
第七小组	15	26	LKS
第八小组（刘氏六房）	33	83	LAF、LAL、LKY、
第九小组（刘氏早田洋派）	30	85	LSL、LSW、LCX、LSH
第十小组（刘氏早田洋派）	38	86	LKD、LCG
第十一小组	10	45	LKN
总 数	304	778	26

综观整个选举过程，影响认同的诸多因素中，以血缘、姻缘、亲缘为基础的家族宗族网络发挥了基础性的作用，但是也可以看出，其作用并不是绝对的，个人品性和能力也无可避免地成为影响因素之一，尤其是在家族、宗族内部推选过程中，以及无本房派成员参与竞争的情况下。同时，家族宗族网络也不是一成不变的，家族、宗族之间的联姻，以及房派"扛票人"之间出于多种原因的暂时联盟等，都有可能导致房派之间亲疏关系的很大变动。

也正是因为家族、宗族力量的依然存在,刘村的"拟血缘"行为并不少见,主要有两种方式:入宗谱和认干亲。

这次修谱中,刘村的一些小姓家庭就借由将自己写入了刘氏、梅氏这些大姓的宗谱中。如在刘村只有三兄弟的杨氏①,其中两兄弟借由娶了刘氏女子,在宗谱里通过"婿入赘"的方式分别迁入其妻所在的刘氏不同房支,而另一位兄弟 YSY 则通过"随兄入迁"的方式迁入。"当时之所以要迁入刘氏宗谱,就是觉得刘姓是村庄的大姓,姓刘在以后多多少少会有些好处。即使没有,也只是写在谱上的事,没有什么关系"②。虽然在宗谱谱系里,YSY 入刘氏宗谱后亲属网络发生了很大变化,但是在平时的日常生活中,变化并不明显。刘村所有村民,也依然称呼 YSY 为 YSY,而不是改了宗族姓氏、排了刘氏辈分之后的名字 LCY。这与中华人民共和国成立初期的情形形成了鲜明的对比。LKYi 和 LZC 是铁村的同胞亲兄弟,在中华人民共和国成立初期分别入赘于刘村的两位刘氏女子,入赘后,亲兄弟成了两个辈分的人,哥哥属于刘氏 K 字辈,弟弟却反而长其一辈排在了 Z 字辈。现在,刘村村民虽然知道他俩是亲兄弟,但是他俩的本名已经几乎是无人知晓了。从 LKYi 和 LZC 这两个名字的深入人心不难看出当时宗族力量的强大。

认干亲作为刘村另一种比较常见的拟血缘形式,则在日常生活层面直接改变了亲属网络。村支书 LSW 的妻子就有两个干女儿,有次其中一个干女儿的奶奶生病了,她就带了礼品前去看望。"关系好的干亲和自己的亲人一样,无论是生病、嫁娶,还是逢年过节来往,如果关系好,就没什么差别。像我每次回来都会给我干女儿带点东西,

---

① 兄弟三人的父亲于民国期间迁居刘村,现已去世。
② FT(YSY)。

第八章 村庄传统、"新传统"与刘老会的内源性成长

几件衣服啊,吃的呀,一样都不会少她。"①虽然再三强调"没有区别",但却是在"关系好"的前提下。如果关系不好,那么"认过就算了,又不是自己生的养的,有什么办法"②。干亲相比较于血亲、姻亲,在关系亲厚上一般还是无法相提并论。

综上,家族、宗族性的现象在刘村的存在是复杂的:既处于长期意义上的消解中,又似乎在短期内有所复兴。但是这种家族和宗族的存在状况,恰恰有利于刘老会这一由老人所组成的自治组织的孕育和成长。或者说,刘老会在成长过程中很好地利用了刘村的这一家族、宗族文化的环境,将这一传统力量整合进组织内。

一方面,在刘村家族、宗族性的记忆和实践依然普遍的情况下,老人的权威是不言而喻的。无论是清明祭祖还是宗谱重修,老人都因为对于传统的熟识,人生阅历的丰富和社会资本网络的长期积累,以及中国的"孝道"传统等原因而发挥着核心人物的作用。刘村刘氏重修宗谱时,就成立了"刘氏重修宗谱编委会"专门负责此事。该编委会由时任村委会主任的 LKeY 担任主任;LCH 任副主任兼主编,是实际的负责人;另有委员 10 人。这 12 个人无一例外的都是 50 岁以上的留村老人,其中委员中的 LZC、LCB、LKYu 和 LCR 等 4 人当时或者后来成为刘老会的核心成员。而 2001 年刘氏宗祠的修缮,也是由刘老会专门成立小组负责。通过这些老人,宗族活动在不同程度上被推广到宗族内几乎所有宗亲,在长时间内成为整个刘村甚至附近村庄共同关注的焦点。在这个过程中,老人的威望再次得到积累。刘氏宗谱在重修之后,也将保管权交托给了刘氏老人。"巧合"的是,刘氏宗谱前后两任保管人员均是刘老会的核心成员。而在清明祭祖

---

① FT(LSW 妻)。
② 同上。

中,老人也往往是最为核心的人员。虽然刘村现在的祭祖往往没有组织,但是在祭祖中负责点香点蜡烛等关键步骤的,往往是参加人员中最高辈分或最有威望的人①,也就是说,祭祖的主持者是老人;而在"小家"聚餐时,老人又是"小家"里的长者,诸多事宜自然由他调度。

宗族事务中老人如此活跃的角色扮演,使老人这一弱势群体在某种意义上成为强者。象征性的仪式,集中呈现了老人的权威,这种权威又不知不觉地辐射到日常生活的各个层面,这自然有利于刘老会这一以老人为主体的组织的治理绩效之实现。

而另一方面,也正是家族、宗族的部分退隐,给刘老会成长为一个现代自治组织提供了可能的成长空间。无可否认,刘老会和宗族,尤其是与刘氏宗族,确实是关系复杂,但是这种关系,更多的是因为刘老会会员与宗族关系之间存在着藕断丝连、千丝万缕的血缘上的联系,而不是因为刘老会作为一组织与宗族组织的类同。相反,刘老会和传统宗族组织有着多方面的本质区别:首先,刘老会建立在现代社会规则基础上;而宗族组织是植根于传统的宗族制度与文化之中。其次,刘老会的核心成员都是通过选举的方式产生,不同于宗族组织的按辈分、论长幼。再次,刘老会的面向对象,是刘村的老人,相应的,其组织理念是"为老人服务";相反,宗族性组织是以血缘为基础,成员必须是同一宗族之人(宗亲),遵循的是"为宗族利益服务"。刘老会之所以能够如此明显地区别于宗族性组织,刘村家族宗族力量的结构性的削弱是原因之一,家族和宗族不再成为村庄的全部,也就给其他元素和组织留出了成长空间。当然,刘村的家族和宗族性存在的现状,只是为刘老会的成长提供了某种有利条件,刘老会治理绩效的实现,还牵涉到其他更多的条件。而且,刘村当下的家族、宗族

---

① "小家"内的祭祖,无论最高辈分是男性还是女性,一般都由最高辈分主持;而在给"老太公"上坟时,则一般由男性主持。

第八章　村庄传统、"新传统"与刘老会的内源性成长

性存在状态,本身就是众多因素共同作用的结果,其中社会主义革命与改革的新传统,对社区传统的影响尤为突出。下面就重点围绕着新传统展开论述。

二　"新传统"①：社会主义革命与改革的惯习

19世纪末以来,从千年帝制结束、中华民国成立,到国共联合抗日、国共内战,到中华人民共和国成立、社会主义改造,再到改革开放,整个中国大地经历着巨大变革。刘村也在革命和改革的大浪潮中一路走来,这一百多年的历史,给刘村留下了深刻的印痕:一方面冲击了原有的家族、宗族形态,使传统发生着嬗变;另一方面也留下了诸多属于其自身的制度、政策和文化,形成了烙刻着革命和改革气息的"新传统"。刘老会的会员正好就是亲历这些革命和改革的一代人:他们一般出生在中华人民共和国成立前后,成长于社会主义集体化时期,在人之壮年又迎来了从计划经济到市场经济的大变革,而现如今他们又身处乡村转型、新农村建设、新型城镇化的大背景中。这一时代在他们身上烙下了许多印记,而他们也一步步推动了这一时代的社会变迁。

中华人民共和国成立前,虽然村落外部的政权更替、风云变幻对刘村的行政归属、革命动向等有着直接的影响,但是由于长期动乱下的国家政权并不稳定,再加上长期以来乡村"自治"的传统治理观念和行政建构等主客观原因的存在,正式基层组织一直无力也无心深入村庄内部,以血缘为基础、以宗族为架构、以新旧绅权为核心、乡规

---

① "新传统"的界定,主要是相对第一节所说的"传统",在内容上主要指社会主义革命和改革所形塑的社会结构、价值观念等。参阅,韩敏. 回应革命与改革——皖北李村的社会变迁与延续[M]. 陆益龙,徐新玉,译. 南京:江苏人民出版社,2007.

民约为准则的村庄治理模式,只是受到了一定程度上的销蚀和冲击。

翻天覆地的变化发生在中华人民共和国成立后,一系列的土地改革、社会主义集体化措施,迅速而又猛烈地瓦解着传统意义上的村庄结构,使刘村发生了重大变革。

首先是土地所有权的变革,直接冲击了传统村庄的经济基础。刘村老人对土地改革时期的分房分地有着深刻的印象,LYG 的私宅"上将第"就是一个很好的例子。LYG 当时虽然自己主要在湖南任职,但是却建议其兄长回乡留守并扩充祖业。有着 LYG 这一国民政府上将的背后支持,刘村的家里门庭若市,台州府、宁海县、象山县等地官员来往不绝,土地和房产更是大规模聚集,像前文提到的杨氏父亲等很多刘村村民都是其帮工、佃户。当土地改革的浪潮涌起,首当其冲的就是这一大地主家族,分房屋、分田地,土改实实在在地在刘村留下了浓重一笔。现在,"上将第"的主宅除了 LCH(LYG 侄孙)外,就还居住着不少其他家户,而主宅之外的 LYG 家族的屋产,如 GH 中学等,基本划归集体所有,成为乡公所、乡中学等公共活动场所。同时,刘村土地也在土改中迅速实现了所谓的"耕者有其田"。不仅如此,一批全新的乡村精英开始活跃于乡村舞台。传统的精英由于经济地位一般都处于上层,在宗族这一"族权"网络中也居于核心地位,而往往成为专政、批斗的对象;新的精英则正好相反,在中华人民共和国成立前他们往往处于宗族的外缘、社会的底层,与宗族的依附和牵涉远没有"族老""乡绅"那么频繁和深厚,这就使宗族网络自然而然地被新的精英所抛弃。MFQ 的父亲就是典型。在中华人民共和国成立前,MFQ 之父是雇农,无权无势;中华人民共和国成立后,因为其阶级成分和革命作为,被推选为 ZM 乡乡长,开启了其几十年的政治生涯。

紧接而来的农业互助组、生产合作社、人民公社等由初级到高级的集体化浪潮的推进,打破了原有的农户经济模式的同时,也对宗族

第八章　村庄传统、"新传统"与刘老会的内源性成长

聚合造成了冲击。"集体化代替了传统的家庭生产,传统的宗族结构和宗族认定被界定为与集体不协调的封建残余。"①生产和生活的组织方式,不再是传统的家、房、族,而一般是根据居住区域、阶级成分来划分生产队、生产小组。虽然也正如韩敏所言,父系血缘集团的居住原理与人民公社生产队的构成之间存在延续性,即"表面上看,生产队之间的界限是以家庭所在位置而划分的,事实上,由于家庭所在位置是由父系系谱中房支关系而定,所以,每个生产队都是以来自同一父系房支的人构成的"②,这也成为 20 世纪八九十年代"宗族"复兴的内在原因之一。虽则如此,但无可避免的,在这一过程中,传统宗族时期和集体化时期的聚合原理终归还是发生了变化,在二十多年的集体化过程中,宗族之间天然的联系还是被不同程度地打散。更为重要的是,这样的集体化进程给村民输入了血缘以外的分群理念,阶级成分就是当时最有影响力的一种划分方式。"不同宗族和姓氏的农民都按照阶级成分而被分为阶级弟兄、阶级姐妹和阶级敌人。地主富农成分的人被视为阶级敌人,而贫下中农成分的人都相互称为阶级兄弟或阶级姐妹,是社会主义大家庭的成员。"③

除了分群理念的变化,阶级划分所带来的更深层次和长久性的影响,是精英选拔模式的变化。在直接意义上,如前所述,是"拥有土地和受过教育的精英被有良好阶级成分并被认为忠实于国家的人所取代"④,新的精英开始走上刘村的政治舞台。而在间接意义上,则是有着良好出身的年轻人更有机会接受教育,教育资源从地主富农阶层转到了贫农雇农阶层。刘村的 LCH、LCB 兄弟和出身贫农的 MFQ

---

① 韩敏.回应革命与改革——皖北李村的社会变迁与延续[M].陆益龙,徐新玉,译.南京:江苏人民出版社,2007:163.
② 同上。
③ 同上。
④ 同上。

就是一个很好的对比。这三人分别出生于 1940、1944 和 1951 年,集体化时期正是其接受教育的年龄。LCH 于 1961 年高中毕业后一心想上大学,却因家庭成分而无法被录取,LCB 也在念了几年的私塾后被迫停学,最终这两人都成为刘村生产队的普通一员。但是 MFQ 却走了完全不一样的人生轨迹。MFQ 在 1972 年初中毕业后从事邮递员工作没多久,因响应"知识青年上山下乡"的号召回村生产队,后因刘村建立小学而成为村小学民办教师。在当村民办教师期间,MFQ 考取了温岭某师范大学,于是在村小学的同意下顺利前往就学,师范毕业后一直从事中学教育工作。除了教育,还有一种颇受欢迎的途径是当兵。LCL 和 LSF 就是在 1953 年报名参加了抗美援朝义务兵,前者退伍后一直在三门县水产厂工作,退休时已任党委书记一职,而后者一直在上海远洋公司国际航船上担任大厨直至退休,这两人因此也是刘老会会员中少数拥有退休金的老人。经过如此的代际传承和接替,出身好的人除了出身,也确实拥有了其他的人力、文化和社会资本,即使是在阶级成分的划分标准已经成为过去时的现在,也具有了可能的竞争力。

综上,集体化的过程从多方面冲击着宗族村庄的社会结构和文化理念,同时塑造着有自己强烈特色的政治体制和精神形态。但是时代的脚步并没有就此停止,刘村的变迁也仍在进行中。随着土地制度的再次变动——家庭联产承包责任制在全国的推行,区域、城乡的人口、物资和信息的流动,家族、宗族的神经再一次被无可避免地触碰到,这次改革给刘村家族、宗族观念和形态带来了双重的影响,并最终形成了本章第一节中所描述的家族、宗族的复杂存在。

一方面,土地的经营权划归家庭所有,家庭重新成为土地的使用主体。而"联产"对象,在生产队这些高度一体化的集体组织已经不存在的情况下,又重新聚焦到了私人视野中的可能对象上,其中最有

第八章　村庄传统、"新传统"与刘老会的内源性成长

可能的合作者莫过于有着血缘或地缘关系的亲戚和邻居。在这个动因下,家族、宗族网络重新渗入村民的生产和生活。与此同时,村民外出务工刚开始往往也是在有外出务工经验的"熟人"的带领下,而在外务工期间,很多事情的处理又在很大程度上依托于这种同宗、同族、同乡关系,所以宗族的经济和社会功能被再次发掘并加以利用。基于此,再加上隐藏在刘村村民内心深处的被压抑多年的乡土情结,"宗族"显露出了复兴的气象,祭祖、修谱等宗族活动再次回到了刘村村民的日常生活中。但是即使是在这些本欲强化宗族意识的复兴意象中,由于身处"后制度"结构之中,又因革命文化长期冲击下的不可避免的宗族文化的流失和为适应时势的对宗族事项的有意变通,宗族的纯粹性也在逐渐消弭,家族、宗族的复兴方向,并非是朝着制度性的传统的"原生态"的家族和宗族,而是渗入了许多当下因素的考虑。宗族成员的亲疏,除受到血缘远近的影响外,还受到诸如地缘、业缘等因素的影响,有时候后者甚至成为更为重要的原因。"宗族"被更为实用主义化了。

如果说这一方面对于宗族的影响又还有"强化"(晚近"祭冬"非遗化,中华文化传统再生产"运动"等)来"冲淡"消解的话,那么另一些变革则对民俗宗族也造成了致命的冲击。这里所言的"另一些变革"就是随着与外界交流的日益频繁,脱离土地的生存方式成为可能并且越来越主流化,刘村越来越多的村民通过外出打工、求学等方式流动出去了,有些甚至就此迁出刘村,在外定居。刘村日益"空巢化",而流动出去的人口虽然有些在三门、宁波等地形成了聚居的"村外村",但是作为宗族重要基础之一的父系血缘集团聚居特性,这一即使是在高度集体化时期依然未曾被破坏的特性,终究还是在流动过程中受到了极大的挑战。"在外面买了房子后,每年回来次数就越来越少了,像是走亲戚似的。村子里很多小伙子小姑娘,在外面看到

村庄内源性组织与乡村治理

肯定已经认不出来了,但是如果细细追究起来,可能还很亲,要是放在以前大家都还住在村子里的话肯定还你来我往的,不像现在。其实我这一辈还好,毕竟是在刘村长大的,老了很有可能还是会回刘村,这里空气好,老亲戚老邻居都在。但是我几个小孩就肯定不会了,以后等孙子长大了可能连刘村在哪都不知道了。"①MFQ 的话道出了外出的刘村人对于宗族甚至是村庄的日渐疏离。与人口的流出相比较,也许另一种人口变化更从血缘的本质上对"宗族"形成了威胁:随着"计划生育"国策的推进,"多子多福"观念的日渐改变,两个子女和独生子女现象在刘村越来越普遍。这也就意味着和自己有血缘关系的人越来越少,血缘关系越来越远,宗族性圈子也就随之越来越小。

与外界交流频繁所带来的,除了人口的流出,更有新的因素和观念的流进。现代的公共规则、组织运行模式等开始渗透进乡村,个体主义、理性主义等与宗族价值完全不同的理念开始以它们自身的逻辑作用于乡土社会。如果说集体化时期是显性的宗族组织形态被打破,集体主义凌驾于家族主义之上的观念输入,强调的是新的组织和价值对旧的宗族组织和宗族文化的替代,那么改革开放以来的这些变化,更多的却是追求一种并存,但是这种并存却从根子上销蚀着宗族组织赖以存在的基础,从隐性的价值理念上溶解着宗族文化。而在集体化到改革开放过程中,"宗族"也从被动遭受打击走向了主动寻求适应。也许更进一步讲,即使是宗族传统明显的刘村,在当下考察其政治、社会、文化形态,已经不应该站立在宗族的视角考虑其变化了,毕竟宗族已经演变成了多元组织形态和价值因素中的其中一元,而且更多的是以隐性的基质的文化形态("民俗宗族")存在着,作用于乡村社会。

---

① FT(MFQ)。

第八章 村庄传统、"新传统"与刘老会的内源性成长

而长期的革命与改革在给以宗族为代表的传统带来冲击的同时所形成的独具自身特色的社会主义"新传统",也正是多元文化中分量很重的其中一元,并且依然随着改革的深入正在进一步变化着、凝练着。可以说,这种革命与改革的社会主义"新传统",是当下乡村社区的主流文化。

刘老会的实践,与这一时代的政治、文化保持着相当高的一致性,众多活动都是直接来源于对国家政策的回应:

"党和各级政府对老人相当重视和关心,从中央到地方都成立了组织机构,基层的协会是老年人的群众组织,是党和政府领导重视下建立起来的。……在法律上制定了老人法,维护老年人合法权益和地位……号召全社会养成尊老、敬老、养老的社会新风尚……对高龄老人,各级党和人民政府在物质上、精神上都大力进行鼓励。另外社会上的一些义务和负担,对老年人都一律优惠和免除……作为一个新时代的老年人是何等的快乐何等的自豪。特别是党和政府还定给我们一个老人的节日。在这个节日里,我们……"

"各级政府历来对体育运动非常重视,所以在北京今年举办奥运会及残奥会,不管金牌还是奖牌数都多得排名世界第一名,让全世界触目惊心(目瞪口呆),证明我们国家富强、农民生活水平不断提高,加强体育锻炼、增强人民体质。所以今天刘村老人会在这里举办第一届老人运动会……"

"为了响应政府号召,实现农村居民医疗保障全覆盖,解决因病贫、医病难,鼓励老人会会员积极参加投保,经研究决定:凡参加农医保者每人补贴现金拾元。"①

更为重要的是,"新传统"的很多价值理念已经内化为刘老会的

---

① 以上均引自刘老会史记。

组织价值和信仰。我们不妨从刘老会一年一度的"优秀会员"评比和好人好事的大肆表扬来一探这种价值追求的内化。

如第四章所述,刘老会制定了统一的"优秀会员"评比条件:"一、组织观念强,对每年缴纳会费认识好,对规定的规章制度遵守维护。二、对公益事业、社会活动积极参加,义务为公好。三、关心老人事业,以公为家,为办好老人事业献谋献策。四、家庭团结,威望高。五、关心村务工作,为村里各项事业带头配合。六、关心国家大事,遵纪守法好。"

而刘老会黑板报专题编登表扬的好人好事,也主要有:"MQQ,我们理事会人员中年纪最大,耳朵最聋,上次村里演戏,不但挨家逐户筹集资金和粮食,而且主动地和其他会员搬来好几条长凳,方便客人看好戏。"

"下各的妇女为洗衣没有洗衣台而发愁。今年2月间LKYu,LCB,LKZ等同志发起挨家逐户去集资,建造洗衣台。"

"今年4月间天气干旱,正当撒籽集结无水做秧田。群众都很着急,这时会长LXK主动去找村书记联系修筑百亩洋的一条沟坝。在修筑中许多会员如LKJ,LZJ等不顾年老体弱起早贪黑拼命地干。"

"一月二十二日下午一时许,一场猛烈的大火燃烧着清潭上(本村下各四队)的自留山。当时正是五六级东南风席卷着大火,火势越烧越猛烈。这时LKH和LSC闻讯后立即赶到现场。不怕火势凶猛,手持小松树向烈火猛扑,哪里火势最凶猛就往哪里扑,显示了一个共产党员的高尚风格。"

"朱昇头的一条机耕路由于路基不坚实,一场雨后路面就出现凹凸不平,行走不便,经常看到WWC,MFZ,LKQ等同志拿起锄头东刨刨西填填,把路填平。"①

---

① 以上引用资料均来自史记和访谈证实。

第八章　村庄传统、"新传统"与刘老会的内源性成长

这虽也与传统德望文化相传承,但亦经"新传统"所提倡的社会主义集体主义精神、为人民服务意识、党员的先锋模范作用、和谐社会等的熔炼,"好人好事"评比活动更是直接受启发于国家体系"评优秀、评先进"的示范。

以上可以看出,刘老会对于"党和国家的政策",是追随和认同的,这也体现在刘老会平素对村两委的认识上:将村两委(即使是村委会这一村民自治组织)视为党和国家的"基层政府部门",认为村两委是刘村理所当然的管理者。这与中华人民共和国成立后国家政权的深入基层,长期的基层政治、党组织建设不无关系。但是另一方面,从前文刘老会的自治和村庄治理参与实践中,我们又发现,刘老会对于村两委的不少作为又是敢于直言、主动补缺的,对于村庄事务又是有自己想法和处理能力的,这与其朴素的自治意识("官方不干自己干")、长期的组织经历和经验(单位制和集体化大生产)分不开,而这些又带有明显的新传统痕迹。

三　张力与融合:文化多元社区背景下的乡村组织化

如上,已经简要分析了刘村这一乡村社区的两类文化:家族、宗族主义为核心的旧传统,以及革命和改革的社会主义实践的"新传统"。这两者关系复杂:革命曾经一度以"反传统"的面目对乡村旧传统发起猛烈攻击,传统的主流地位也的确已被"新传统"所取代。但是同时,无论是革命还是改革,都成长于有着深厚传统积淀的土壤里,是对传统有选择的承继。当下乡村社会中,两者也是共同存在着,成为村庄治理、乡村现代化建设的共生基质。

王沪宁在考察当代中国村落家族文化时,认为"村落家族中实际上存有两种机制:社会机制(政府或法律确认的机构)维持体现新价

村庄内源性组织与乡村治理

值的秩序,家族体制维持体现旧价值的秩序……新的价值力求体现的是社会主义的理性、平等、法律、民主的原则,而旧的价值依据的是传统家族文化的血缘、等级、辈分、礼俗原则。"①并进而把这两种社会归纳为法理社会和礼俗社会。而 1949 年之后的努力,正是要以社会主义的新秩序来代替村落家族的旧秩序。王沪宁所言的法理社会和礼俗社会、新秩序和旧秩序,与本书中的"新传统"和传统基本一一对应。确实,在很大程度上,"新传统"是对传统的替代,这也正是"新"之所在。

在讨论"新传统"对传统的替代前,首先需要了解的是,"新传统"本身所经历的变革,以 1978 年开始的改革开放为转折点,中华人民共和国成立后近 30 年的社会主义集体化和计划经济进行了一次大修正。这种修正,是对社会主义建设的手段和途径的修正,主要集中在经济领域。而其他的变化,主要是由经济领域政策的主动修正所引起的附带效应,如文化价值的多元化,尤其是亚文化的兴起,经济精英地位的极大提高等,而这种附带效应的影响之大,却几乎是变革本身所始料未及的。但是从文化的延续上来看,社会主义价值的追求始终是主体。拿"雷锋精神"来说,在前 30 年,它意味着对共产党的绝对忠诚、对敌人的仇恨以及对人民大众的无私的爱;而在后 30 年,"助人为乐"的内涵却得到进一步的推广实践,普及到社会的各个角落。"雷锋"依然是社会主义中国的道德模范,"雷锋精神"所推崇的集体主义、为公为民、重精神追求轻物质奖励等,依然是最为标准的价值追求。"新传统"的内核,在改革中并未发生嬗变,只是被镀上了多重的色彩,焕发出糅杂着新元素的影像。

回过头来讨论"新传统"和传统,如果两者之间确实存在着替代,

---

① 王沪宁. 当代中国村落家族文化——对中国社会现代化的一项探索[M]. 上海:上海人民出版社,1991:117.

第八章　村庄传统、"新传统"与刘老会的内源性成长

那么这种替代,主要存在于两方面:一是政治制度、社会规则的兴替,二是主体文化、价值信仰的融化。前一方面的变化是翻天覆地的,可以说是完全的"反传统",试图以法理社会取代礼俗社会;而后一方面的变化,在强调取代、呈新的同时,也不得主观忽视其间的传承。"应该说新秩序体现的价值得到了一定程度的巩固,虽然不能说坚如磐石。但是,旧秩序体现的价值依然存在……这两者之间还处在相互补益的过渡过程中。"①之所以依然共存甚至能够相互补益,固然是因为多元文化之间的互补余缺,但也离不开两者在深层次的某些相通相容。也许我们同时应该做的,"不是去发现文化变迁的断裂性和因果理念,而是在不同的社会和文化的场域当中找寻场域本身再生产和互动的机制,不是去切割历史,而是在社会的具体事象中与人的实践中,找到我们的世界观和行为间的沟通点。"②"新传统"和传统之间的传承点,也确实是存在于"断裂"的另一面相中。还是拿"雷锋精神"来说,对于道德的推崇,传统文化较之于"新传统"可以说是有过之而无不及。而传统文化的价值追求,同样也是以"位卑未敢忘忧国""天下兴亡、匹夫有责"的爱国主义精神,"舍身取义""富贵烟云,采菊亦乐"的物质享受为轻精神的信仰为本。而即使是宣传动员方式,也都是通过树立模范和学习典型③。"新传统"和传统在这些方面有着无可回避的相似性,这也就为两者的融合提供了可能。而两者的相互补益,在当下又是朝着一个努力方向:现代性。即传统和"新

---

① 王沪宁.当代中国村落家族文化——对中国社会现代化的一项探索[M].上海:上海人民出版社,1991:117.
② Pierre Williams and Loic Wacquant, An Invitation to Reflexive Sociology, Polity. 1992: 94-114. 转引自王铭铭.村落视野中的文化与权力——闽台三村五论[M].北京:生活·读书·新知三联书店,1997:354.
③ 雷锋精神和动员方式的承接思想,可参见韩敏.当代日本中国人类学研究中的政治分析——以日本国立民族学博物馆的一个共同研究课题组为例[J].浙江大学学报(人文社科版),2009,4,另参见韩敏,等.中国の社会変化と再構築——革命の実践と表象を中心に[EB/OL].http://www.minpaku.ac.jp/research/jr/04jr052.html.

传统"作为一个文化整体——传统文化,如何同现代化社会相适应。

周晓虹在论述传统和现代(或传统性和现代性,再或传统社会和现代社会)时,引用了西里尔·布莱克的观点,把现代化视为"一个传统性不断削弱和现代性不断增强的过程",或者视为传统在功能上对现代性的要求不断适应的过程。并在这样的定义基础上,认为"传统不但不是与现代对立的东西,而且本身就是能够孕育现代性的母体和温床。传统和现代的习惯、信仰、制度和物质生产方式尽管有着明显的差异,常常甚至有发生冲突的可能,但在许多情况下它们是能够共存和共生的。并且,现代性有时还能够加强传统性,或者说,它能够使传统中的某些重要的成分获得新生;反过来,传统性的某些成分也能够有助于现代性的推进。从这样的角度理解的现代性,就不仅仅是对传统性的取代,而且也可能包含着对传统性的补充和弘扬"。① 笔者也认可这种观点,现代性有其"自身突生性"②的同时,也包含着对传统的延续性。而传统性之所以能够自我"进化"成现代性,一方面与传统文化本身孕育着现代性有关,另一方面则是因为民众的选择性记忆,即民众在具体的生存时空中,会有意无意地选取传统中与现实的日常生活关系最为密切,使其受益最为明显的那一部分进行记忆和再次实践,从而使这些含有现代性因子的传统文化相比较于其他部分,更容易得到传承和延续③。其实,这时候的对于传统的实践,已经"不是过去实事的真实写照,因为过去的实事,经过记忆的选择已经起了变化"。④ 在刘村,家族的记忆留存量和具体实践就要明显多于宗族,这与现代社会以家庭和个人为生产生活单位不无关系。

---

① 周晓虹.传统与变迁——江浙农民的社会心理及其近代以来的嬗变[M].北京:生活·读书·新知三联书店,1998:21.
② 同上,23.
③ 关于选择性记忆的论述,可参见刘晓春.仪式与象征的秩序——一个客家村落的历史、权力与记忆[M].北京:商务印书馆,2003:234.
④ 费孝通.江村经济——中国农民的生活[M].北京:商务印书馆,2001:21.

第八章　村庄传统、"新传统"与刘老会的内源性成长

而且,传统性中的现代性,除了因为自身含有又通过选择性记忆得到保存的这一部分外,还有因为传统对于现代的适应而主动变化的这一部分。譬如前文所言雷锋精神的修正;譬如这次刘氏宗谱的重修,就将女性写入了谱中:"举凡古谱所憾者,将女子摈于谱门之外,实失公道之至也。嗟乎无女子焉能成家,无女子焉能成族,无女子国焉有存乎? 共和至今八十有三矣,此次修谱男女始获平等,实乃破天荒之壮举也,足见文明之进步,国民素质之提高,实国家民族希望之所在也。"①女性一直以来都被排除在宗族权力和权利范围之外,但是"男女平等"的长期提倡和践行,无疑给刘村带来了影响,虽然女性实质权利的提升并不是一件简单的事,但是至少在文本层面上,即使是在宗族这一相对较为保守的领域,因适应时代的变化,也对女性表示了尊重。②

正如费孝通所言,面对传统和现代的碰撞,多元文化的共存,"强调传统力量与新的动力具有同等重要性是必要的,因为中国经济生活变迁的真正过程,既不是从西方社会制度直接转渡的过程,也不仅是传统的平衡受到了干扰而已。目前形势中所发生的问题是这两种

---

① 引自《中门刘氏宗谱》(1994)卷一序言。可见民间文化实践一般遵从和变通传统主要从惯习和适应世风之自圆其说的层面上进行,它给研究者的启示或许在以下两个方面颇为重要:其一,发现和尊重民间文化实践的立场和逻辑,主位的描述和演说尽可能地"主位",应用研究的结论和建言也方能较为准确和有的放矢;其二,明确客位的主要工作,用专业和学理(如,从人类学父系继世群理论可知因宗族间交换女性的缘故,故形成异姓婚入女子随夫入其族之族谱的规则及其他相应的文化传统)来客位诠释现象的深层法则及变迁的课题和前瞻(如,宗族制度解体后——"后宗族时代"——在亲属体系层面上所带来的原有规则及传统的"失效"给实践及伦理秩序的调整及重建带来的重要的前瞻性的课题)。

② 当然,以上分析主要是从民间智慧是如何对"传统"进行变通,以适应时代的价值观等话语的实践方面着眼的分析,它也是文化变迁和"(新)传统的创造"之民间实践与机制的生动事例。其实,它还提供了从当代民间"宗族"实践看宗族与"宗族"实践之异同的绝好的佐证。简言之,当代的"宗族"实践已是一种宗族制度已不复存在的后制度化的,或曰文化的"宗族"实践了,所以,民间修谱已不主要是谨守(宗族这种族外婚集团)族谱只记载族中男丁(及其娶入的外族妻室),而不计本族女子(她们由所嫁去的有关宗族的族谱记载)的"天然"规则了,修谱主要是一种文化认同以及文化策略(如独生子女政策下本族"发祥"、并非"无后"等的考量,等等)。关于"后制度化宗族"以及"宗族风土论",参阅,阮云星.宗族风土的地域与心性:近世福建义序黄氏的历史人类学考察[J].中国社会历史评论,2008,9: 1 - 32. 概要版参阅中国社会科学文摘,2009,2: 84 - 85。

力量相互作用的结果。……这两种力量相互作用产物不会是西方世界的复制品或者传统的复旧,其结果如何,将取决于人民如何去解决他们自己的问题"①。在此种张力与融合的文化多元社区背景下,乡村的组织化或许正是其中一种解决问题的路径。

早在20世纪初,以梁漱溟为代表所倡议的乡村建设运动,即从文化本位出发,认为中国社会是以人伦关系为本位,提出依靠乡村自治,创造出一种以理性和伦理为基础的新团体组织,由此解决乡村问题进而解决中国问题,复兴中华文明。②

梁漱溟认为,成熟了两千年之久的伦理本位、职业分立的中国社会,在近代一百年间遭到了西洋文化的猛烈冲击,并最终诱发中国社会结构的崩溃,主要是由于中国社会的"散漫、消极、和平、无力",是因为中国文化自古以来就一直缺乏西方所具有的科学技术和团体组织,尤其是缺乏集体组织生活,有的只是"小起来甚小"的家庭和"大起来甚大"的天下概念。但是梁漱溟并不就此否定中国文化,而是认为中国的问题在于"自毁",即在西方强势冲击下的"对于西洋的模仿追趋和对固有文化的厌弃和反抗",因此他提出在中国传统文化固有的礼俗基础上再建沟通西洋文化长处的"新礼俗",即在原有的伦理本位、职业分立的社会中加入西洋的团体组织思想,这种团体既不是"家庭"也不是"天下",而是一种适度规模的自治组织。他所阐发的伦理为根源、人生向上为目标的组织思想来源于对"乡约"的改造,在与西方组织理念相对照后,梁漱溟认为改造的乡约组织必须注意几点:首先,旧的乡约组织主要表现的消极防御的思想与现代地方所要

---

① 费孝通.江村经济——中国农民的生活[M].北京:商务印书馆,2001:20.
② 参见梁漱溟.中国文化要义[M].上海:学林出版社,1987.梁漱溟.乡村建设理论[M].上海:上海人民出版社,2006.虽然现在的乡村与当时的乡村已有很大区别,梁漱溟自己后来也承认其乡村建设思想"偏从主观愿望",在农民和地主的矛盾为主要矛盾的当时具有不现实性,但是其所倡导的乡村合作组织的原则和理念依然给今天的村庄公共组织、村民自治讨论提供很大的启示。

第八章　村庄传统、"新传统"与刘老会的内源性成长

求的很大主动性的组织思想相悖,因此应该将消极的彼此顾恤变成积极的有所进行;其次是提升组织人员的志气,发挥理性精神,以理性治理和管理组织;再就是改变以前乡约的孤立自发性,而应该在各个地方倡导建立这种乡约组织,建立起一个庞大的组织网络,使得各个团体能相互帮助共同推进;最后一点是特别要注意乡约的自发自治性,要求应该与政府政权机关保持一定的距离,不能依靠政治力量推动组织建设,因为那样容易导致乡约组织被政治力量控制,从而破坏乡村建设运动的社会性。①

继承前人的研究,20世纪后半期,尤其是20世纪90年代以来随着村庄治理研究的兴起,乡村组织化的理论和实证研究进一步丰富,使用的术语和其所指涉的侧重点也有所不同,"民间组织""社会组织""自治组织""自组织""农村组织""公共组织""非政府组织""非营利组织""社团""第三部门""草根组织"等概念下的论述,都与乡村公共组织的研究范畴有所重叠②。学者们重新对公民组织化和社会组织的重要性提出了认识。毛丹认为乡村民主应注意从乡村组织化角度研究③;冯钢借鉴卡尔·波兰尼的再分配思想,认为中国市场化改革造成了再分配与市场分配共同制造的双重不平等,转型社会的治理需要社会组织发挥功用,弱势群体能通过组织方式积弱成强。"在市场经济条件下,社会稳定的基础就在于迅速建立和培育与其相

---

① 参见,梁漱溟.乡村建设理论[M].上海:上海人民出版社,2006.
② 比较具有代表性的村庄公共组织论著主要有:仝志辉的《农村民间组织与中国农村发展》,回顾了历史上的农村民间组织,重点介绍了当前农村比较活跃的社会文化类民间组织、妇女发展类NGO、用水户协会、专业经济协会、民间基层金融组织、农民工民间组织等六类民间组织,阐述其与农村发展的关系;王名所牵头的清华大学NGO研究中心也长期关注这方面的研究,著有《中国民间组织30年:走向公民社会》《中国社团改革:从政府选择到社会选择》等。高丙中和袁瑞军主编的《中国公民社会发展蓝皮书》在讨论政府转型对民间组织管理体制的影响、非营利组织治理结构的演变等综合情况的基础上,对民间环保组织、行业协会、农村民间组织、慈善组织、庙会组织、基金会等多门类进行了分类考察。
③ 毛丹.乡村组织化和乡村民主——浙江萧山市尖山下村观察[J].中国社会科学季刊(香港),1998,22.

村庄内源性组织与乡村治理

适应的自主性社会组织。"具体来说,"自主性社会组织的功能主要体现在两个方面,一方面是通过不同的组织形式,将在市场经济中利益受损群体的自我保护运动纳入社会体制,对造成社会不平等的市场分配系统进行有效制约,把市场经济的发展纳入社会可控制的范围。另一方面,是对基于国家权力的再分配系统进行有效的组织化监督,通过各种功能团体的利益组织化和制度化,将社会利益诉求有序地上达至再分配的决策层,形成基于社会客观要求的政策依据"。在提出相关理论框架的同时,冯钢还通过对"城中村"村落组织、工会组织等实证研究进一步丰富了相关论述。①

刘老会的案例研究在很大程度上也正是为了呼应这种对于乡村组织化的研究诉求。从前面章节的论述已经可以看出,刘老会的不断成长和良性运行与对于村庄政治生态、经济发展状况、社会文化等村庄内源性②因素的遵循和利用密切相关:刘村家族、宗族的记忆和

---

① 冯钢. 转型社会及其治理问题[M]. 北京:社会科学文献出版社,2010.
② "内源性"(endogenous)概念最初来源于生物学,它在生物学中是指生物的某种现象的产生是由它的内部因素发展出来的。它可以用来指某种疾病的产生,也可以指某个新物种的出现而成为阐述生物进化论的概念(参见尹保云. 对西欧现代化的"内源性"的反思[J]. 史学月刊,2006,7.)。

  "二战"后,尤其是20世纪70年代以来,"内源性发展"作为一复合概念,在现代化反思中被有关机构和学界所讨论:主要指"每个社会都应通过在自己的技术、社会、文化和思想领域进行多种多样和多方面的革新,实现自己的现代化,都应选择独特的发展道路。任何社会都不应也不是被迫要模仿其他社会并忠实地效仿或注定坚持唯一的发展道路或模式"。1961年,联合国大会通过关于"发展"的第一个决议,即"联合国发展十年计划",试图通过从外部输入西方发达国家的制度、文化、技术、思想方法、组织体制、行为方式等发展模式,帮助第三世界国家实现社会和制度的转型。然而,此种"外源性发展"并没有实现预期目标。在第二个十年计划的中期,联合国教科文组织编制的《1977—1982年中期规划》正式提出了"以人为中心的内源发展"的政策概念。该规划的目标之一是"研究符合不同社会实际和需要的内源与多样化的发展过程,它的社会文化条件、价值系统、居民参与这种发展的动机和方式"。20世纪80年代,联合国教科文组织、联合国大学组织了一批研究项目,深入探讨"内源式发展",包括"内源式"和"外源式(exogenous)"的对立,对古典经济学的反思,以及国际政治的多极化发展必然带来各国不同的发展道路等。同时,欧美学者在反思工业化与城市化、保护传统文化和生态环境的思潮之下,也将"内源式发展"视为解决发达国家乡村发展问题的一种新模式[参见,联合国教科文组织. 内源发展战略[M]. 北京:社会科学文献出版社,1988,转引自储东涛,周志莹. 推行内源发展战略 激活内生增长动力[J]. 广东商学院学报,2005,5. 张环宙,黄超超,周永广. 内生式发展模式研究综述[J]. 浙江大学学报(人文社会科学版),2007,2.]。

(转下页)

第八章　村庄传统、"新传统"与刘老会的内源性成长

实践的依然存在和部分退隐，为老人的权威、村庄的凝聚提供可能的同时，为刘老会作为现代组织的孕育和成长留下了空间；而革命与改革的社会主义新传统更是直接形塑了刘村当下的政治社会生态及老人的成长记忆和生存背景，是刘老会组织架构、组织文化的直接成长土壤；"空巢村"的现实、村民自治的制度环境，直接影响着这一组织的内生和自我成长。这些内源性因素对于刘老会组织的作用，体现在组织主体（老人）、组织目标和职能领域（刘老会参加的诸多公共治理领域）、组织运行机制（刘老会的组织化过程和运行逻辑）等各个方面，是刘老会之所以为刘老会的缘由所在。而刘老会的治理成效，也在很大程度上昭示了乡村内源性组织在乡村治理中的作用。

（接上页）　20世纪90年代以后，在日本展开了一场关于内源性发展理论的反思，反思的原因在于理论变成了一种"自言自语"，亦即成形的理念之下却缺乏可操作性，这场反思使学者认清了乡村之间及乡村和城市之间网络化的交流与合作对于实践这种发展模式的重要作用，并成为近年日本地方自治体合并浪潮的一个理论依据。鹤见和子在后发展社会的现代化研究中明确使用"内源性发展型"与"外源性发展型"的分类，指出后发展社会不仅仅是模仿先进社会，而且要立足于自己的传统，改造外来的模式，使之适合于自己社会的条件，她把这种发展方式称为"内源的、自成的发展"。鹤见和子认为，内源性发展的理论意义在于：第一，内源性发展的研究单位可能是地区性的，是一个边界范围小于国家而且比国家受到更多限制的实体，如村、镇、城市社会网络等。第二，内源性发展理论是以非西方国家的历史经验为出发点，与此相关联，内源性发展理论的发展模式是分散化和多样化的。第三，内源性发展理论认为，应继承和复兴前工业社会在社会结构、文化和精神方面的遗产，以纠正或防止现代化的弊端。第四，内源性发展理论强调一些非经济指标，如人的发展、环境保护等。（参见，折晓叶，陈婴婴. 社区的实践——"超级村庄"的发展历程[M]. 杭州：浙江人民出版社，2000：4-5.）

国内对于组织化的内源性的直接论述，虽然较少，但亦有所提及。如李熠煜认为，"按组织存在的形式来区分，农村的民间组织大致可分为下述两种类型：第一种可称之为传统性内源性民间组织，主要借助了传统乡村民间组织的形式，尤以血缘关系为纽带的公益性组织为多，具有内源性的特点；另一种可称之为合作化型外生性民间组织，采用了合作化形式的社区发展组织及经济组织，具有外生性的特点。"（参见李熠煜. 文化视野下乡村民间组织转型动因研究[J]. 中国行政管理，2009，6. 另外还有刘岩. 城市社区组织的自主性缺失与内源性发展[J]. 社会科学战线，2009，2. 杨团，李振刚. 四个农村合作组织案例的比较分析：发展需要内外机制并举[J]. 学习与实践，2008，10. 刘继同. 从居民委员会到社区委员会：内源性革命与民间社会的兴起[J]. 社会科学辑刊，2003，4. 赵泉民. 20世纪前半期中国乡村社会"内生性组织"与合作关系剖析[J]. 河南大学学报，2009，4. 孙秀艳. 从外生权力到内生权力：我国社会组织的演化机制研究[J]. 中共福建省委党校学报，2009，6. 王涛，赵春. 从制度嵌入到制度内生——村民自治背景下党的基层组织功能转换的实证研究[J]. 上海党史与党建，2009，9. 这些近几年发表的论文都强调对于公共组织的内源性的重视，但是从文献的发表时间和内容来看，对于内源性的专门讨论尚处于比较零散的初始阶段。）另外，其他虽没有明确提出"内源性"但蕴含组织内源性思想的文献也颇多。如前文探讨现代性思想的诸多文献。另如贺雪峰对于村庄秩序二元性和"村庄社会关联"的讨论（参见，贺雪峰. 乡村治理的社会基础——转型期乡村社会性质研究[M]. 北京：中国社会科学出版社，2008，4.）。

终章
刘老会个案中的现代国家建设、"内源性"与"公共性"课题

世纪之交刘老会个案的人类学研究"十年一剑",一个浙东乡村自治老人会三十载历程的"社会事实"与公共性建构机制及学理诠释跃然纸上——自20世纪90年代初以降,十年动员式老人会,十年"空巢村"自为老人奋起组织自治、"互助养老"、参与村庄治理实践之老人会,十年迎接自治组织"老龄化"与融入乡村新社区公共性建构等挑战的老人会;三十春秋依次衔接递进、跌宕起伏的村庄叙事,着重透视和讨论的则是内源性驱动、村庄次级组织的社会资本酿造、乡村公共领域系统的参与性营造与互构的城乡社区公共性及基层社会治理之学理。故事及其诠释,试图回答的是乡村内源性组织资源、社会建设及治理中的村民自治何以可能、为何肝要之问。

本书的上述各章已分别细微生动地部分回答了此问;在此终章,我们拟以个案普适性的视角继续应答探讨此问,亦为未来研究之备忘。

"写文化"以降的人类学方法论,反思科学主义、关注"在场"与"拓展";布洛维的"拓展个案法"回应后科学主义时代个案研究的"客

村庄内源性组织与乡村治理

观性"（普适性）挑战。笔者以为，反观而言之，或可谓因（所有）个案原本镶嵌在一个拓展性的要素与关系结构之中。刘老会个案中现代中国国家建设、改革开放、村民自治的"内源性"与"公共性"实践之内外结构性要素正是这样相互嵌构塑型着的。

村民自治制度作为后人民公社时期以降的中国现代国家建设之一环的农村社会基层组织和管理制度，其治理的有效性一直是当代乡村治理实践、研究的重要内容和课题。20世纪80年代，中国农村开始实行联产承包责任制，人民公社体制难以有效运行。面对诸多村庄公共事务和问题，一些村庄自创自治委员会，继而由国家政权推动在全国范围内实行以《村民委员会组织法》为法律依托的村民自治制度，中国乡村社会形成新的延续至今的基层治理的制度性构架。

村民自治制度内含由具有单一制·党领导的"民主集中"原则和体制特征的中国现代国家政权建设进程所决定的行政化和民主化之张力。在国家政权建设方面，村庄层面需要相应的机构去实现政府职能，村委会成为"乡政""代理人"，这与其"村治""当家人"的初始角色设定发生偏差，尤其是当地方政府诉求与村庄权益出现偏差时，村委会若缺少应对智慧与资源，乡村治理容易失效。

当下，村民自治制度更是面对愈发复杂的乡村社会生态。总体而言，乡村社会处于大转型时期，"一方面被越来越卷入市场经济乃至于市场社会的建构过程，另一方面被日益纳入现代国家全面梳理社会的过程"[1]。在乡村与市场维度，一方面，大量农民长期离开农村，流入城市成为"居民""农民工"；另一方面，农村自身经营方式亦日益多样化，农民专业·兼业·非农并行，农村"空巢化"现象突出。

---

[1] 毛丹.村庄大转型[J].浙江社会科学,2008,10: 2-13.

终章 刘老会个案中的现代国家建设、"内源性"与"公共性"课题

在乡村与国家维度，国家一方面通过土地政策等保护农村抵御自由市场、资本的强权侵入，避免农户经济破产和农民无产化；另一方面通过取消农业税、实施新农村建设战略和乡村振兴战略等，介入农村管理，并试图促进城乡衔接和融合。国家对于农村的政策态度，可以说是将乡村建设视为国家政权现代化建设的重要内容。目前最明显的变化之一，是国家投入越来越多的公共财政，开始加大对农村的转移支付和公共服务均等化建设。在乡村与社会维度，一方面是交通条件改善、信息传播技术发展和城乡流动及对接加速等带来的村庄开放，以及长期乡村自我管理实践带来的公共性积累和乡村社会培育；另一方面是市场化、非农化，撤村并村，"城市人下乡"和"新农人"等一系列变动引发的乡村由熟人社会向半熟人社会甚至陌生人社会转变，乡村社会日益原子化、个体化，村民参与的积极性、社会主体发育受制约。值得一提的是，随着信息化技术和交通、物流等的技术要素的发展，城乡的共生共存有了更为人性化、生态化的想象和可能，或者说乡村面对城市长久的弱势因此有了一定的改善空间，如乡村的青山绿水等生态优势开始体现出显性价值，由全国各地向城市集聚的资源能辐射到幅员更为广阔的乡村。身处信息技术时代，国家规制与市场化条件下的村民自治制度，更大范围上来讲是乡村治理，究竟何去何从？！

乡村治理需要基于"自上而下"的国家规制和"由外向内"[①]的市场机制，同样需要根植于乡村自身的内源组织与动力，谅已成为更多乡村研究者的共识。本书刘老会的个案，也让我们看到，公共组织作为社会资源和社会力量的组织化整合形式，其发育成长是现代乡村社会公共领域形成发展、乡村社会良序发展的重要内容。而刘老会

---

① 市场机制对于当下的乡村来讲很重要的一个影响可以说是潜在的大型资本向乡村的扩张，在此意义上笔者称其为"由外向内"。

村庄内源性组织与乡村治理

能够发展成为一个典型的良序的公共组织,很大程度上是因为其是一个内源性组织,契合了浙东刘村的内生情境和村民诉求(即村庄内源因素):包括但不仅限于"空巢村"、社区共同记忆、具有公共精神的老人草根精英群体、村庄老人群体在社会保障和公共生活方面的自我服务和公共服务等需求、村庄的政治生态和村民期待之间的张力。可以说,刘老会的发展过程较好地展现了"村庄内源因素——内源性公共组织生长并参与村庄治理(在与村委会这一村级公共组织的对接中扮演既补充、配合,又竞争、'分权'的功能角色,成为村庄治理的一个重要主体)——组织化实践带来公共性等新增社会资本内化,形成新的村庄社会资本"这一良性循环过程。

相对于个案,就整体乡村治理而论,刘老会这样的公共组织在其他类型的村庄虽无法简单复制,但是依托村庄内源因素促生并培育公共组织和公共精神,从而实现乡村治理绩效的逻辑和路径则具有普适性。"自治、法治、德治"之"三治融合"的提出与成为国家定位的基层社会治理体系之要旨的提升,也从内生性与合法性方面肯定了这种社会自治的普适性。

当然,如何依托乡村内源性因素培育公共性是一个复杂的课题。中国乡村在一定意义上有宗族等社群及乡绅"自治"的资源与传统,有培育准公共精神和公共组织的土壤。费孝通先生曾提出"双轨政治"概念,认为"中国传统政治结构有着中央集权和地方自治的两层","自上向下的单轨只筑到县衙门就停了,并不到每家人家大门前或大门之内的","地方上的公益不受中央的干涉,由自治团体管理"。当中央的政令与地方"公共的需要"相抵触时,自治团体的管理人即"绅士"通过社会关系,以私人身份与县级及以上官员交涉。① 清末、

---

① 详见费孝通.乡土中国·乡土重建[M].北京:北京联合出版公司,2018."乡土重建"章节。林耀华先生20世纪30年代的义序研究也表明这种"双轨政治"一直延续到民国 (转下页)

终章　刘老会个案中的现代国家建设、"内源性"与"公共性"课题

民国时期,这一情况发生了变化:"国家试图通过一系列机构设置和委任,变地方权威为国家在基层的政权分支,使地方权威成为服务国家目标——征兵、收税、进赋——的组织机构,并进入国家官制的控制范围",地方权威逐渐"官僚化",与地方社会利益连接关系减弱,地方"自治"的意义转变为"补充官制所不及或忽略之处"。但因为"村级基层政权是事务具体执行单位","基层组织具有村民成员资格的授予权力,这种授予跟随而来的是农民多项政治、经济和社会权利的确认和实施",基层组织依然具有较大的自主权和议价权。① 中华人民共和国成立后,个体和国家之间形成新的关系②,此背景下的乡村社会,"村民"转化为"公民",以"绅权""长老权威"为核心、维护特定人群团体利益的"地方自治"格局被打破,但传统乡村文化的权力网络、庇护关系依然部分延续。这种延续一方面似黏合剂,支撑着日益散落的乡村的内在机理;另一方面又为基层政权在履行地方管辖权过程中有选择地执行国家政策并扩张自身权力提供可能性,而这种扩张一旦失去约束,有可能同时损害国家权威和公民权益。加强国家基层政权建设固然是约束方法之一,另一端的依托乡村内源性因素加强公民权能同样不失为一种更为根本的选择。③ 加强公民权能其中一项很重要的内容即培育公共组织和公共精神。基于本书刘老

(接上页)中期:"(四)政治改革:1931年省民政厅下令划闽侯为实施自治县,县分13区,区立区公所。第二区分24乡,义序即其一,乡有乡公所,1932年成立,乡公所内容,虽即祠堂会的实力,而外形则已更改";该书之附录5《呈文》,为1932年义序乡长兼族长黄达萌等,就所谓受冤在押的本乡甲长黄瑞藩请求保外候讯,致福建省政府、福建省国务处等各级地方政府的呈文,此文此事也反映了这种政治结构在当时的变迁性延续。分别参阅,林耀华. 义序的宗族研究[M]. 上海:上海三联书店,2000,4:213-215.

① 详见张静. 基层政权:乡村制度诸问题(2018年修订版)[M]. 北京:社会科学文献出版社,2019."地方权威进入官制授权系统""地方体解体:地方权威和地方社会的分离"章节。
② 笔者以为,这种个体和国家之间形成的新关系,其主要关系结构和意涵为:现代国家政权的权威来源是对普通民众成为国家成员即公民身份的确立以及对公民权利的保护,并据此构建现代税制和法治从而实现现代国家治理。
③ 参见张静在《基层政权:乡村制度诸问题》一书中提出的观点:"确保国家权威得到持续的社会支持、公民权能和国家权能的互为建设性塑造以及二者之间强大的互赖关系,维系社会稳定的根本所在"是"创立公民权的平等配置、保护和实现机制"。

会个案的研究,我们认为以下两项学理性内容尤其值得进一步拓展探究。

其一,基于乡村的现状和需求,前瞻性地培育乡村社会内生的自组织、内生秩序和力量。乡村内在伦理生活秩序和日常,面对工业文明和现代民主政治为核心的新的经济形态和政治架构是弱势的,但并非只是劣质的、落后的乡土性存在。相反,只有具有基于不同地方性知识体系、不同社会生态的多类型、多层次的治理机制的可选择方案,方可应对"现代化"发展诸问题,达到城乡一体、善治和谐的理想社会。由乡村自身生发的需求和对满足需求的应对,可以说是乡村发展和振兴的持续支撑力和意义所在。

案例中的刘村是一个"空巢村",常住居民中老年人占比大,刘村老年人在生理和安全需求基本得到满足的情况下,对社交、自尊和自我实现有较大需求。刘老会的良性发展和刘村的公共事业建设在很大程度上以这样的群体需求为驱动力。在此围绕中国大多数乡村的重要现实——老龄化,对乡村治理稍作衔接性的展开论述。

国家统计局发布的数据显示,2019 年末,我国 60 周岁及以上人口 25 388 万人(比上年增加 439 万人),占总人口的 18.1%(比上年上升 0.25%),其中 65 周岁及以上人口 17 603 万人(比上年增加 945 万人),占总人口的 12.6%(比上年上升 0.64%)。[1] 预计到 2025 年,我国 60 岁及以上老年人口数将达到 3 亿,占总人口的五分之一;到 2050 年前后将达到峰值 4.87 亿,约占总人口的三分之一。[2] 而农村的老年人总数和老龄化程度均高于城镇,2000 年农村老年人口为 8 557 万

---

[1] 张毅.人口总量增速放缓 城镇化水平继续提升[EB/OL]. http://www.stats.gov.cn/tjsj/zxfb/202001/t20200119_1723767.html。
[2] 到 2050 年老年人将占我国总人口约三分之一[EB/OL]. http://www.gov.cn/xinwen/2018-07/19/content_5307839.htm。

终章　刘老会个案中的现代国家建设、"内源性"与"公共性"课题

人,占老年人口总数的 65.82%,农村老龄化程度比城镇高 1.24 个百分点。预计这种城乡倒置的状况将一直持续到 2040 年。① 加之青壮年劳动力向城市的流入,老年人可以说是目前以及未来很长一段时间内中国乡村最重要的主体。这一主体有着怎样的需求?最基本的无疑是养老。在乡村,政府正在提供或准备提供的制度式、社区式养老支撑侧重于基本保障,市场化的机构式、医养结合型养老短期内不易实现,家庭式的自我养老是最主要的养老方式。国家卫计委发布的《中国家庭发展报告(2015)》显示,农村老年人自己照料自己的比例高达 67.8%,由配偶照料的比例为 16.8%,而由子女及其他人照料的仅占 15.5%。我们认为,在农村老人既是养老服务接受者,也是养老服务提供者的情况下,以老年人(超出家庭范围的)互助养老作为原子式家庭养老的补充,是一种较为可行的选择。且这种互助养老不仅是迫于形势的无奈之举,也是积极老龄化的题中之义。

近年来,学界对于(农村)互助养老有较多的关注和研究②,从互助载体来看,主要有依托村集体(如河北肥乡互助幸福院模式)、农村合作社③、私人关系(如邻里和亲友)的互助养老。本书从其他角度对于刘老会的聚焦研究提示我们:老年人协会也许可以比较天然地成

---

① 我国人口老龄化加速 农村老龄化水平超过城镇[EB/OL]. http://www.gov.cn/jrzg/2006-02/23/content_209202.htm。
② 如甘满堂,娄晓晓,刘早秀. 互助养老理念的实践模式与推进机制[J]. 重庆工商大学学报(社会科学版),2014,4. 王伟进. 互助养老的模式类型与现实困境[J]. 行政管理改革,2015,10. 赵志强. 农村互助养老模式研究综述[J]. 河北青年管理干部学院学报,2014,4. 欧旭理,胡文根. 中国互助养老典型模式及创新探讨[J]. 求索,2017,11. 等论文梳理了(农村)互助养老的总体情况;赵志强. 农村互助养老模式的发展困境与策略[J]. 河北大学学报(哲学社会科学版),2015,1. 陈静,江海霞. "互助"与"自助":老年社会工作视角下"互助养老"模式探析[J]. 北京青年政治学院学报,2013,4. 杨静慧. 欠发达地区农村空巢家庭养老的困境与应对——兼论互助式养老的综合效益[J]. 甘肃社会科学,2017,6. 贾丽凤. 农村互助养老发展问题研究——以保定市为例[J]. 科技视界,2013,24. 何茜. 国外互助养老模式对我国农村养老的借鉴与启示[J]. 农业经济,2018,5. 张彩华,熊春华. 美国农村社区互助养老"村庄"模式的发展及启示[J]. 探索,2015,6. 等论文侧重某一方面(如理论基础、地区案例、不同研究视角、国外实践)论析农村互助养老课题。
③ 参见李俏,贾春帅. 供给侧改革视域下的合作社养老:功能、模式与定位[J]. 宁夏社会科学,2018,3.

村庄内源性组织与乡村治理

为互助养老的载体。相比较于以村集体、私人关系和其他社会组织为载体的互助养老,以老年人协会为载体有一定优势:许多村庄业已存在这一原本就以老年群体为主体和服务对象的组织;作为组织,有一定的组织内、外部资源,且其"为老年人服务"的组织理念与"互助"养老一致;目前不少村庄老年人协会的主要甚至是唯一功能是提供老年人文体活动场所,即提供精神和情感慰藉层面的服务,这固然是老年人协会功能承载的不尽如人意之处,但这一供给亦是养老的重要内容,且在目前家庭养老中较为缺失。养老和老年人协会的互动,也许可以一方面逐渐满足老年人的需求,另一方面逐步使空有其壳或功能发挥不充分的老年人协会,成长为一个以年龄为区分依据的自组织,形成村庄新的公共性。①

值得强调的是,虽然此处因考虑到个案的可拓展性,以共质性的老龄化现实和养老需求为论述点,但是依托内源性因素的其中一层意思则是尊重乡村的异质性。不同的乡村有不同的内源性因素(如即使同样的老龄化,年龄分层、所处家庭状况和村庄传统等也不一样,满足养老需求的方案也就不同),对于不同内源性因素各有侧重的关注,有可能产生不同关注领域、组织形态、区域规模和发展程度

---

① 老人会的分群理论研究,有助于内源性原理的学理深研和制度性的实践性的培育乡村次级自治组织的自觉。人类学研究表明,除了亲属关系和婚姻之外,人们还依照性别、年龄、共同利益等原则分群。年龄分群主要有"年龄等级"(age grade)和"年龄组"(age-set)两种制度・原理(参阅,[日]蒲生正男,祖父江孝男编. 文化人类学[M]. 东京:有斐阁,1989:117-120;[美]威廉・A.哈维兰. 文化人类学[M]. 瞿铁鹏,张钰译. 上海社会科学出版社,2005:321-324)。一般而言的"老人(协)会"相当于当代社会的"老龄等级(松散的成员认同团体)";像"刘老会"这样的村庄次级自为性自治的老人会组织,相当于具有忠诚感和互相支持取向的"年龄组"组织。"刘老会"作为当代刘村的自为的老龄团体,它与共同利益分群的团体(common-interest associations)有某种交叠,从日常实践上看也有制衡传统宗族规则方面的一定功能(年龄段制与家族・宗族组织具有紧张关系被人类学社会学研究所证明。如,日本农村的事例,参见鸟越皓之. 日本社会论:家与村的社会学[M]. 王颉,译. 北京:社会科学文献出版社,2006:155-156)。这些特点表明了其自身的分群规则的特定功能性和具有亲现代性的性状,也为研究者提供了新鲜的素材和理论生产的契机;分群理论新视角的研究有助于老人会研究的深入和实践主体、研究者等有关各方培育乡村次级自治组织的自觉。参阅,阮云星,张婧."村民自治"的自组织资源何以可能?[J]. 社会学研究,2009(3):135-136。

终章　刘老会个案中的现代国家建设、"内源性"与"公共性"课题

的组织,村民个体以这些小共同体为中介参与到乡村治理中。

其二,外部资源进入乡村时,需要依托村庄居民的主体性,乡村内、外部资源的互嵌颇为重要,值得关注和探索。如前所述,综观清末民初以降现代国家建设进程中的乡村建设,无可否认,政党和国家动员规制的"外部"力量是主导力量。而多年的实践历程提示这样一个事实:自上而下的国家建设以及进入乡村社会的非内源性组织的有效运行,即外部政策、各种组织和资本的植入,需要当地的社会资本等内源性社会生态的"营养基"才能生根开花结果。可以说,乡村本土力量与外部力量的互动、契合程度,在很大程度上决定了乡村治理效果:从经济发展角度看,政府资源和产业资本从外部进入乡村社会的过程中,乡村内部社会主体的有效对接是降低交易成本、让外部资源发挥功效的最重要因素,诸多如包产到户、发展乡镇企业等政策的全国推广实践已证明依靠乡村内部活力和村民自主性、主动性是关键;从政府治理角度而言,在村治过程中对于村庄居民、乡村本土人才的信任和政策支持,也许可以破解乡村日益"空巢化"的格局,亦可比较有效地规避国家基层政权的"内卷化"。在国家大力推进乡村振兴战略的当下,这一点尤其值得注意。

当然,强调内源性并不是排斥、忽视外部因素的影响,将村庄孤立、悬置,相反,将村庄置于转型期的中国社会背景下做前瞻性的实地考察,才能更确切地认识村庄内源性在内外因素作用下之形成机理、作用机制及时代的新公共性性向。

在社会培育、公民权能建设过程中,除了上述所言内源性学理,我们同样认为,本书述及的以下概念和论断,既是我们对于该课题的研究发现和理论探讨要点,也是需要进一步理论拓展的相关内容:

村庄内源性组织与乡村治理

（1）村庄和村际公共领域子系统，即公共组织，从内聚到开放互动的过程。其间的个人组织化和组织公共化，各系统间的竞争、妥协、合作、冲突，都很值得进一步观察和研究。（2）"社会资本""文化网络""传统和新传统"等不同概念所指涉的村庄文化政治学研究，这在一定意义上也可谓是对于内源性因素的更系统化、更细致化研究拓展。（3）村庄公共组织的非营利之盈利是维持组织正常运行的重要前提，而社会企业的公益性和非营利性两个核心要点与"民非"等公共组织颇为相近，新近的"社会企业"实践和研究也许能给村庄自组织及乡村治理提供借鉴。

同时，在本研究中，我们进一步确认了人类学参与观察方法对于研究村庄问题的有效性。深入到村庄内部的研究及拓展的个案研究法[①]，有助于发现真问题，研究具体的问题并与外部世界和理论重建进行对话；而团队短期往返式田野既是对目前课题研究现实的妥协，亦是一种需要探索和不断完善的方法。团队田野的"复数互主性"特性的发掘，更是这种研究方法带来的可对应当代"写文化"提出的"多声道"议题的实践和理论探索。在本书的酝酿和写作中，研究团队就不时地面对复数研究者、复数研究对象、研究者与研究对象复数"互主性"的互动、紧张和整合。方法论上的进一步讨论，可以成为新的研究生长点[②]。

[①] 关于拓展个案法的一份晚近研究梳理，参阅，王睿."拓展个案法"的理论与方法[C]//阮云星，等. 吸纳与赋权：当代浙江、上海社会组织治理机制的经验研究[M]. 杭州：浙江大学出版社，2016：37-49.

[②] 如结合"第四研究范式"、赛博·赛博格时代民族志方法论探讨也是其必要、重要的途径；该数智时代人文社科研究范式转换及与类民族志方法途径的探讨等，参阅，张小劲，孟天广. 论计算社会科学的缘起、发展与创新范式[J]. 理论探索，2017（6）：33-38；米加宁，章昌平，李大宇，林涛. 第四研究范式：大数据驱动的社会科学研究转型[J]. 学海，2018（2）：11-27；阮云星，崔若淋. 类民族志范式：多点、共谋与"根状茎"[J]. 广西民族大学学报（哲社版），2020（1）；阮云星，梁永佳，高英策. 赛博格人类学：跨学科理论与应用人类学探索[M]，北京：知识产权出版社，2022：37-46.

终章　刘老会个案中的现代国家建设、"内源性"与"公共性"课题

本书的研究也给我们留下新课题,诸如(1)并非所有区域的内源性因素基本面都与现代公共组织要素相接近,社会关联碎片化、低参与性状的社区(在城乡流动性增大、并村治理常态化时代该问题更加凸显)如何培育内生性的公共组织？外部公共组织是否能在这样的社区实现治理绩效？进而,社会关联碎片化、低参与性状本身是不是一组伪命题,也许仅仅是因为在这些社区尚未挖掘出关联性、激发出诉求？另外,关于"个体化"学理、社会性别视角的乡村老龄化问题、乡村内源性公共组织的"内卷化"、社会公共性衰落课题同样需要关注。(2)在乡村治理研究中,面对政治学、社会学、人类学、经济学、历史学、文化学等多学科不同视角的切入,面对国内外比较研究,如何形成具有诠释力的理论,尤其是理论的"中程(层)化"工作,包括理论分析的下降分解与案例经验的概念上升,如何在相对薄弱的当下研究中有所发展和突破？(3)有关"自治"·"内源性"·"公共性"议题的理论研究,尤其是相关的基础(元)理论的研究更需要加强,尤其在如今高新科技快速迭代,并全面卷入人类生产·社会生活·城乡及全球治理与智识生产的赛博·赛博格时代。① 所有这些,都期待学界同仁的持续研究和全球视野的当代中国城乡互构之乡村建设的实践探索。

谢辞：最后借此终章页末,谨致谢辞。我们首先感谢浙江大学社区建设与移民管理研究中心(原浙江大学地方政府和社会治理研究中心)的研究项目立项与早期研究资助,感谢浙江大学文科精品力作

---

① 诸如,内源性概念原初与植物学研究有关(endogenous 来自植物学术语。相关论述参见,[日]三石善吉.传统中国的内发性发展[M].余项科,译.北京：中央编译出版社,1999,2:1-18),进而论之可以衔接由来已久的哲学宇宙论的"原子"学说有关；限定时空·具象的社会领域研究,宜采取中程理论来诠释,但基础理论的探讨需要跨学科的抽象学理以至衔接哲学原理方面的研讨。有基础(元)理论支撑的学术方可行稳致远。

出版资助基金；感谢参与该项目师生团队的每一位合作研究者①。我们特别感谢研究对象地域的刘家村老人会、村两委和镇驻村干部，以及乡村的诸位父老乡亲，尤其感谢一直协助、支持本项目长期研究的梅仪青一家、梅法区一家、刘创伯夫妇、【刘创侯】和郑才审、刘圣伟、刘飞、杨小吉、刘祖从、刘开对、梅照轩、刘阿联、刘克区、杨式院等诸位父老乡亲和镇村有关干部。我们诚挚感谢关注、支持本项目研究的毛丹教授、冯钢教授、郎友兴教授、赖金良教授、任强教授、钱文荣教授、周大鸣教授、景军教授、庄孔韶教授、张小军教授、高丙中教授、周星教授、梁永佳教授、任杰慧副教授、夏翠君副教授、韩敏教授、金明美教授、南裕子教授、中村圭副教授、尾崎一郎教授、郭薇副教授、徐东涛编辑和王睿责编等国内外学界同仁和浙江省社会科学联合会、浙江乡村社会史研究会、浙江大学中国农村发展研究院、浙江大学社会学系·人类学研究所、浙江大学非物质文化遗产研究中心、上海社会科学院出版社等相关机构。没有上述各方与各位的厚爱、支持与协助，本书难以如此完妥地呈示于学界与诸位读者面前。

第四稿·定稿　2022 年 4 月 16 日

---

① 先后参加该项目研究的有梅杰、张婧、褚雯莉、相丽均、崔若淋同学，其中相丽均同学参与了本书主要章节的撰写及数次修改、编辑等长达数年的著书全过程，协助导师对著作的出版做出重要贡献；研究产出以刘家村为个案研究的 2 篇师生合作的刊载论文和 3 篇学位论文（《社会学研究》刊载论文等 2 篇，参见本书第一章；1 篇本科生学位论文，2 篇硕士研究生学位论文）。

参考文献

一、田野(第一手)资料

1. 浙江省三门县刘村老人协会.刘村老人会史记(1998—2009年度).
2. 浙江省三门县刘村老人协会.刘村老人会契约书(1998—2006年度).
3. 浙江省三门县刘村老人协会.刘村老人协会会员核实登记表(1999、2004年度).
4. 浙江省三门县刘村老人协会.三门县老年人优待证登记表(2001、2004年度).
5. 浙江省三门县刘村老人协会.刘村老人协会会员统计表(2006年度).
6. 浙江省三门县刘村老人协会.刘村老人协会会员费缴纳登记(1998—2006年度).
7. 浙江省三门县刘村老人协会.刘村老人协会第四届选举表(2003年).
8. 浙江省三门县刘村.户籍册(2006年度,四册).
9. 刘创信.刘丙丁简史　少将军刘开悦(打印本,2000年).
10. 梅法区.回眸人生(个人传记式回忆录,未完手稿,2008年).
11. 三门县老龄工作委员会.三门县2008年老龄工作总结和2009年工作要点,2008-12.
12. 三门县老龄工作委员会.老龄事业"十一五"发展规划(2006—2010年)(草案),2007-9.
13. 宁海刘氏宗谱(部分,1933年重修).
14. 中门刘氏宗谱(部分,1994甲戌年重修).
15. 汝南郡梅氏三门宗谱·中门前房(昭轩房)派(部分,1997年春重修).
16. 王氏宗谱(部分,1994年重修).

村庄内源性组织与乡村治理

二、地方志

1. 三门(县)志(1942年铅印本影印件).
2. 浙江省地名志委员会.浙江省三门县地名志,1986.
3. 县志编撰委员会.三门县志.杭州:浙江人民出版社,1992.

三、学术文献

（一）著作

中文:

1. [英]阿米·吉特曼,等.结社:理论与实践[M].吴玉章,等译.上海:上海三联书店,2006.
2. [美]埃弗里特·M.罗吉斯,等.乡村社会变迁[M].王晓毅,等译.杭州:浙江人民出版社,1988.
3. [美]埃莉诺·奥斯特罗姆.公共事物的治理之道[M].余逊达,陈旭东,译.上海:上海三联书店,2000.
4. 卜长莉.社会资本与社会和谐[M].北京:社会科学文献出版社,2005.
5. [法]布迪厄.文化资本与社会炼金术——布尔迪厄访谈录[M].包亚明,译.上海:上海人民出版社,1997.
6. 曹荣湘,选编.走出囚徒困境——社会资本与制度分析[M].上海:上海三联书店,2003.
7. 陈其南.家族与社会[M].台北:联经出版社,1990.
8. 陈燕谷,汪晖.文化与公共性[M].上海:上海三联书店,2005.
9. 邓正来,J.C.亚历山大,主编.国家与社会——一种社会理论的研究路径[M].北京:中央编译出版社,2002.
10. 邓正来,主编.国家与社会——中国市民社会研究[M].成都:四川人民出版社,1997.
11. [美]杜赞奇.文化、权力与国家:1900—1942年的华北农村[M].王福明,译.南京:江苏人民出版社,2005.
12. 费孝通.江村经济——中国农民的生活[M].北京:商务印书馆,2001.
13. 费孝通.乡土中国[M].北京:北京出版社,2005.
14. 费孝通.中国绅士[M].北京:中国社会科学出版社,2006.
15. [英]弗里德曼.中国东南的宗族组织[M].刘晓春,译.上海:上海人民出版社,2000.

16. 甘满堂.村庙与社区公共生活[M].北京：社会科学文献出版社,2007.

17. 高丙中,袁瑞军,主编.中国公民社会发展蓝皮书2008[M],北京：北京大学出版社,2008.

18. [德]哈贝马斯.公共领域的结构转型[M].曹卫东,等译.上海：学林出版社,1999.

19. 韩敏.回应革命与改革：皖北李村的社会变迁与延续[M].陆益龙,徐新玉,译.南京：江苏人民出版社,2007.

20. 贺雪峰.三农中国[M].武汉：湖北人民出版社,2004.

21. 贺雪峰.乡村的前途[M].济南：山东人民出版社,2007.

22. 贺雪峰.乡村治理的社会基础：转型期乡村社会性质研究[M].北京：中国社会科学出版社,2003.

23. 贺雪峰.新乡土中国：转型期乡村社会调查笔记[M].桂林：广西师范大学出版社,2003.

24. [美]黄宗智.华北的小农经济与社会变迁[M].北京：中华书局,1986.

25. [美]黄宗智.中国乡村研究[M].北京：社会科学文献出版社,2005.

26. [美]黄宗智.中国研究的范式问题讨论[M].北京：社会科学文献出版社,2003.

27. 景军.神堂记忆：一个中国乡村的历史、权力与道德[M],福州：福建教育出版社,2013.

28. [英]拉德克利夫-布朗.社会人类学方法[M].夏建中,译.北京：华夏出版社,2002.

29. 蓝宇蕴.都市里的村庄——一个"新村社共同体"的实地研究[M].上海：上海三联书店,2005.

30. 李惠斌,杨雪冬,主编.社会资本与社会发展[M].北京：社会科学文献出版社,2000.

31. 李世众.晚清士绅与地方政治：以温州为中心的考察[M].上海：上海人民出版社,2006.

32. 李守经,邱鑫.中国农村基层社会组织体系研究[M].北京：中国农业出版社,1994.

33. 梁漱溟.乡村建设理论[M].上海：上海人民出版社,2006.

34. 林聚任.社会信任和社会资本重建[M].济南：山东人民出版社,2007.

35. [美]林南.社会资本——关于社会结构与行动的理论[M].张磊,译.上海:上海人民出版社,2005.

36. 林耀华.义序的宗族研究[M].上海:上海三联书店,2000.

37. 刘妮娜.互助型社会养老:乡土模式的理论与实践[M].北京:社会科学文献出版社,2020.

38. 刘书鹤,张同春.农村老年协会工作指南[M].北京:华龄出版社,1992.

39. 刘晓春.仪式与象征的秩序——一个客家村落的历史、权力与记忆[M].北京:商务印书馆,2003.

40. [美]罗伯特·A.达尔.多元主义民主的困境:自治与控制[M].周君华,译.长春:吉林人民出版社,2006.

41. [美]罗伯特·帕特南.使民主运转起来——现代意大利的公民传统[M].王列,赖海榕,译.南昌:江西人民出版社,2001.

42. [美]迈克尔·麦金尼斯.中心治理体制与地方公共经济[M].毛寿龙,译.上海:上海三联书店,2000.

43. [美]麦克·布洛维.公共社会学[M].沈原,译.北京:社会科学文献出版社,2007.

44. 毛丹,任强.中国农村公共领域的生长:政治社会学视野里的村民自治诸问题[M].北京:中国社会科学出版社,2006.

45. 毛丹.一个村落共同体的变迁:关于尖山下村的单位化的观察与阐释[M].上海:学林出版社,2000.

46. [日]鸟越皓之.日本社会论:家与村的社会学[M].王颉,译.北京:社会科学文献出版社,2006.

47. [印度]帕萨·达斯古普特,等编.社会资本——一个多角度的观点[M].张慧东,等译.北京:中国人民大学出版社,2005.

48. 钱杭,谢维扬.传统与转型:江西泰和农村宗族形态——一项社会人类学的研究[M].上海:上海社会科学院出版社,1995.

49. 秦晖.田园诗与狂想曲:关中模式与前近代社会的再认识[M].北京:中央编译出版社,1996.

50. 荣敬本,崔之元,等.从压力型体制向民主合作体制的转变:县乡两级政治体制改革[M].北京:中央编译出版社,1998.

51. 阮云星,等.吸纳与赋权:当代浙江、上海社会组织治理机制的经验研究[M].

杭州：浙江大学出版社,2016.

52. 阮云星,韩敏主编.政治人类学：亚洲田野与书写[M].杭州：浙江大学出版社,2011.

53. 阮云星,梁永佳,高英策,等.赛博格人类学：全球研究检视与当代范式转换[M],杭州：浙江大学出版社,2021.

54. [美]塞缪尔·P.亨廷顿.变化社会中的政治秩序[M].王冠华,刘为,译.上海：上海三联书店,1989.

55. [日]三石善吉.传统中国的内发性发展[M].余项科,译.北京：中央编译出版社,1999.

56. 唐军.蛰伏与绵延——当代华北村落家族的生长历程[M].北京：中国社会科学出版社,2001.

57. 陶庆.福街的现代"商人部落"：走出转型期社会重建的合法化危机[M].北京：社会科学文献出版社,2007.

58. 王名,刘国翰,何建宇.中国社团改革：从政府选择到社会选择[M].北京：社会科学文献出版社,2001.

59. 王名.清华发展研究报告2003：中国非政府公共部门[M].北京：清华大学出版社,2004.

60. 王铭铭.村落视野中的文化与权力——闽台三村五论[M].上海：上海三联书店,1997.

61. 王铭铭.溪村家族——社区史、仪式与地方政治[M].贵阳：贵州人民出版社,2004.

62. 王庆武,董磊明.治理方式的变革与江苏农村现代化：江苏省村民自治区域比较研究[M].北京：中国人民大学出版社,2003.

63. [英]王斯福,王铭铭,主编.乡土社会的秩序、公正与权威[M].北京：中国政法大学出版社,1997.

64. [美]威廉·A.哈维兰.文化人类学[M].瞿铁鹏,张钰,译.上海：上海社会科学院出版社,2005.

65. 吴新叶.农村基层非政府公共组织研究[M].北京：北京大学出版社,2006.

66. 肖唐镖.村治中的宗族——对九个村的调查与研究[M].上海：上海书店出版社,2001.

67. 肖唐镖.宗族、乡村权力和选举——对江西省十二个村委会选举的观察研究

[M].西安:西北大学出版社,2002.

68. 徐茂明.江南士绅与江南社会(1368—1911)[M].北京:商务印书馆,2004.

69. 徐勇.沉润在家族传统文化中的村民自治——湖南省益阳市秀村调查中国农村村民自治[M].武汉:华中师范大学出版社,1997.

70. 燕继荣.投资社会资本:政治发展的一种新维度[M].北京:北京大学出版社,2006.

71. 杨建华.经验中国:以浙江七村为个案[M].北京:社会科学文献出版社,2006.

72. 俞可平,等.中国公民社会的兴起与治理的变迁[M].北京:社会科学文献出版社,2002.

73. 俞可平.治理与善治[M].北京:社会科学文献出版社,2000.

74. 郁建兴,等.从行政推动到内源发展:中国农业农村的再出发[M].北京:北京师范大学出版社,2013.

75. [美]詹姆斯·科尔曼.社会理论的基础[M].邓方,译.北京:社会科学文献出版社,1999.

76. 张静.利益组织化单位:企业职代会个案研究[M].北京:中国社会科学出版社,2001.

77. 张静.现代公共规则与乡村社会[M].上海:上海书店出版社,2006.

78. 张静.乡村制度诸问题[M].上海:上海书店出版社,2007.

79. 张文山,等.自治权理论与自治条例研究[M].北京:法律出版社,2005.

80. 赵秀玲.村民自治通论[M].北京:中国社会科学出版社,2004.

81. 郑大华.民国乡村建设运动[M].北京:社会科学文献出版社.2000.

82. 中国社会科学院农村发展研究所组织与制度创新研究室.大变革中的乡土中国——农村组织与制度变迁研究[M].北京:社会科学文献出版社,1999.

83. 周大鸣.凤凰村的变迁:《华南的乡村生活》追踪研究[M],北京:社会科学文献出版社,2006.

84. 周建国.紧缩圈层结构论:一项中国人际关系的结构与功能分析[M].上海:上海三联书店,2005.

85. 周晓虹.传统与变迁——江浙农民的社会心理及其近代以来的嬗变[M].北京:生活·读书·新知三联书店,1998.

86. 周晓虹.现代化进程中的中国农民[M].南京:南京大学出版社,1998.

87. 庄孔韶,等. 时空穿行：中国乡村人类学世纪回访[M]. 北京：中国人民大学出版社,2004.

外文：

1. Gkartzios, M. and Lowe, P., Revisiting Neo-Endogenous Rural Development [C]//Scott, M., Gallent, N. and Gkartzios, M. eds. The Routledge Companion to Rural Planning, New York: Routledge.

2. Janet Carsten, ed. Cultures of Relatedness: New Approaches to the Study of Kinship[M], Cambridge University Press, 2000.

3. Kung-Chuan Hsiao. Rural China: Imperial Control in the Nineteenth Century[M], University of Washington Press, 1967.

4. Maurice Freedman. The Study of Chinese Society [M], Stanford University Press,1979.

5. R. Keith Schoppa. Chinese Elites and Political Change: Zhejiang Province in the Early Twentieth Century[M], Harvard University Press, 1982.

6. Ray, C. Culture Economies: A Perspective on Local Rural Development in Europe [M]. Newcastle, England: Centre for Rural Economy, University of Newcastle, 2001.

7. Sreven Vago. Social Change[M], Peking University Press,2005.

8. Szonyi, Michael A. Practicing Kinship: Lineage and Descent in Late Imperial China[M], Stanford University Press, 2002.

9. Wang Sung-hsing. The Dynamics of the Chinese Social System: Network Building without Group Solidarity[C]// Suenari Michio, J. S. Eades and Christian Daniels eds. Perspectives on Chinese Society: Anthropological Views from Japan, Centre for Social Anthropology and Computing Eliot College, University of Kent, Canterbury, 1995.

10. Yang Zhong. Local Government and Politics in China: Challenges From Below [M],M. E. Sharpe, 2003.

11. 韩敏,编. 中国の社会変化と再構築——革命の実践と表象を中心に[M]. 东京：风响社,2009.

12. [日] ジョルジュ・バランディエ(Georges Balandier). 政治人类学[M]. 中原喜一郎,译. 合同出版,1971.

13. ［日］和田清,编.支那地方自治发达史[M].东京：有斐阁,1939.
14. ［日］吉沢 南.個と共同性[M].东京：东京大学出版会,1987.
15. ［日］南裕子・閻美芳,編著.中国の「村」を問い直す―流動化する農村社会に生きる人々の論理[M].东京：明石書店,2019.
16. 潘宏立.老人会：現代における宗族の再興[C]//载于《現代东南中国の汉族社会：闽南农村の宗族组织とその変容》,东京：风響社,2002.
17. 潘宏立.中国福建省における宗族の再興——闽南地域の老人会を中心にして[C]//载于《国立民族学博物館調査報告》,国立民族学博物館,2001.
18. ［日］蒲生正男,祖父江孝男,编.文化人类学[M].东京：有斐阁,1989.
19. 阮雲星.中国の宗族と政治文化：現代「義序」郷村の政治人類学的考察[M].东京：創文社,2005.
20. ［日］上田 信.伝統中国―《盆地》《宗族》にみる明清时代[M].东京：講談社,1995.
21. ［日］宇野重昭.中国の地方自治と日本の地方自治[C]//载于宇野重昭、鹤见和子,编.内发的发展と外向型发展：现代中国における交错.东京：东京大学出版会,1994.
22. ［日］中村則弘.脱オリエンタリズムと日本における内発的発展[M].东京：东京经济情报出版社,2005.

（二）论文

1. 范可.政治人类学今昔[J].广西民族大学学报（哲学社会科学版）,2008,2.
2. 方静文.从互助行为到互助养老[J].中南民族大学学报（人文社会科学版）,2016,9.
3. 甘满堂.福建村庙酬神演戏与社区公共文化生活[J].福建省社会主义学院学报,2006,1.
4. 甘满堂.乡村草根组织与社区公共生活——以福建乡村老年协会为考察中心[J].福建行政学院福建经济管理干部学院学报,2008,1.
5. 贺雪峰.村庄精英与社区记忆——理解村庄性质的二维框架[J].社会科学辑刊,2000,4.
6. 贺雪峰.论半熟人社会——理解村委会选举的一个视角[J].政治学研究,2000,3.
7. 景军,赵芮.互助养老：来自"爱心时间银行"的启示[J].思想战线.2015

(04).

8. 赖金良."中国奇迹"背后的中国社会[J].浙江社会科学,2020,10.

9. 郎友兴.村落共同体、农民道义与中国乡村协商民主[J].浙江社会科学,2016,9.

10. 林聚任,刘翠霞.山东农村社会资本状况调查[J].开放时代,2005,4.

11. 卢晖临,李雪.如何走出个案——从个案研究到扩展个案研究[J].中国社会科学,2007,1.

12. 卢晖临.老人会的故事[J].中国改革(农村版),2004,4.

13. 罗兴佐.论民间组织在村庄治理中的参与及后果——对浙江省先锋村村治过程的初步分析[J].中国农村观察,2003,5.

14. 毛丹.村公共场域与村际公共场域[J].中国社会科学文摘,2003,3.

15. 毛丹.村庄的大转型[J].浙江社会科学,2008,10.

16. [日]米村千代.首藤明和·王向華,編.「日本と中国の家族制度研究」(風響社.2019)[J].社会学評論.70(4):432-433.

17. 秦晖."大共同体本位"与传统中国社会——兼论中国走向公民社会之路[C]//传统十论.上海:复旦大学出版社,2003:61-126.

18. 任杰慧.把"无缘"变"有缘":中国农村养老模式研究[J].西南民族大学学报(人文社会科学版),2018(07).

19. 阮云星,崔若淋.类民族志范式:多点、共谋与"根状茎"[J].广西民族大学学报(哲学社会科学版),2020,1.

20. 阮云星,张婧."村民自治"的自组织资源何以可能?[J].社会学研究,2009,3.

21. 阮云星.义序调查的学术心路[J].广西民族学院学报(哲学社会科学版),2004,1.

22. 阮云星.宗族风土的地域与心性:近世福建义序黄氏的历史人类学考察[J].中国社会历史评论,2008,9.

23. 阮云星.宗族研究中的"义序"与"义序研究"中的宗族[J].福建论坛(人文社会科学版).2001,3.

24. 谭同学.老年人协会、村庄生活与民族精神——乡村建设视野中民族精神的培育与弘扬[J].华中师范大学学报(人文社会科学版),2006,2.

25. 王宁.代表性还是典型性?——个案的属性与个案研究方法的逻辑基础[J].社会学研究,2005,2.

26. 王习明. 乡村治理中的老人福利[D]. 武汉：华中师范大学,2006.

27. 吴思红. 农村利益群体的演变及行为方式[J]. 经济社会体制比较,2003,4.

28. 徐勇. 村干部的双重角色：代理人与当家人[J]. 二十一世纪,1997,8.

29. 徐勇. 村民自治的成长：行政放权与社会发育——1990年代后期以来中国村民自治发展进程的反思[J]. 华中师范大学学报(人文社会科学版),2005,3.

30. 许良鑫. 天台县洪畴镇老人协会年会巡礼[J]. 合作经济与科技,2004,2.

31. 杨汇泉. 徽州民间组织的建构与乡村治理——基于湖坦、昆溪两村老年协会的比较研究[D]. 合肥：安徽大学,2007.

32. 郁建兴. "三治融合"的持续创新与推广[N]. 光明日报,2020-11-7(11).

33. 张小军. 再造宗族：福建阳村宗族"复兴"的研究[D]. 香港：香港中文大学,1979.

四、其他文献资料(包括网络文献①)

1. 中华人民共和国老年人权益保障法. 1996-8-29. http://www.mca.gov.cn/article/gk/fg/ylfw/202002/20200200024078.shtml

2. 浙江省实施《中华人民共和国老年人权益保障法》办法. 2001-4-19. http://qzly.zjzwfw.gov.cn/art/2014/7/9/art_44216_7232.html

3. 全国老龄工作委员会. 中国老龄事业发展状况. 2005-1-28. http://www.cnca.org.cn

4. 村民委员会组织法. http://baike.baidu.com/link?url=W05-gKm3LU3tzY14Yix5azXhbJaM76AoDmywcYI8ir4_uITjOns4xajHBWhCzonGR1StgRTk_D72J_4wV2ZOma

5. 联合国大会第二次老龄问题世界大会政治宣言. https://www.un.org/zh/documents/treaty/files/A-CONF-197-9.shtml

6. 浙江省基层老年人协会组织通则. http://www.zhikuyanglao.com:8000/news_show.php?id=3120

7. 浙江省老龄事业发展"十二五"规划. http://mzt.zj.gov.cn/art/2020/8/4/art_1229262777_2169398.html

8. 中共中央关于制定国民经济和社会发展第十四个五年规划和二〇三五年远景

---

① 交付出版时再次核查网络文献链接,发现第2、10、11、12的链接已失效,搜索网络也没有其他有效的链接,故留原网址。

目标的建议. http://www. gov. cn/zhengce/2020-11/03/content_5556991. htm

9. 浙江省人口普查课题组. 浙江省人口老龄化与养老保障制度问题探讨. 浙江省统计局,2003-1.

10. "中国新乡村建设丛书"出版座谈会(发言速记). 乡村建设与县域发展论坛,http://rcc. zjnu. net. cn/admin/view. asp? newsid=1483,2005-1-18

11. 王培暄,毛维准. 宗族竞争下的村治模式探索———以山东省中东部 XL 村为调查对象[EB/OL]. http://www. 360doc. com/content/11/1127/12/803452_167717224. shtml

12. 仝志辉. 论村民自治的多样化组织建设阶段的到来[EB/OL]. http://www. snzg. net/article/2006/1106/article_1115. html

13. 何慧丽. 老年人协会——农村社群文化的表达,兰考农民合作社的总体情况的报告,兰考县南马庄农民合作组织探索的实质意义,好媳妇、好儿子的涌现与老年人协会的发展,"文化本位"的新农村建设[EB/OL]. 三农中国网学者文集,http://www. snzg. cn/member1/member. php? username=何慧丽

14. 贺雪峰. 荆门调查随笔等[EB/OL]. 三农中国网学者文集,http://www. snzg. cn/member1/member. php? username=贺雪峰

15. 王习明. 户族、庙会与老人——以陕西武功县新庄村为个案,湖南岳阳调查笔记,洪湖老人协会调查笔记,赣南调查笔记等[EB/OL]. 三农中国网学者文集,http://www. snzg. cn/member1/member. php? username=王习明

16. 罗兴佐. 论村庄治理中的民间组织——以浙江先锋村为个案,资源输入、村庄结构与合作困境:实验五村案例研究,荆门实验调查纪事[EB/OL]. 三农中国网学者文集,http://www. snzg. cn/member1/member. php? username=罗兴佐

17. 申端锋. 从 NGO 视角看洪湖渔场老年人协会,农村老年人协会的性质,农民合作的想象与现实[EB/OL]. 三农中国网学者文集,http://www. snzg. cn/member1/member. php? username=%C9%EA%B6%CB%B7%E6

18. Michael Burawoy. The Extended Case Method[EB/OL]. http://burawoy. berkeley. edu/Books/Unbound/ECM. pdf

附　录

附录 1

刘村回访田野报告(2016、2019)

崔若淋

在一次学术交流中,阮老师的刘村老年协会研究引起了清华大学互助养老项目负责人景军老师的关注,在该项目的支持下,阮云星、任杰慧、崔若淋于 2016 年 12 月 20 日至 22 日,再访刘村,展开了以互助养老为主题、为期 2 天的田野调查。彼时正是冬至,刘村将举行"申遗"成功后的首个祭冬仪式①。带着考察仪式与互助养老两个调查议题,我们走访了 10 个考察点,访谈共计 18 人,并对碑文、宣传标语、贴墙资料、相关书籍、网络资料等进行了收集整理。

2019 年 3 月 24 日至 25 日,在另一个东亚民俗文化项目②的支持下,阮云星、金明美与崔若淋再次进入刘村考察。本文即为这两次田野调查的回访报告。

一、祭冬中的传统活力:"世遗"、刘村梅长者祠仪式与长老 MFQ(2016 年冬)

2016 年 12 月 20 日下午,我们一行三人乘坐动车 D3135 从杭州市到达三门县。MFQ 热情安排了村民开车来接站。十多分钟后,车停在了镇上繁华地段预定

---

① 2016 年 11 月 30 日,"二十四节气"被列入了联合国教科文组织人类非物质文化遗产名录。冬至是二十四节气之一,仪式包括"祭天、拜祖、祝寿"及相关的民俗、饮食文化,传递着"迎接新年、庆贺丰收、感恩尽孝"之意。三门祭冬位列国家级非物质文化遗产代表性项目名录 X - 68,是"农历二十四节气"的拓展项目,冬至节气民俗活动的代表。三门祭冬历史悠久,颇具地方特色,尤以 TP 镇 YJ 村、HY 镇 SK 村与 JT 镇 XP 村宗族祭冬规模最大、程式最完整、传承最完好。TP 镇政府充分利用三门祭冬民俗与二十四节气世界非物质文化遗产关联,文化搭台推动文化遗产旅游经济的发展,乡村"宗族"等民间组织也积极利用此合法性资源举办各种民俗文化活动。(参阅《三门祭冬:一场流传了 700 年的文化盛宴》,http://www.taizhou.com.cn/wenhua/2016 - 12/07/content_3267260.htm;《三门祭冬》,https://www.ihchina.cn/solarname_details/50.html。)
② 该项目由日本静冈大学金明美教授负责,内容涉及对东亚基层民俗文化源流的考察,本次调研在阮老师的协助下,金教授走访了浙江省的青田、三门等地。

村庄内源性组织与乡村治理

入住的旅店前,对面是新建的三层农贸市场,路上人群熙熙攘攘。周边的旅店虽多,但此时却无一间空房。原来,祭冬仪式吸引了全国各地的宗亲、媒体人士等前来参与或观看。于是我们便上了车直奔刘村,成全了我们几个人类学研究者驻村的愿望。进村的公路两侧便可见祭冬宣传,类似的标语一直延续至刘村中——"热烈欢迎天台宗亲莅临祖地祭宗","热烈庆祝梅长者祠祭冬列入世界非物质文化遗产",气氛浓厚。一路上,师傅跟我们唠着家常,比如三门最近的发展、县城房价,等等。谈到三门祭冬"申遗"成功的话题,他更是兴奋至极,滔滔不绝。快到刘村,师傅又声情并茂地讲起了刘、梅两姓之间长久以来的逸闻传说,以及铁场村的仗义相助①。看得出他对家乡的归属感与身份认同。

不久,到达刘村,谢过师傅后我们拖着简单的行李去往借宿的 LAL 家。故地重访,阮老师一路上与往来的老人家打招呼,清晰地叫出对方的名字,尽管我听不懂当地的方言,但看得到老人家们脸上挂满了"遇故知"的喜悦。遇到一个老人家时,阮老师还掏出了专门为他准备的伤筋膏药,向他解释着用法。人类学家"扎根之深"在这几步路上展现得淋漓尽致。穿过几个胡同,阮老师带我们找到了目的地。LAL 夫妻俩迎接我们进门,院落不大,挂着刚洗过的衣服。我们被安排在二楼,看得出是刚打扫过的,被褥饱含"阳光的味道"。时间紧迫,未来得及过多交流,放下行李,我们就前去找 MFQ——他在梅长者祠为明天的仪式做最后的筹备和审查。

梅长者祠供奉的是晋朝时期辞官隐居在该地域的始迁祖,每两年举行一次大型的祭冬仪式。该祠堂始建于宋嘉祐年间丹邱寺前,明天启年间迁至此地,清乾隆年间将其朝向重修为坐西向东,面朝金溪,紧邻乌鲸潭,"门前得水"。1992 年,随着村里经济条件的改善,"万元户"增多,供奉的香火也多起来,但却意外引发了火灾。于是,各村集资重建,大修三年有余,1998 年竣工。祠堂的红墙在白灰色民居中显得格外突出,象征着梅氏宗族的地位,彰显着宗族传统的活力。祠堂门前是两溪汇合之处,从对岸看祠堂,可见外影壁上书一个"儒"字。旁边的旗杆石还刻着始迁祖梅盛"公元 399—408 任章安令"的记录。正门口竖着红色革命文化 TP 起义集聚地的纪念石碑。这些记录诉说着这一公共空间从古至今一直发挥的凝聚作用。阎云翔曾描述他所在田野点的公共空间从生产大队迁移到村内商店,空

---

① 详见第三章中的刘村的历史、社会和文化。

附录1 刘村回访田野报告(2016、2019)

间参与成员也从"白爪子"过渡到普通村民的过程①。正式、非正式空间的改变见证了社会、时代的变迁和人们生活方式的变化。梅长者祠是传统意义上的重要空间,在"非遗"传承的大背景下,再次焕发活力。同时,它也是红色革命文化的研学教育传承点。传统与现代,国家规划与村民诉求,在这一小小的空间内联结。祭冬仪式分为室外祭天、室内拜祖、祝寿两部分。室外,外影壁前搭起了一个祭台,上铺红地毯,周围竖起了大大小小几面旗帜,黄底红字,写着"祈天申报台""祭冬台""祭天台"以及"风调雨顺""国泰民安"等吉祥话。MFQ从祠堂中走出来,与阮老师彼此问候,我们也向MFQ问好。据阮老师说,梅长者祠的大门平时都是紧锁的,此前两次入内都是走边门;这次适逢祭冬大典,开祠堂门,来者方可从大门入内。我们随MFQ一起参观祠堂。大门里外张灯结彩,挂满了红灯笼,祠堂内里包括大殿、戏台、双层的两厢及门廊等,此时挤满了前来筹备、参观的人们。正厅已铺好红地毯,摆好祭台,桌布上印着"祭冬大吉",祭台上摆放着丰富的祭品,有小麦、水稻、蚕豆的茎叶,寓意风调雨顺、五谷丰登,还摆放着象征丁财两旺的铁钉和人民币,以及十二生肖工艺品,挂红带彩的全猪、全羊献牲等。"宗祠是列祖列宗灵魂寄宿的地方、宗族积聚之地,起着凝聚族人的作用,也是族庆之所",MFQ还介绍说,远近的不少村庄中都有祠堂,但刘村梅长者祠供奉的是浙江三门梅氏的始迁祖,因此格外重要。祠堂每根柱子上都贴着"梅发千枝根共本,江水万派流同源""丹心昭日月,忠义炳千秋"等祭祖及宗族文化传承内容的新对联。屋顶还挂着长长的条幅"遇圣朝风调雨顺,国泰民安,改革开放,如日中天,重振祖国雄风;愿梅氏家和族旺,子孝孙贤,扶贫济危,明德重义,弘扬民族传统"。檐下正中,悬着"思凤堂",旁边有宋代李清照外祖父王拱辰撰写的《思凤楼记》及明代方孝孺的《祠堂碑》,记录着灵鸟丹凤降于儒释道三修的梅盛之座隅,登门拜访者络绎不绝,而他淡然处之的故事。正厅的中央供奉着的就是身着清朝官服的梅长者。MFQ说衣服穿错了,准备换掉。但我以为官服并不是处于乱世的梅长者本人所期望的,却是宗族兴旺的象征。背景可见两只凤凰游飞在印有"梅"字的梅花周围,墙上贴着"章安仁政济万民,儒释双修开百卉"。大殿两侧有对梅长者和梅氏的文字介绍及待供奉的烛台。

返程途中经过了刘将军创办的GH中学遗址②。在村委会办公室搬离之后,

---

① 阎云翔.中国社会的个体化[M].陆洋,等译.上海:上海译文出版社,2012.
② 原ZM乡小学和村委会办公地。

村庄内源性组织与乡村治理

与几年前师兄师姐们看到的景象不同,院内长满了杂草,墙壁斑驳,院门上悬"刘氏家庙"旧牌匾,门上原有的字迹已模糊不可辨。门旁的院墙上挂着一个"三门县文物保护点"的牌子,是县政府于2014年9月17日立制的。尽管遗址看起来年久未有维护,但仍发挥着象征凝聚的力量。路过的村民们说起这所中学神采奕奕,理事们也骄傲地提起本村重视文化教育的传统,尤民国以降刘村办教育声誉颇高,每每提及给人一种"书香门第"的自豪感。这背后仍是村民们对刘村强烈的归属感、认同感,也是传统宗族文化的凝聚力。

第二天清晨6点起床,便闻到LAL夫人做的早饭香。正值冬至,我们品尝了当地人的特色食物冬至圆子、麦焦①,十分美味。饭后,我们便赶往梅长者祠。在路上听到震天的爆竹声,于是我们加快了脚步。梅长者祠已经聚集了很多人,正门口水泄不通。MFQ说祭冬就是祭祖,之前是凌晨三点开始,现在要照顾外地赶来的宗亲,改到了七点钟。祭天仪式上,人们先烧香祈天,礼成后,来到正厅,一些身着清代服饰的长者一个个献供祭品。接着,一些梅氏(老人为主)宗亲相继在MFQ的主持下依次跪拜祭祖。仪式结束之后,戏班子上戏台清秀(做戏,表达祝贺)。我在现场注意到售卖供奉蜡烛的老年妇女,仪式快结束时,她的两个手心已因递送商品而被染成了红色。正厅两侧的烛台已被插满,地上也有很多大的蜡烛,祠堂内香火很旺。MFQ昨天还谈到祭祖的传承意义:"做样子也是希望下一代来学习。就是要重视这个东西,尊祖敬宗。现在习近平也讲民俗文化,为什么要讲呢,包括我们姓梅的,全国各地尊祖敬宗这个风气很浓,现在聚会、祭祖、挖掘世俗文化,就是为了教育下一代,一定要尊祖敬宗,这也是一种道德教育。"从参与者来看,老人更怀崇敬之心,认真观看并按照流程主动参与,而年轻人普遍带有看热闹的心情,随意走动,甚至在仪式进行中于台上驻足拍照发朋友圈,表情也满是兴奋和喜悦——祭冬仪式对很多人来说只是"新鲜(虽然传统)""有趣",用来炫耀的"秀"场。整个仪式结束后,各个梅氏宗亲前往安排好的地点吃饭。祭冬仪式费用约十万元,由村、企业、乐捐者个人等多方出资。参加祭祖的梅氏本支系宗亲主要来自台州地区各地(三门县、台州市、天台县、临海县),以本地和天台宗亲为主。中午根据梅氏的安排,我们到村东的板村(梅氏主姓村)梅氏祠堂·老年协会午餐,菜品丰富。回村途中见驶过的每辆车都贴有编号,组织有序。跨村际的活动

---

① 冬至圆子类似汤圆,鸭蛋般大小,馅为红豆沙、外裹炒黄豆粉和砂糖等干吃;麦焦则是用盘子大小的春饼卷炒粉、豆芽、胡萝卜丝、肉片、咸菜等的当地"手卷"。

附录1 刘村回访田野报告(2016、2019)

在 MFQ 等宗族成员的主导下进行,包括梅氏的官员、企业家,尽管可能动机不同,但同样显示了传统宗族的网络状活力。

在梅氏祭冬仪式中,我曾走出祠堂,发现刘姓的老人并未过多参与,一些老人在梅长者祠门前,即小店前,坐着抽着烟,也有一些聚集在刘老会门口,也就是梅长者祠后门的空地上。仪式的正式与非正式空间就在这祠堂前后方寸之地按姓氏分布着。梅长者祠对一部分人开放的同时,也"拒绝"了一部分人的进入,正如刘老会虽然从内聚走向了开放,但村内的留守妇女儿童仍不会常常到访,而梅长者祠更是一种"节日性开放"的公共空间。大门敞开,却仍有一道无形的门营造着神秘感和难以接近感,向门外人,即外姓人,显示自身的威严和力量。正观察着,LSF 老先生拉我去看了刘氏宗祠。走过金溪乌鲸潭边的小桥,钻过一个门道,就从西侧小门来到了目的地。祠堂坦地宽阔,但祭坛较小,这里曾是老年协会的院落。堂前几丝烛光映着刘氏宗亲早上匆匆祭拜过的痕迹,祠堂右边的小房间是娘娘庙——当地民间信仰。祭堂两侧还留有昔日的刘老会通知。院内的一排房子已变成了杂物室。透过窗户,看到政府资助的崭新的健身器材以及上了锁的新电视机,这些并未投入使用,不知是不便管理还是与老年人兴趣相悖。西厢及二楼的一间间房子则被租给几个加工厂,有些本地老人也在此劳作。从朝南的大门走出,看到1920年书写制作、1994年修制的刘氏宗祠匾额。尽管曾在2007年修缮,整个祠堂素朴无彩色调,显得陈旧灰暗,与热闹、浓彩气派的梅长者祠形成鲜明对比。村里人埋怨说:"都怪现在的村主任、支委不作为,村主任在县里做门窗,支委在家里,都不管村子,宗祠年久失修","下次选举要换个负责任的,把村建搞上去"。这种"不服"暗含着梅、刘两姓长久以来的攀比心理,也显示着两姓地位出现的新变化。传统社会,一方面充斥着官本位等级秩序,另一方面人们以家族、宗族为核心展开生产生活。梅长者是儒释道三修的退隐官员,受人敬仰,迁居于此之后家族逐渐开枝散叶,成为 ZM 区域的大姓,人口众多;原本势单力薄的刘姓因近代当上将军的 LYG 而"扬眉吐气",威胁到了梅氏的绝对权威地位,自此梅、刘两姓纠葛不断[1]。改革开放之后,阶级秩序退隐,市场力量上升[2],但从刘村村两委及刘老会组织核心成员的变迁可以观察到,传统的乡绅、官本位、宗族思想以及集体化时代的公共精神仍在发挥着作用,影响着人们在村中的地位。笔者从2016年

---

[1] 详见第三章。
[2] 阎云翔.中国社会的个体化[M].陆洋,等译.上海:上海译文出版社,2012:35.

村庄内源性组织与乡村治理

的田野可以观察到 MFQ 在村中占有两者叠加的重要位置。

祠堂参观完毕,师生三人便到 MFQ 家走访。MFQ,2011 年开始进入刘老会核心群,参与事务管理,目前是刘老会的核心人物,也是本次田野的关键报道人。拐进他家所在的胡同,略显冷寂,一排房子中只有他家居住频率较高,而他平时也多住在县里照看新出生的孙女,只是最近为祭祖之事而常往返于县城与刘村。随 MFQ 走上二楼,一些房间堆积了杂物和厚厚的尘土,卧室里虽整整齐齐,却还放着夏日的凉席。走到最里面,是 MFQ 的卧室加书房,床上随性放置的被褥也表明了女主人不在家(在县里照看新出生的孙女)的讯息,旁边的书架满满当当,一整排三门、梅氏的书籍尤其引人注目。据 MFQ 介绍,他已把这些书翻过好几遍,内容都烂熟于心。旁边的桌台摆放着文房四宝。MFQ 也是当地有名的书法家,刘老会等处的对联皆出自他之手,书桌旁还摆放着一幅北京书法家进行交流的作品。桌台上一个写有"梅"字的盘子装饰格外抢眼,看得出 MFQ 对自身宗族身份强烈的认同感。房间的陈列也可以让人想象到 MFQ 整日忘我操劳的身影。他曾任小学校长,也是成功的民营企业家,每月收入过万。目前,他每月约有 7 000 元退休金,全身心投入公共事业:编纂县志和全国梅氏宗谱等,参与红色文化宣讲工作,任刘老会名誉会长并担当村里的"先生",如帮村民挑良辰吉日、起名、主持仪式、撰写祭祖祭文等。这些工作基本无报酬。MFQ 介绍了刘村老人情况,有关农村集体经济的历史和发展,以及刘老会的工作。我们也与 MFQ 共同讨论了世界各地的养老问题及经验,听得出 MFQ 知多识广,见解又很接地气,同时,从他的工作和谈吐中看得出对宗族、家乡的强烈认同感和使命感。当采访到其他老年协会成员对理事的看法时,他们颇为认同和赞赏,"现在以 MFQ 为主,人好、能干、有才"。外源来看,老会长不佳的身体状况为后人提供展露机会,国家对"非遗"的重视也抬高了村中"文化人"的地位,于是自身经济、政治、文化资本雄厚又拥有公共精神的 MFQ 自然走上了刘村的舞台中央。这样的地位红利,MFQ 选择与他的亲家 LAL 共享——LAL2015 年开始进入刘老会核心团队,2018 年当选会长。学者阎云翔观察到,农村一系列改革之后,人们更愿意与妻子为中心的姐夫、妹夫进行合作①。本例中,MFQ 将利益带给了自己儿媳家中同辈的 LAL,除了阎云翔认为的"没有内在的利益冲突",笔者认为,或许还与当今人们不再凡事都以宗族为单位展开社会交往,而是以个人的成就论英雄有关。自弗里德曼开启对中国宗族的功能主义研究以

---

① 阎云翔.中国社会的个体化[M].陆洋,等译.上海:上海译文出版社,2012.

附录1 刘村回访田野报告(2016、2019)

来,研究者多以实用主义视角将宗族视为工具——也正是本次田野所看到的——国家从政策层面鼓励继承传统,又立足当下、联系实际、发扬新时代精神;梅氏成员团结宗亲,链接起社会网络,提高关乎个人及家人前途的社会资本;从传统意义来看,人们缅怀告慰先人(或将其看作神灵),也有保佑自己、子孙的愿望。而在MFQ身上,我更看到发自内心的对梅姓的深深认同感,仍有对传统宗族文化的热爱。他近十年尽心竭力从事重修三门梅氏宗谱等地方传统文化振兴和老人会工作,他在重修谱序中写道:"奈予笔秃言不尽意,但为贺我梅氏宗谱告竣,必将肇后人追根溯源,发扬光大著,使本支源流历亿千百万而不废,永称冠盖之族,必以宁和梅氏始矣!是故予虽不才,乐为之序。"他仍有淳朴的家族思想,重视文化传承。在个体化进程之中,人们有更多的选择,有更多的追求,将其行为简单作工具化理解,似乎流失掉了MFQ骨子里发出的那份热爱的纯粹。它源于传统,源于经历,更是个体的选择。可以看到,传统与现代、社会与个体、圣与俗、衰退与活力交织在这感恩天地、祭拜先祖的祭冬仪式之中。

二、传统中的现代性:女性老人的生活选择(2019年春)

纵观十年田野,女性被提及情况较少,主要集中在以下三个方面:LNY和LAF担任村级组织职务;刘氏将当代族中女性(女儿)记入宗谱;刘老会对女性会员的优待。波伏娃在《第二性》中指出女性在男权社会中是男性的"他者",被天然地边缘化、特殊化。在刘村,女性被提拔为副会长、村委员,有名无实,只是依照国家组织制度"仿制"出来的"象征头衔"和"吉祥物"。刘老会的女性会员占有更大比例,但参与度却较男性低很多。从近两次的考察来看,男性主导的公共空间内罕见女性老人的身影。那么,刘村的女性去哪儿了?她们与男性公共空间上的分离是否是男权压迫或是其他制度结构性的结果?

从2016及2019年两次田野的观察来看,女性大部分时间仍在室内,或做家务或从事报酬性劳动。她们在自家院子洗衣服、做饭,在刘老会餐厅劳作,在家门口或工作间从事草扇、草帽编织等传统手工业,晚近还从事(塑胶)藤椅、藤床的手工加工,彩灯、外贸出口工艺品制作等。报酬每天30元左右,也有一些可达50—60元。无论是有报酬,还是无偿,都可看出刘村老年女性"停不下来"的身影。刘老会的男性理事们也反映:女性"闲着的人很少","没事就赚点钱"。

尽管身为女性研究者,但我与女性老人仍未能得到充分的沟通。她们觉得自己"没什么好被访谈的"。LNY是个典型代表,她被选为副会长,但呈现出的仍是

村庄内源性组织与乡村治理

一个"安分守己、唯唯诺诺"的农村老年女性形象。乍一看,刘村的老年女性仍然是传统意义上的农村妇女,他们常常留在家中做着经年来妇女们都在做的家务劳动。这样的文化在当今社会仍具有一定的"惯性",但主导这种文化惯习的男尊女卑思想似乎站不住脚。从集体化时代开始,"妇女能顶半边天"的口号传播到全国各地,马克思主义女性学提倡的家务劳动社会化也将妇女从传统家庭主义中解放出来。从刘村制度安排、男性对女性的评价、政策上看,男性在一定程度上思想开通,男女平等观念深入人心。他们对文化传统展开一系列适应性变化,给予女性职务、名分,号召更多女性参与村庄事务及娱乐活动。但这也验证了主导这个村子的仍是男性主体。波伏娃认为,解决问题的关键是女性自己。刘村的女性老人囿于过往制度性宗族时代等原因并未受到良好的教育,仍有很多老人不识字、不会算数。缺乏教育、鲜有机会离开乡村接触其他文化,导致她们仿照自己上一辈人的模式继续生活。市场化改革也进一步将家庭私域化①,女性被迫再次嵌入家庭家务体系之中。从这个意义上说,她们不是生而女性,而是被文化规训为社会性别之女性,她们不仅受到了男权社会的外在性压迫,更有甚者则是受宗族等传统文化之规训、"自觉"地自我控制、自我约束以符合社会规范。

另一方面,女性的有偿工作却是革命性的。社会主义革命时期有农村的工分制、城市女职工的职业劳动。改革开放之后,市场化浪潮席卷中国大地,人们不再仅仅依靠家族、宗族力量,而是利用知识、技能在社会中谋求一席之位,获取生活资源,满足基本生活以至追求更高层次的需要。村内一部分男性老人进城务工,而女性也逐渐独立起来,主动承担起更多"养家糊口"的责任。与经受过城市劳动力市场洗礼的男性不同,女性没有退休的概念,她们仍像做家务一样保持着工作的持续性。

"闲不下来"的妇女们很少像男性老人一样去公共空间休闲娱乐或打趣闲聊,那么她们是否也需要文化生活?这在2019年针对民俗空间的走访中找到了答案。鉴于本次金教授的项目需要,我们走访了周边的众多庙宇。田野这天,是农历二月十九观世音菩萨诞生纪念日,佛教庙宇会举行观音诞法会。刘村很多女性老人到附近的各个庙宇中活动:她们一起折纸钱、祭拜、做饭。村内甚至有一名女性老人曾东奔西走筹集庙宇建设及民间信仰活动经费。走访中我们观察到一个非常

---

① 宋少鹏."回家"还是"被回家"?——市场化过程中"妇女回家"讨论与中国社会意识形态转型[J].妇女研究论丛,2011(04):5-12,26.

典型的场景:一座庙宇内设有棋牌室,一边妇女们在虔诚地举行法会,一边男性老人在室内打麻将。可见不同社会性别老人有着不同的精神文化需求。老年妇女的这份精神追求源于传统宗族与民间信仰文化的张力,虽经五四运动、现代化取向的社会主义革命和建设之洗礼,传统文化已总体式微,但仍在民间留存。晚近的"非遗"保护及传统文化复兴运动,一定意义上再"赋权"(合法性)了传统文化,老年男性热衷宗族文化,老年女性则借助民间信仰来安顿日常生活中难以排解的问题,并寻找人生存在的意义。

总的来说,老年女性受到传统与现代化、制度与文化的共同影响。在激进女性主义视角看来,她们仍然受到结构性压迫,自我意识并未完全觉醒。这也正是"个体化"论所批判的,人们在有关制度、消费主义影响下被迫地"以从众的方式追求自己的生活"①。但也需要看到在这样的社会背景下,刘村妇女相对于传统女性的变化。她们在自我认知的构型下,针对自身的诉求来选择自己的生活方式,包括精神生活。两种社会性别本身存在多样性和差异性,他们一定程度上的自主选择,或许体现了时代的平等意识以及个体化特征。从这个意义来看,民间信仰和宗族文化也只是现代农村社会多元文化的部分支脉,它们源于传统,却在现代社会延续并焕发着新的活力。

三、"公共性""个体化"与"行政化"之张力:自治老人会兴衰之表里(2016年冬及2019年春)

从以上讨论可以看出,刘村同时展现了传统和现代的特征。传统社会中,个人服从宗族制度安排,个体只是"祖先和后代之间的一个临时点"②,个人是某家族的;进入乡村集体化时代,人们部分从父权机构中脱嵌,女性的(平等)解放尤为明显,然又嵌入社会主义大家庭中,个人归属于某单位或大队。改革开放之后,人们逐渐与市场化联系起来,流动性加强,受到新制度和文化的影响,个体化现象("我就是我,是颜色不一样的烟火")出现。从刘村的案例来看,传统乡绅与宗族文化、民间信仰与市场化、现代管理模式并存,这些不同的因素、文化源流汇聚于刘村,散发着当代的文化异彩,因此笔者也更愿意将这些理解为当前的多元文化,

---

① 阎云翔."为自己而活"抑或"自己的活法"——中国个体化命题本土化再思考[J].探索与争鸣,2021(10):46-59,177-178.
② 阎云翔.中国社会的个体化[M].陆洋,等译.上海:上海译文出版社,2012:334.

村庄内源性组织与乡村治理

个体在制度及文化约束下,仍可自由选择"自己的活法"①,男性选择传统和现代的精神文化空间,女性选择女性主义下的精神文化空间;生活上不再以老为尊,城市回乡的一个老人选择戴上假发来显示年轻;自由的时间、空间、身体任由自己选择,有的老人继续工作,有的老人专注于宗谱编纂,有的老人选择进城帮忙照顾子孙,也有的分时段选择不同的生活方式。当代个体具有自由选择权的同时,时代、制度也强迫个体为自己负责。在全球化等因素的影响下,世界已逐步迈入风险社会,尤其在后工业时代,越来越多的地区和人牵扯其中,刘村自然也不能置身事外。从该视角看,国家推进市场化改革,集体化时代的均平逐渐消失,社会流动性减弱,压缩式人口转变进一步加剧了未来人口老龄化的趋势②。农村面临的空巢化及中国农村公共事务治理失灵、市场失灵和社会失灵③问题愈加严重。个体当如何自处? 在刘村,具有公共精神及不同能力的个体以集体的方式——自组织来承担起对自己及他人的义务,以应对生活的不确定性及面临的诸多挑战。

2016年冬,我第一次来到了师门团队追踪调研多年的刘老会。大门左侧挂着"三门县ZM乡刘村老人协会"的牌子,门口对联"奋发图强承祖业,心善积德保家声"④,横批"紫气东来"。旁边挂着三门县选举公告等。门外有一排石凳,日常很多老人会坐在这里。我们驻足观看,石凳旁不远处有个气派的坊门,这一带民国时期为刘将军府邸,门联有书"忠孝作家箴文武一门辉棣萼,诗书传世宝经营百福荫兰荪",上面嵌石刻"上将第"牌匾,再上一大红福字。走进弄门,回望大门的屋檐,墙上还画着福禄寿三星,寄托着人们的美好愿望。折回刘老会,进门可见两层的院落。一层是主要活动区,设有棋牌室、图书馆、电视观看房以及办公室、理发室。两间棋牌室已被打麻将的老人们坐满,但仍然不够用,门口还各摆了一张桌子,一张被用来打麻将,另一张被用来下象棋,周围还有些围观的老人。理发室门上标注着理发时间和理发师电话。旁边的黑板上写着"庆祝第29个老年节,祝全体老年人健康长寿"⑤,字迹还较新。图书阅览室使用率相比之下就低了很多,书

---

① 阎云翔.为自己而活"抑或"自己的活法"——中国个体化命题本土化再思考[J].探索与争鸣,2021(10):46-59,177-178.
② 胡益颠.被"压缩"的青年:个体化和主妇化背后家庭主义观念的一致性[J].中国青年研究,2021(09):71-78.
③ 王亚华,高瑞,孟庆国.中国农村公共事务治理的危机与响应[J].清华大学学报(哲学社会科学版),2016,31(02):23-29,195.
④ 最后一字已模糊不清,估计是"声"字——笔者注。
⑤ 2016年10月9日重阳节,是第29个老人节。

附录1 刘村回访田野报告(2016、2019)

本、杂志的摆放也杂乱了些。值得注意的是,每个房间内都贴着该房间、物资的使用规章制度等,还有刘老会组织机构示意图、服务示意图,据说这些都出自现任会长 LCB 之手。院内还有很多通知和公告,包括防邪教宣传、秋冬季呼吸道传染病防治、餐具餐厅预订、高龄榜(2015 年)以及刘村老人会账务月结公布(2016 年 10 月 30 日)等。与之前调查进行对比,村政公告贴于村民来往更多的院外,目标群体为整个村民,院内则为刘老会信息、卫生告示、邪教警示,针对刘老会成员及老人群体,刘老会的角色可能存在一定程度的变化。走上闲置的二楼,还可见房梁上的过往年代的印记——"实行计划生育是宪法规定的公民义务——三门县计生委"。在一堆杂物中,还放着 20 世纪 90 年代县人民武装部颁发的奖状,这都是前乡办公地点的见证,与之前田野所见不同,目前二楼处于闲置状态。从西北角的另一个楼梯下楼,便是餐厅。门口标着"TP 镇刘村文化俱乐部",空间很大,看起来可以容纳十几张大圆桌。墙上贴着所有会员的照片。餐厅洁净,已摆放好饮料。走进厨房,几名妇女正在烧我们的晚饭。厨房厨具、餐具丰富,摆放整齐,看得出刘老会的餐厅业务之成熟。晚饭丰盛,各式食材很新鲜。聚餐时,大家相谈甚欢,虽然很多方言无法听懂,但是欢快的气氛也感染了我。

第二天午后突降雷阵雨,按当地人的说法,"冬至迎春",十分吉利。迎着万里碧空,我们来到了 LCB 家。会长 LCB①,乡绅后代,现代乡贤。目前协会的规章制度多出自他之手,清晰、规范。他的夫人身体不太好,不过仍在做藤床编织的工作,见到我们来,还放下活计,专程做了热腾甜美的荔枝干桂圆干汤来招待。LCB 讲了很多村中养老、刘老会发展问题。尽管他已年近古稀,还要常在家照顾夫人,但一直心系刘老会、刘村的发展。

晚上,我们聚集在刘老会的办公室,与 LCH②、LCB、MFQ、LAL、LSW、LSF③ 等 8 个刘老会主要骨干围绕着刘村、刘老会、乡村养老问题展开座谈。当晚讨论很热烈,刘村的"精英们"热情很高。LCH 虽已退休,但仍对刘村、刘老会的过去、现状了如指掌,是当天的主要报道人。其间,大家互动也很多。他们围绕着各自的经历、刘老会的情况展开了讨论,指出了几年来刘老会的一些变化,比如"墟日"摊位

---

① 因身体及镇里对会长年龄的要求原因,LCB 于 2018 年辞去会长一职,目前由原副会长 LAL 代理会长。
② 刘将军后裔,原县政协委员,曾任村委会文书等。
③ LSF,现任理事,2016 年访谈时(下同)76 岁,1963 年入伍,退伍后被分配到上海进出口远洋公司。55 岁退休后回村;LSW,现任理事,主管老年协会的财务,之前曾任生产队会计;LAL,现任副会长(MFQ 亲家)。

村庄内源性组织与乡村治理

管理费用、竹园经营管理权被取消或收回。尽管收入渠道减少了,但"老人协会每年自己够用了"。最让人感动的是老人们的奉献精神。刘老会理事都有着很强的责任感和贡献心,他们每年只有 130 元来自老人会的象征性工资,所做的大部分工作都是义务性的、自愿的。"农村认为做善事,为祖上积德",可获得自我满足感、愉悦感、认可度,这或许是乡村新老传统所带来的刘老会公共精神。

尤其刘老会理事中有部分受过现代组织管理文化熏陶的退休回乡人员(他们曾在军队、企业等单位工作,受过现代组织生活的训练),懂得现代管理文化,有见识、有能力,是新传统类型的"乡绅"。这样不同职业不同行业归来的退休老人精英以及传统村庄精英有相同的公共情怀。不同的文化背景、不同的网络关系的活用,更促使刘老会的进一步发展。比如 MFQ,他利用自己的社会资本到县民政局咨询到了农村老年活动项目,并帮助刘老会成功申报,获得了三万元拨款,直接促成了老年协会建设过程中来自政府的相关政策性资助。

镜头拉到 2019 年,再访刘村,笔者首先看到的是灰白色老房子中崭新的、颜色鲜亮的公共厕所,内里洁净,还有专人打扫。这是落实 2018 年乡村厕改而新建的。来到刘老会,理发室上仍留着同一个理发师的电话,笔迹比 2016 年田野时还要清晰。刘村老人会账务月结公布栏,收入、支出、结余等各项内容清晰,可见公开透明的财务制度一直延续至今。而两年的时光也带来了变化。门口多了一排电动车的充电桩,是刘老会看到老人实际需求安装的。院内仍有很多老人在打麻将,但不及 2016 年田野时的"盛况"。或许是长者年龄增长的原因,院落里多了一排椅子,有的还放上了从家里带来的席子、靠背。有几个坐在椅子上聊天、晒太阳,或只是"例行公事"来坐坐。2016 年见到的一位原理事如今衰老很多,患有严重眼疾和慢性病,尽管只能坐在那里,但他也从家中出来进入这个公共空间。他仍记得我们,跟阮老师攀谈了许久。相比于最初田野时的情景,2019 年的老年协会房子破败了些,用于出租的餐厅闲置了①,图书室整齐有序了,墙上贴有刘老会、打疫苗、村务宣传等的公告。高龄榜(2018 年统计)重新贴过,共 42 人,比上次(2015 年)多了一人。那些熟悉的名字后面,年龄比上次都加了三岁。村政公告则进一

---

① 上次田野时,餐厅和棋牌室是老人会的主要收入来源。附两次田野的月度账单:2019 年 1 月 30 日公布的刘老会月结收入:餐具出租:25 元;入会费及组织费:106 元;棋牌桌:1 512 元。支出:电费:53 元;管理补贴:620 元。上月结余:31 190.50 元,本月结余:32 160.50 元。2016 年 10 月 30 日公布的刘老会月结收入:餐厅:1 761 元;棋牌桌:946 元。支出:会员福利:44 元;电费:59.20 元;管理补贴:2 317 元。上月结余:34 823.10 元,本月结余:35 109.90 元。

附录1 刘村回访田野报告(2016、2019)

步远离了刘老会的空间,从过往的院内张贴,到2016年的院外,再到2019年"搬家"到了本届村委会入住的刘氏宗祠内外。来到刘氏宗祠,尽管依旧冷清,但仍有些许烛光,发挥着宗祠的文化功能。院内房间用途有变,左侧一排房子只剩一间做木材加工之用,二楼加工藤椅的房间闲置。之前右侧的一排杂物室目前被利用起来成了村两委办公地点,包括办公室、心理咨询室(目前闲置)、消防设备室(常开)。相比之前,人们可以更多地感受到村两委的日常工作,也可以看出村两委目前对村内权力的掌控趋势。如今,为了减少财政支出,镇里实行了行政村合并规划,将本镇106个建制村(133个自然村)合并为55个。因此,原山后L村并入刘村。L村总人口为367人,刘村为1 047人。合并后的刘村书记兼村主任为L村人YXJ,副书记为HXM(刘村人,女),村副主任MSD(ZM村人)。我们也搭上来自该村的新村主任的小车前往L村。车绕着山路,一直向上开,距离不算太远。我们下了车,发现该村更加冷清、留守人数更少,且多是老年人。几家老人在吃午饭,也有女性老人在家中编织草帽。由于L村目前留守人不多,且交通便利,他们也常会来刘老会活动。简单交流后,我们又步行穿过一些小径,路经或被杂草覆盖、或窗玻璃剥落的沿途破落空房,爬上一个小山坡,似乎到了一个无路可走的地方,杨主任钻进了比人还高的杂草丛中,我们一个个时而猫腰时而跨越,小心翼翼地尾随其后,"柳暗花明",终于来到一小片空地,映入眼帘的是清朝康熙年间修建的本地杨氏开山始祖杨公朝双暨元配陈氏之墓。旁边的石刻告诉我们,这墓碑是2013年冬至祭祖时由老人为主的村民倡导、捐款修葺的。看得出老人们敬宗睦族之心,但难以走通的路也在诉说着这片空巢村的日渐衰落,在一定程度上证明了并村政策的合理性。

阎云翔曾指出农村的改革降低了农村干部的威信和权力[1],上一任村干部受市场经济影响,"志不在村务",或许也像有关研究揭示的那样,又因乡村选举等原因也不愿招惹村民,他们"不说话、不做事、不得罪人",普通村民则抱着"别管我"的心态[2]。兴许刘村也在类似的权力结构中度过了十余年,如今,由于并村带来的政治任务,在原刘老会骨干愈加年老体衰的背景下,精心布置村办公室、外姓且又年轻的新村委主任是否能真正走入村务权力中心,抑或有更多明确的村务分工,包括推进乡村养老和老人会工作等,只能待之后的田野来进一步考察了。

---

[1] 阎云翔. 中国社会的个体化[M]. 陆洋,等译. 上海:上海译文出版社,2012.
[2] 阎云翔. 中国社会的个体化[M]. 陆洋,等译. 上海:上海译文出版社,2012:70.

四、刘村互助养老的位相与乡村内外源"优构养老"展望

当前中国人口老龄化问题严峻,在空巢化严重的农村地区则更为突出。结合两次田野考察,可简单勾勒出刘村养老的基本情况。2016 年,该村共 1 037 人,355 户人家,以刘姓为主,梅氏约 300 人。18 岁以下未成年人和 60 岁以上老人各约 200 人。老年人占总人口的 18% 左右,女性略多于男性。全村常住的老年人中有 4 人未加入刘老会。随着老龄化愈发严重,刘老会人数较往年有所增长。80 岁以上老人有 41 人,60—70 岁有 140 多人。但对于孤寡老人,LCH 讲到,"以我个人对本村情况的了解,我们的孤独老人不多,留守老人不算太多。老人在家里面带孙子,带着留守儿童上学的多一点"。村中只有少数青壮年常住,其余多在距村 15 公里左右的县城工作。绝大多数外出者会在春节、元宵节、清明节、冬至等有祭祖扫墓等仪式活动的节庆期间回村。

对于老人是否回村"叶落归根",理事们普遍乐观,指出当前村里很多年轻时外出务工、退休后返乡的案例,"老了都要回来的"。归纳其理由,择要如下:1. 村里人普遍有恋乡情结,"(归乡)是我们中国几千年的传统","老祖宗在这里";2."城市走路都不方便,车来来往往的","城市里面吵死了,农村清净、环境好",村里"蔬菜很新鲜,吃了也放心,无公害的";3."农村是自己的土地,生活成本低","家里的开支节省了,可以自己种点小菜";4."邻里人情味浓,这里可以到左邻右舍去串串门,有玩的人,(而)住在县城,住在对面的人(我们)都不认识"等。2019 年田野时,村内包括刘老会理事在内的一部分老人正在县城与子女同住,主要照顾刚出生的孙辈,他们自称是暂时性的,"孙儿长大后还是愿意回村居住",在县城"不自在""不习惯"。不过下一代回村的意愿并不如这一代老人强。但从 2019 年对 L 村、X 村等山上山下不同村落的考察来看,出于村庄自身资源等考虑,山下的村庄(如刘村)老人回流较多。另一方面,乡村医疗条件有限,养老虽有互助形式,但若出现自理问题,多依赖家庭养老,而子女若不便,老人们也只能离村随子女同住。

目前,村内老人(个人或家庭)的主要收入来源如下:第一,国家和村集体补助。政府每年向每个老人发放补助 150 元;医疗保险实行全村购买医保,每人 280 元,都由村财政支付①。低保户每个月补贴 500 元左右。符合条件的人也可以申

---

① 村民反映:即使是镇经济最好的村,也是每人由村支付 140 元,个人还要再掏 140 元。讲到这里,村民们很自豪,认为本村更注重村民的利益。

附录 1　刘村回访田野报告(2016、2019)

请居家养老、敬老院等,政府会有相应补助。LCH 说,"你家里有个生活不能自理的,你在家里照顾,包括他子女也一样,子女照顾一个生活不能自理的人,这个钱就是给子女的,叫作护理费,原来最高的好像是每年五千,现在是六千,由民政局支付"。第二,集体经济收入。首先,截至 2017 年,刘村有耕地 500 亩、山林 1 000 亩,村里有经济合作社,承包土地集中种植园林、水果、药材等,或养殖家禽等。其次,公社化时期三门有较多围垦,至今已 40 余年。刘村围垦面积约 400 亩,占 3.6%的股份,每年有 60 万元左右集体收入可供分配,据 MFQ 说,之后可能达到 100 万元。第三,个人劳作收入。村里仍有老人在务农,此外不少老人,尤其是女性老人从事传统手工业,每天有 30—60 元的收入。个别负责村里卫生打扫的健康老人,镇政府每年会给付工资 1 万余元。此外,除了老人收入,按照几千年的乡规民约,子女有义务照顾老人,为老人提供赡养费用。"他(村民)已经够用了。像某某的母亲,她(每月)有 120 块钱,他家弟弟在县城经商,基本的生活费用都是他弟弟给的,这 120 块钱就是买一些零食吃"。

老人照顾需要医疗和社会两方面的支持,养老模式主要分为院舍养老、社区养老、居家养老三大类。"刘村现在一个都没有去敬老院的,养老都是靠居家养老"。在笔者看来,刘村以刘老会为主的互助养老体系兼具了居家养老与社区养老的功能。

就刘老会内部来看,在历届理事会成员的奉献下,刘老会形成了自治互助的养老模式,即选举出来的理事为主要施惠人服务于会员,而不只是传统意义上的年轻长者照顾年老长者。而理事会成员与会员之间存在着"流动",其中贯穿着日常的"制度"性格、志愿精神和服务精神,以及民主、自治的意识。刘老会通过制度、活动更进一步引导老人们积极、健康地生活,也调动老人们的志愿精神,互助养老,积极参与村庄事务,完善乡村治理。

目前,老年人在照料关系中是弱势的。他们的需求、愿望和欲望往往来源于"他者"的建构。刘村的自治互助养老模式充分发挥了主要成员的积极能动性,也鼓励老有所为,是一种"积极老龄化"的方式。通过挖掘自身资源和潜力,链接社会网络,积极参与互助养老,促进身心的健康发展,共同适应老年生活这一必经的生命阶段。自治的老年协会发挥了重要的互助养老功能。在乡村立足地缘、血缘关系,刘老会更深入地了解老人们的现实需求,再反过来影响自己的制度设定和工作内容等,在互构互嵌中创造并满足自身需求。初期,刘老会也只是拥有闲暇娱乐功能,在后来的自治老人会的实践中,根据老年人的生活及精神需求,创制了慰病送终活动、理发服务、初级福利支援等互助养老草根制度。其背后是自治老年协会对村里有权威的精英老年群体力量的调动，使其积极参与，发挥自己的社会资本，汲取内外部多重资源，帮助村庄村民养老。另一方面，自治老年协会也充分调动村民参与的积极性，激发互助互惠志愿精神。刘村老龄化、空巢化现象严重，在刘老会的引导下，村民发挥志愿精神，探索、实践着自主、自治的互助互惠养老。

  刘老会是一个自组织，背里是一个个自我服务、互助服务的个体。在日常照料中，村中可见"互助养老"的互助。刘村中常见的是血缘基础上兼具地缘性质的互助。"互助就是家(族)里有大的事情一起帮忙，主要是血缘关系之间的"。"有一定的亲属关系，有血统关系，不是平白无故的，平白无故，它就要收费了"。"真正做大事情的还是血缘关系，像我们村，一家有事全村都动员，尤其是丧事，无论你多远都要跑回来，要把这个丧事办掉才可以回去"。现代化程度高了，人们的生产生活不再以宗族为基本单位，各个家庭作为个体协同奉献，承担自助、互助的养老责任。从另一角度来看，这也暴露了刘村自治互助模式的局限性。互助养老主要针对的主体是有自理能力的老人，而需要长期照护的老人仍然需要机构养老和居家养老等其他模式作为补充。农村的家庭文化决定了居家养老的普遍存在，无自理能力的老人去县城与子女居住，或由子女返乡照顾，这是该村的社会规范。理事介绍说，两个2016年去世的患有失智症的老人临终前均由丈夫照顾。MFQ介绍说，他曾经请了每月3 000元的保姆照顾患有中风的岳母。但这个费用对于其他村民可能较为昂贵。"我们这里都有一个传统，父母老了，子女总得要照顾，这是他们赡养的义务、责任，这个传统还是比较好的。作为子女来说，他们要停下手上的工作，他们都靠打工收入，老人老了，在家里，你不赡养，从良心角度上、从传统的观念上，人家都要说他，他们子女要上学，儿子大了要娶儿媳妇，还要买房子，他们的压力也很大的，自己留在家里照顾老人的话他们的压力也很大，压力一大肯定有心理负担，这是难免的，但是从传统的角度来说，从社会的舆论角度来说，他们不得不留下来，一定要照顾。"从乡村规范和护理专业度来看，老年协会无法覆盖失能老人的养老需求，还需要家庭及机构养老等方式互相配合，需要国家社保制度的完善，需要社会性的养老保障。

  老年人的养老和照护，需要一定的医疗服务保障条件。2016年，我们拜访了社区卫生所。该所坐落在刘村，负责附近几个村子(同一农村社区内)的医疗服务。走访中，遇到了陈大夫，她是距此十几公里的HY镇人，已在这里工作五六年。

附录1 刘村回访田野报告(2016、2019)

路远不便,她平时就住在卫生站的二楼。这里由她和另一个大夫轮值,主要负责老人每年一次的体检,以及打疫苗、量血压,督促就诊老人服药、贴医疗科普宣传资料等医卫工作;卫生所着重以预防为主的医疗工作,时常得巡回社区内各村。她介绍说村里老人的健康问题主要集中在高血压、糖尿病,严重的疾病会自行前往镇医疗机构诊治。她还说村民的心理健康状况较城市好些,这方面这里平时鲜有人"光顾"。老人们评价说:"卫生院有时候都没有人,不规范。TP镇上的比较好。"连续多次访谈,可以看出村老人身心状况大多良好,但是一旦生病,村里医疗条件不完善,这在一定程度上影响了生病村民的寿命①,或是促进了"老人进城"的现象,也使得村内多为健康老人。在2019年的田野中,原会长LCB因其身边无晚辈亲人的堂弟生病,而在三门县里医院日夜陪护照料。

作为高龄全照护不可少的一环,TP镇有三家敬老院,两家为私立②,另外一家公立养老院临近刘村,前身是ZM乡政府大楼。该院主要针对五保户,政府向每人每月提供补助650元,其中包括50元零花钱。在2016年的访谈中,村里人对于养老院的看法是:"傻瓜的人多、弱智的人多,脏分分的,上次叫我去管,我才不去呢,个人卫生他不会搞,有的一年到头就穿这个衣服不换。一进去,味道难闻得不得了。小便又不去冲,那肯定是臭,那谁跟着他屁股后面去搞这些东西啊,有的管理比较严厉的就要他们搞一下卫生。有自理能力的才可以进养老院。村里人都不愿意去。""没有去敬老院的,不想去。"向敬老院走去,心里做好了"又脏又臭"的准备,经过大门,走进大厅,基本没有味道,整个大厅也很干净。几个老人坐在大厅里,见到我们来非常开心。一个腿部残疾的人,也很热心地朝我们走来,问我们去哪里,接着带我们去找管理人员。不过冬至节日,管理人员放假,于是我们一行在他的带领下走进了食堂。食堂的洁净也让人出乎意料,锅炉旁边的瓷砖擦得非常干净,餐具厨具摆放得也很整齐。问过之后才知道他们有严格的规定,而且他们非常认同,一直遵守着。穿过厨房,走进餐厅,虽然整齐、干净,可以闻到米饭夹杂着桌子上咸菜的味道,但是,餐厅有很多窗户却没有打开通风。走访体验了餐区之后,我们就随女师傅走进养老院的大楼。总体来讲,房间较为整齐,楼道干净,厕所较干净,基本无异味,他们可自行洗澡。但也存在些问题。一是没有电梯。二是缺乏护理人员,如他们所讲,只适合可以自理的人。三是老人们没有看护手

---

① 在晚上的会谈中,有老人提到"一般不能生活自理的时候,都是到最后很高龄了,年龄很大很大了,基本上也就没几年了"。
② 据悉,入住私立养老院每月的费用为850元,本地人觉得贵。

村庄内源性组织与乡村治理

环,门口保安人员少,存在一定的安全风险。四是设施都是"旅馆化"标配,没有人性化的装饰,人们住在此难有归属感。敬老院的活动也较为贫乏,再加上人们对乡村敬老院的"刻板印象",降低了老人们的生活品质和尊严。2019 年再访,村民们反映:"有的时候也会去敬老院坐坐,因为热闹。"虽然人们还是认为这是"子女不孝的老人的选择",但也可以看出已经对其产生了一定程度的"亲和"。究其原因,笔者认为一部分要归功于院内的管理者。敬老院有 3 个管理人员,针对不能自理的老人会额外请护工。据悉院长虽有自己的产业,却一门心思扎在敬老院里。两次调查对比发现,该院办得越来越好,院内完全无异味,整个大厅、个人房间、食堂都很洁净。老人们没有亲人,衣服都由一名女性管理人员挑选购买。而这名女性管理人员其实是之前的服务对象,因为身体状况较好且会做饭又细心,被选为管理人员,也可看作一种个体承担及院内互助行为。目前,刘村尚无老人居住于此,但考虑到其对五保户和需要长期照护的老人的养老功能和意义,以及村民对该院的部分认同,笔者认为可视其为国家"兜底安全网"制度性质的公立乡村机构养老要素,亦即,未来乡村自组织互助养老、居家养老等养老形式的互补结构性"要素"。

除食、住、医疗、对失能老人的照顾等基本需求之外,老人需要精神慰藉。文化空间在老人日常生活中扮演着重要的作用。老年人大多不与子女同住,难免会有孤独感,而且他们很难获得有效的休闲空间,老年人被"逼到原子化的孤立状态"。因此老年人需要自己的文化空间,并形成"共同在场的社会福利体验"①。刘老会、祠堂、庙宇等休闲及民俗文化场所是该村老人的精神寄托、休闲载体,对老年人身心健康起着重要的积极作用。

通过以上的田野考察梳理可以看到,虽然刘村是较为典型的空巢村,但在村老人仍以居家养老为主,老人们老有所为,日常生活所需得到保障,文化生活较为丰富。这其中部分的支撑和保障要归功于为老人谋福利的自治刘老会。老年协会自治互助养老模式值得进一步研究探讨。中国大部分农村正面临着老龄化以及空巢化的双重考验,刘村这一养老模式具有一定的实践参考价值。

结语

现代化是涉及经济、组织、政治、习俗、文化等全方位的社会变革、转型过程。

---

① 叶涯剑. 空间社会学的方法论和基本概念解析[J]. 贵州社会科学,2006(1).

附录1 刘村回访田野报告(2016、2019)

笔者近年有幸参与师门近十年持续追踪研究之刘村的两次回访,考察了宗族祭冬仪式、女性老人生活方式、刘老会以及刘村的互助养老模式,试论了刘村的现代化、个体化进程。与个人主义文化传统的美欧国家不同,中国的个体化并非是完全个人的个体化。一些学者认为中国个体化的分析单位是核心家庭①,另一些学者则提出商榷②。从刘村的案例来看,个体(个人)谅指主要的权利享受者、责任承担者,人们更看重个体的贡献,且未将个体的利益诉求过多扩展到家庭、家族之中。但不可忽视的是,尤其在乡村社会,个体处于多元文化之中,个人是个体,但却是多元文化网络里的一个节点。"人不是为自己而活",而是在多元文化之中选择自己的活法。而在个体面临更多挑战的当下,刘村个体选择了集体自组织的应对方式,老年协会扎根在血缘、地缘空间之中,充分结合本村特色,符合自身乡村实际,但也仍存在一定的自组织局限性。总之,老年协会及村民的自治互助需与各个养老模式相配合作为乡村养老的外源保障;需要传统文化、公共精神、市场化制度化管理模式等多元文化作为内源性支撑;需要充分发挥老年人自身资源、潜力,满足切身需求,也需要挖掘家庭、政府、企业、社会的力量,更需要各个要素之间的相互配合、多元联动。

笔者博士期间的主攻方向为灾害人类学,以唐山大地震为例考察灾害记忆与御灾力的关系。笔者于刘村与唐山的田野中均观察到了中国社会的个体化进程。但一个为乡村,一个为城市,多元文化的侧重有所不同。他们均经历过集体化时代,但工业化的演进使得人们更具血缘之外的互助精神,而将整个城市夷为平地的灾害更可以转化为一场广域集体公共精神的训练场域和过程。而农业化的传统延续则使刘村仍有更多宗族、民间信仰的文化传承,更注重血缘关系。但经历多年的现代化洗礼,城市的个体化,尤其是灾后二代、三代更多误入了"为自己而活"的个人主义迷途,刘村则仍保留着个体于多元文化之中的连接性。从田野工作来看,唐山为笔者的家乡,刘村是一个基本沟通都成问题的"他者"之地,村民们见我的第一个问题便是"你姓什么",有的村民甚至能讲出本姓渊源,以至于热心

---

① 金文龙.代际合作理论视野下的隔代照料——兼议中国家庭的个体化[J].安徽大学学报(哲学社会科学版),2021,45(03):107-116.刘汶蓉.转型期的家庭代际情感与团结——基于上海两类"啃老"家庭的比较[J].社会学研究,2016,31(04):145-168,245.邢朝国.中国农村家庭演变:"核心化"还是"个体化"? 以私房钱的道德评价为切入点[J].社会,2017,37(05):165-192.
② 沈奕斐.个体家庭iFamily:中国城市现代化进程中的个体、家庭与国家[M].上海:上海三联书店,2013.

村庄内源性组织与乡村治理

地自驾带同行的任老师去看本地的任家祠堂,这对有生以来说起自己的姓氏,只想到爷爷奶奶故乡的我极为震撼。于"他者"反思"自我",再由"自我"脱嵌入"(他者之)主位",是本次田野考察对我的"文化冲击"与方法启示。感谢自愿为我做翻译的热心村民,感谢师门提供机缘,期待村民们"自己的生活"越来越好,期待本书能对中国乡村治理及农村互助养老提供应有的研究贡献。

附:田野调查时间、地点及内容概览

时间	地点	主要内容
2016年12月20日	祭冬地点(梅长者祠)	祭冬
2016年12月20日	MFQ家	祭冬、刘老会
2016年12月20日	LSF、MFQ家	5人,刘老会、本村
2016年12月21日	梅长者祠	祭冬
2016年12月21日	刘氏宗祠	祭冬、加工处
2016年12月21日	LCB家	刘老会、刘村、互助
2016年12月21日	卫生院	村医疗
2016年12月21日	镇敬老院	4人,敬老院
2016年12月21日	农村淘宝店	农村淘宝
2016年12月21日	任家村任家祠堂	任家祠堂
2016年12月21日	刘老会	8人,养老、刘村、刘老会
2019年3月24日	TP镇"非遗"特色小镇	城隍庙、红色基地等
2019年3月24日	X饭店	与刘老会、村两委晚宴
2019年3月25日	刘老会	刘老会
2019年3月25日	周边庙宇等民俗文化场所	女性老人为主
2019年3月25日	刘氏祠堂	村办公场所
2019年3月25日	LCB家	刘老会、养老
2019年3月25日	镇敬老院	敬老院

附录 2

部分田野访谈录(FT001 – 006)[①]

FT001：080405LCB 访谈

访问时间：20080405

访问地点：老人会办公室

被访者：LCB

问：您年轻时是做什么工作？

答：原来是务农的,种田垟。

问：有几个兄弟？

答：有3个兄弟。我记得很清楚的,14岁小学毕业,当时学堂读书时成绩还可以的,那时候大概(19)49年前后。我原来的班主任是负责教语文的,叫我当小教师,领读全班的。因为(19)58年刚好阶级斗争最激烈,我社会关系都很好。我爷爷国民党时期担任过乡长13年。

问：哦,爷爷当过乡长？

答：爷爷没(被)迫害,一直都在家里的。爷爷(与乡邻)关系确实很好的,一般做乡长的,有坏事做过的都要被镇压掉的。你最好是(问)八九十岁的(老人),对我家史最了解的。

问：后来毕业之后就基本上务农了？

答：嗯,参加生产队了。

问：在生产队做什么？当过什么？

答：那时候文化很低,搞技工搞过。那时候就14岁,跟群众关系都相当好。

[①] 阮云星访谈,张婧等记录整理。

问：是不是在(19)93年老人会刚成立时就加入了？

答：没有。我那时年纪还没有到。

问：什么时候加入老人会？

答：第二届换届选举之后，LXK上任之后。（众人回忆），大概(19)96年。他上来叫我一起来把老人会搞好。他是很能干的人。

问：你当时主要是负责什么？

答：原来刚开始是组长。

众人：他是搞（协会具体）业务，比较细致。

问：后来就一直在老人会了？

众人：他当过会长。

答：会长（身体不好就不当了），我本来身体也不大好的。

问：在老人会十几年了，个人有什么主要的感受吗？

答：我主要是受老人会感动。因为第二届换届选举之后，他(LXK)各方面抓得很力气（意为：努力），把祠堂地都（用水泥）浇起来，办公室都建起来。这些布置安排，我很受感动。他做我工作好几次了。我原来家里房子也没有造好，3个儿子大了，喜事还没办，这个家里思想负担相当严重的。

问：那么家里这么多事情没有做，怎么会有时间来老人会做？

答：我认为老人会制度各方面工作的做起来，让我思想上相当感动啊。LXK啊，他早就让我参加老人会，那时候我在种田垟，他还特地下来跟我讲。我自己家庭情况也多啊，自己房屋还没有造好。他又来，后来我就加入老人会了。

问：他(LXK)工作做过好多次啊。那现在家里还好吗？

答：家里还可以的。

问：嗯，那时候挺忙的。

答：确实忙啊，思想负担确实重啊。儿子还上学读书。

问：那时候几岁？读什么？

答：那时候儿子们都20多岁，读高中。十多年了，我这房子也建好十几年了。

问：在老人会十几年了，慢慢看着我们老人会原来是这个样子，现在是这个样子。

答：规章制度逐渐建立健全。

问：这一步一步上来，你有什么想法吗？我们（老人会成员）一起努力，你个人怎么想？

附录2　部分田野访谈录(FT001-006)

答：因为会长布置各方面能力相当强,原来是单位水泥厂退休回来的。

问：就是LXK?

答：他确实对老人会有贡献,我相当感动。

问：原来在水泥厂做什么?

答：职工。他逐渐摸索出来,规章制度,全部订立全,《史记》里有。要把工作做好一定要责任心强。我文化程度确实相当有限。

问：我看这个(《史记》)写得很好。

答：我当时都搞业务的,夜里带回家里搞,一定要完成,就是再忙,夜里也要搞好。

问：到现在这十几年在老人会有没有什么事情印象特别深刻?

答：特别深刻?我印象最深的就是LXK,写材料。

问：一开始写,后来就越来越顺手了吧?

答：也不顺手,因为我是小学程度。我责任心相当强,任务一定要搞好。

问：受LXK老会长影响最深。

答：对对。规章制度,我和他一起订起来,通过会议确定。先初试下,怎样改善,然后通过会议确定,再实施。逐渐进步起来。因为老人会搞得比较好,让我当会长,我自己感觉负担确实重。一方面其他工作都要我抓的,因为LXK在时,我当他助手。我当会长以后,体格也不好,我有心脏病,心跳不好。

问：身体的确很重要。

答：现在家里负担也减轻了,家里(事情)随便做做。

问：到现在,老人会制度已经很健全了,你觉得老人会以后如何发展?有哪些地方还要健全、提高?

答：老人会责任实在太重了,因为种种原因。我们老人会责任心强的、有协助都会搞,太多了,图书室、娱乐场、市场,都是我们老人会出面搞的。我们老人会组织抓得相当好。各组的片,SG、XG、ZTY,群众威信好、蛮实干,都提取上来(当组长)。现在各片组长,通过种种关系(做工作),(到组员家)不知走了几趟,原来都不喜欢管。

问：以后怎么做,老人协会这边准备做什么?

答：最好全面动脑筋,抓经济收入,把老人福利搞好。最主要是为会员服务,老人会会旨就是为会员服务。怎样支持村两委办好全村工作。我想退下来不搞了,确实不搞了,我自己身体(不好),家里负担、思想负担都有。老人会基础做得这么好,也放心了。

众人:不搞可能性不大。

答:我在家里,(老人会)一有事情就走的。人这么大年纪了。确实思想负担重啊,LXK 让我写报告、材料,腰痛啊,躺在家里床上,想想,又爬起来写几条。白天睡睡,又爬起来写两句。过了几天写好了,LXK 问我写好没有,(我说)写好了,他很感动。尽心尽责,把事情尽量完成。主要是这个责任心。下面领导人员,理事也好,组长也好,都是相当负责的,上下统筹,最主要就是负责人啊。如果负责人做不好,下面就越发做不起来。

问:今年几岁?

答:65 岁,虚岁。(19)44 年出生。

问:那时候加入老人会应该 50 不到?

答:嗯。我也不想参加,受 LXK 感动,老人会工作抓得好。一定要把事情管好。

FT002:080405LSF 访谈

访问时间:20080405

访问地点:LSF 家

被访者:LSF

问:您是在我们老人会做出纳的?一开始就是出纳?

答:对。

问:今年几岁?

答:我啊,65 了。我退休 10 年了。(19)44 年生。跟 LCB 同年的。

问:什么时候加入老人会?

答:退休以后就入了,差不多有 10 多年了。(19)98 年开始在老人会。

问:退休以前是做什么的?

答:退休以前在部队,上海远洋,出国的。

问:到过几个国家?

答:好多,50 几个国家。

问:这个不得了,很美慕。我们在座的当中大伯走的地方最多。

答:嗯,世界各地都走过了。原来要扬眉吐气,自己制造远洋客船,航运公司,

附录2 部分田野访谈录(FT001-006)

那个船,我也在上面过。

问:在那个公司是干什么?

答:大厨。

问:那不简单,那你今天都可以去指导了。

答:就是我烧的。

问:我也看到你在里面,我还以为主要是她们妇女几个。

答:她们帮助洗啊什么的。

问:你在船上负责海员的伙食?

答:对对。我主要是,烧饭基本上不烧的,就是买菜,船长吃饭,叫外国人来,我来烧。

问:那不得了。

答:船长请客,我来烧。船长不请客,我基本上不烧的。我就菜谱给它安排下来,写在黑板上,就是下面几个人烧的。

问:那今天的菜是不是你去买的?

答:是。

问:那早上几点?

答:6点。

问:花了多少钱,这样子?

答:钱不多,800来块。

问:我们打听一下资金的情况,有好转了是吗?我们自己可以运作的资金大概有多少?

答:现在这个月,我们每月是28号结掉。我账都做好了,7 000多,给LZC。我现在是这个意思,我在部队入的党,上海远洋公司(退休)以后,一直都是过组织生活。一、三、五是政治学习,星期六是党团员学习,那么星期天是休息,党团员活动,打乒乓、看书这些,一直下来很有规律的。那么现在退休以后转到地方上来,我这个党员(生活)基本上没有了,就是组织费交上去,他现在也不要。我们村里面现在退休以后5个党员,现在党员没有下落,像我们现在排都排不上。(略,调座位)想能不能向省里面组织部反映一下。几十年的党员了。

问:就老党员组织生活……所以老党员的呼声首先要了解一下,看看帮助打听一下,有什么渠道。可能最后还是要落实到地方。

答:地方现在,我们村里面已经把组织关系转到镇里面了。镇里面现在基本

村庄内源性组织与乡村治理

上不管了。

问：那你那个手艺是在部队里面学的吗？

答：不是，是在远洋公司。

问：到那边就安排你？

答：在部队也是炊事班长。

问：已经有这个经验了。然后再……

答：有这个基础。在部队原来是炊事员，炊事员提到炊事班长，炊事班长提到上士。后来就退伍了。退伍转到地方上，天津远洋公司，中央统一调配，调到上海，是这样。原来上海到我们部队招人，要求相当高，第一个是年年好战士，家庭历史政治清白，社会关系好，是党员。我这几个条件基本上都是达到的。"五好战士"我基本上年年都评上的，但是他没有招。到天津，后来公务员调配，三百多名，调到上海。我是海军，广东汕头。原来 LCX，LCL 的弟弟，我和他一个部队的。

问：是退休以后在老人会的，那家里负担重不重？

答：那时候基本上没什么事。条件还可以，退休工资还可以。

问：那时候怎么会想到进老人会？

答：在家里太无聊了。到老人会麻将打打，娱乐娱乐。

问：做出纳蛮忙吧？

答：嗯，蛮忙的。就是资金，每个月收入、支出，里里外外全都弄起来。

问：现在你跟会计的分工，你是管账目，他是管结算？

答：嗯。我把账目全部弄好以后，发票，付出多少，收入多少，我就账目记好。一个月列个单子，分出来，麻将收入多少，棋牌（棋牌桌，自动的）多少，市场多少，还有其他收入，废品卖掉，我就统一结起来。收入多少，支出多少，本月累计多少，是这样。

问：昨晚说到，我们现在的福利是 60% 左右，对吗？

答：对。

问：有没有这个单，(20)06 年、(20)07 年？

答：这个一年年不一样的。

问：有没有都留在那里？

答：有。

问：有没有办法看到。

答：这个事情都是去年到年底 12 月份，结账了，每个小组派个代表，账算好了

附录 2　部分田野访谈录(FT001-006)

就打包打起来。今年的账全部还在会计那里,还只有 3 个月。

问:现在会计叫什么名字?

答:LKN。

问:觉得你们这个账目都搞得很清楚。

答:今年 3 月份收入 1 000 多,付出 1 000 多。付出 1 000 多是什么呢? 死亡 300 块,妇女理发每年(每人)6 块多,400 多,还有一个烧饭的锅坏掉了,买了 3 个锅。

问:平时一个月用多少?

答:基本上不怎么用,用的都是电费,固定的,每个月都要付的,夏天每个月很少。付电费每个月 60 到 70,基本上没有剩。麻将一个人 1 块钱,电风扇呼呼呼从早上一直吹到中午,基本上没有剩,都是为老人活动。

问:在我们老人会十多年了,工作做了很多,有什么自己的体会吗?

答:我没有什么事,开心开心。家里女婿很反对。我也不是说赚多少钱,钱无所谓,我退休工资有。我在这里管,一年不过是 40 几块钱,钱不算钱。一年到头 40 几块钱,没什么意思。

问:其实女婿也是怕你累到。你现在是和儿子一起住,还是和女儿?

答:我儿子没有,3 个女儿。有个女儿(二女儿)原来是在三门医院,现在就到了台州中心医院,椒江那边。第 3 个(女儿)她有个小孩了,放在我这里,她在电脑公司(椒江)。

问:住在一起是哪个女儿呢?

答:住在一起就是我们两老了。过年回来,平时基本上我们两个。

问:那么大女儿呢?

答:大女儿在服装厂上班,做衣服。

问:是在哪里?

答:三门。

(略,小孩玩闹)

问:那三个女婿都在外面工作?

答:第二个(女儿)还没有找,30 多岁了,她不肯找。我说找一个来,我年纪大了。

问:反对你出来搞的是大女婿还是小女婿?

答:大女婿。小女婿他现在还不敢讲。(众笑)因为他刚刚结婚的。

村庄内源性组织与乡村治理

问：那你夫人的名字也写一下。那你大女儿的名字、女婿的名字，小女儿的名字、女婿的名字……

（略，递本子，小孩写名字）

问：除了做出纳工作，在老人会还有什么特殊工作吗？

答：其他的，就是村里面需要，我们马上就去了，修建祠堂。

问：祠堂的钥匙也是你管的是吧？

答：对对，祠堂所有的钥匙都是我管的。碗、盆，所有餐具都是我管的，财产的东西都是我管的。

问：大家对你也是很信任啊。

答：因为我的时间稍微闲一点，基本上都没有什么（事），他们有时候还有种田什么的。

问：退休干部他主要有这个条件。

答：对。

问：不至于对自己的生活有太多的操劳，他没有……

答：（补充）要考虑自己的生活问题。

问：那么像这样子退休干部、退休职工在我们村里面大概有多少人？

答：蛮多的。

问：大概有多少？

答：我记得就是LCL，我记得第三组有5个，XG组5、6个人退休，退休职工里面党员有3个。

问：相比较其他人，我们不需要到田头做事，时间比较多，出纳做一做，保管餐具。当时是别人叫你入会，还是你自己要入会？

答：自己。

问：老人会已经十几年了，你觉得下一步应该怎么走下去？你对老人会还有什么希望，哪些方面需要提高？

答：目前的情况，提高没什么提高了。因为资金就那么一点，扩大也扩不出去，收入也那么点。

问：你说去年收入1 000多？

答：10 000多，纯收入。1 000多是这个月，3月份，收入1 000多，付出1 000多，基本上拉拉平。

问：修刘氏祠堂钱有没有结余？

附录 2　部分田野访谈录（FT001－006）

答：这个钱我管不到的，是另外一个（账户）。老人会前面的水泥地，弄也是他们（修祠堂时）一起弄的，钱是我们老人会出的，钱付了 500 多。500 多是放在村里做祠堂的账目里面去。

问：包括村里面的公共设施，老人会在有限的资金里面也付了一点。

答：对。水泥、石子、水泥工，这些钱。也是趁这个机会，他们（修祠堂时）土拉过来，倒上去，拉拉平，就好走了。

问：修祠堂是老人会集资。我看见（石碑）下面有行字：老人会筹建。

答：组织是我们组织的。

问：钱收上来交给谁呢？

答：收上来交给 LCL。现在记账是 LCB。现在这个钱是交给他的，(LCL)他也是理事。

问：一年里面我们大概会花掉多少？按照比例。

答：今年相对来讲会好一点，因为财产基本上不买了，碗啊盆啊。

问：我想问一下，老人会的支出主要是老人的福利，老人的福利主要包括哪些项目呢？

答：福利啊，死亡，那个丧葬礼品，慰问。去年是 200 块，今年增加了 100 块，300 块。那么妇女理发，不理就给她钱，每年 6 块。其他的农历九月九重阳节，老人弄点毛巾、脸盆，今年弄一个不锈钢的脸盆，就是福利里面的。春节弄点糖，都是福利里面的。

问：我看见有个(20)08 年春节茶话会。

答：茶话会每年都开的，一年开两次，重阳节也开一次，吃一吃，弄点水果啊、糖啊。

问：老人福利大概有多少？

答：到了年底弄光差不多了。

问：每年大概用多少钱搞福利？

答：60%。

问：大概多少钱？

答：这个根据实际情况。比如他们问我，你现在还有多少钱？比如说每个月账目，他们基本上也有数的。你比如说 3 000 块，用它 2 400 左右。留一点。这个钱基本上都用光。

问：那么一年里面按照费用大概会用多少？

答:今年相对来讲好一点,财产基本上不买了。

问:就是说每个阶段、年份的(支出)不太一样,要投资的时候这部分钱(福利支出)就少花一点。

答:都花光了。我有现金 3 000 块,花 2 000 块买点水果、糖,100 多人大概十几桌,吃一吃。(旁人:会餐。)弄点东西分一分。今年每个人分了 5 斤白糖,90 岁以上一包荔枝干、一包龙眼干。80 岁以上一包龙眼。90 岁以上不多,有点刺激性,鼓励(长寿)。

问:我看会里面副会长是个女的,她这个是能力很强还是?

答:不是。其他妇女叫她去,她不愿意去,家庭生活很忙。她(LNY)上午叫她去,马上就去了。她这个人叫她帮忙是很好的。

问:我看老人会里其实好像女的不是很多。

答:女的都在家里。会员是多的,她不肯去(管理)。有时候开会、吃饭、死亡送葬,她们都去的。妇女,老太婆有时候拐杖撑撑都去的,积极性都是很高的。

问:她们入会就是觉得老人会福利好?

答:对对。

问:能不能上去当个理事,还是她们无所谓?

答:她们能力有限。不识字,文化没有,当上也没用。

问:卢会长以前是不是当过村干部?

答:没有。

问:当时设理事会时有没有想,就是我们现在人大代表都要弄几个女的,当时有没有考虑过?

答:当时也考虑进去的,一个比例。

问:现在理事里面就是她一个(女的)?

答:就是她一个。

FT003:080406LZC 访谈

访问时间:20080406

访问地点:医疗站旁空屋

被访者:LZC

问:你是什么时候加入老人会?

附录 2 部分田野访谈录(FT001-006)

答：一开始我就入了。(19)93 年吧,最早的时候。

问：一开始就加入老人会?

答：是下一届。原来的会长(第一任)是我兄弟,哥哥,已经死了。

问：叫 LXK?

答：不是,LXK 是第二任。

问：你今年几岁了?

答：我岁数大了,今年 75 岁了,属猴的。

问：以前是干什么?

答：我刚加入也没有担任什么。第二任 LXK 会长,他是下放到钢铁厂,他是职工,到我们老年会,看到老年会没有一点组织架构。原来老人会开始时,我那个兄弟(第一任会长)是个农民,职务、组织,他也是懂的。

问：你年轻的时候做过什么?

答：我年轻时书读得也不多,高小肄业,现在讲讲跟初中一样。1952 年,村里面叫我做生产队会计。(19)52 年搞信用社,把会员入会弄起来,原来全乡,ZM 乡,信用社我担任最早。那时候村里、乡里说,你既然搞会员,就给你当会计好了。那个时候当会计业务很少的,搞点什么也是上面发放,一个是口粮对口,一个是手指(按手印)对口,还有一个蓑衣。没有几种对口。还有一个就是半出产,钱还不错,15 块一个月。上午在家生产,下午到信用社办公。

问：多长时间做下去?

答：(19)52 年到(19)58 年左右。

问：15 块一个月还蛮好的。

答：呵呵,我家里人多。有 3 个女儿,4 个儿子,还有一个娘,老婆,我自己。10 个人,这种生活是不好过的。后来不做(信用社),就歇了,到大概是(19)57 年结束。(19)58 年呢,(上面)说要再培养一个人,业务你熟悉,把他(教会)搞搞熟。你歇了就歇了。

问：你歇了之后做什么?

答：歇了就生产队,叫我当会计。结果乡里面又有要求,信用社现在改为信用并管组。

问：并管组是什么?

答：并管组就是信用社。原来范围小。这也是入股很少。

问：生产队当会计是什么时候?

村庄内源性组织与乡村治理

答：还是原来生产队早（相对信用社而言）。(19)57年（信用社会计）歇了，（生产队）叫我回去了。乡里面说信用社你熟悉，大炼钢铁那个时候，反正大家办食堂了，吃饭白吃的，你也没关系的，你虽然家里困难点，饭吃去也没关系，你回去到信用社。（于是我）又搞了3年。

问：(19)57年歇了，回生产队，又回去信用社3年？

答：嗯。这次工资高点了。搞钢铁，厂办了，你也照样在（钢铁厂）里面做。（在信用社）你就存款做做，贷款也少。这样子搞了3年，生活又不像样，（家里）嘎多人是不像样。信用社里面主任也有的，说你做做就算了，反正办食堂了，小人饭白吃的。

问：(3年后）然后做什么呢？

答：又歇了，然后自己找活做做。

问：中间有做过什么？

答：没有，然后一直到老人会入会。

问：那个时候入会是你自己去的，还是别人介绍你去的？

答：老人会入会是我自己想去。

问：为什么自己想去？

答：原来乡里、村上面说，你年纪大，先带个头，到老人会去，这样子。老人会首任会长是我兄弟，他是当兵回来，字也不晓得，农民，给他当会长。村里面说他也不识字，制度什么都没有，然后LXK当会长。LXK之后，弄几个人来，会计、出纳什么，他单位出来，下转到家里。出纳大概也管了2年。

问：除了会计，你还是森林防火员。除了会计工作，还有什么在做？

答：当出纳当了2年，还有就是给村里面（帮忙），就是他（指MJ）大伯，MYQ。他说老人会什么做做，都是尽义务，工资也没有，你到村里面，给你200（块）。也不是为钱，你看组长贴20块，理事贴40块，会长要么50（块），要么60（块）。

问：这次（森林防火员）为什么叫你去？

答：这个啊，这个是临时去的。

问：为什么选了你这几个去？是自己想报名去，还是老人会叫你们去？

答：也没有报名。镇里人（指驻村干部）派来吃午饭时，书记说给你负责，叫7、8个人，给你20块一天。钱是自己村里面出的。我本来岁数年纪这么大，书记、村主任让我担任。担任什么呢？文书、出纳。现在没权的。

问：家里负担重不重？刚加入老人会的时候，(19)93年。

附录2　部分田野访谈录（FT001-006）

答：也蛮重。现在不重,4个儿大了。

问：刚入会时,3个女儿嫁出去了吗？

答：大概还有一个没有嫁出去。

问：儿子呢？

答：2个工作了,有一个开车的,还有一个在家。我4个儿。

问：刚入会时,2个工作,2个还没有（工作）？

答：嗯,这一个在TP镇的,他是镇总会计。每次我到TP,他跟我说,爸,这项工作你别搞了,岁数这么大了,没意思的。

问：是大儿子？

答：嗯。我说不做了,下届选举我不做了。他说,没意思了,你岁数这么大了,七八十岁了。

问：现在老人会的事情管得多不多？

答：现在没有多做,也是作为理事。

问：一开始的时候,家里支持不支持、反对不反对？家里负担比较重的时候,什么态度？

答：反对也不反对。我做什么（他们）都不反对。就是我家庭观念比较（重）。我那时在信用社,（如果）坚持下去,家里艰苦点也没关系的话,我也会（干到）退休的,退休后也（可以）有人接班的。有个小孩也说过,你就熬不住,退了退了。（如果坚持）下去,你退了的话,你现在退休费也有了,小孩也可以接班了。是不是？

问：有退休费的是吗？

答：没有啊,就那个时候歇了就没有了。

问：现在你算是比较早了,（老人会）一开始成立就进去了。十几年了,对你影响比较深的事情、人有没有？关于老人会发展的事情。你有什么感受都可以讲一讲。

答：（继续讲信用社）那个时候信用社开办的时候,主任是属于村队的,他没有脱产。

问：在老人会做了十几年会计,你有什么感受吗？

答：老人会也没有担任什么职务。

问：老人会会计啊？

答：会计做点账省力的。会员入会时只5块的,后来老人会资产搞起来,（棋牌）桌办起来,有五六十张,（每张）都有七八十（元）,这些都是资产。你入进来,你也有份,(入会费)应该也高起来。5 块,10 块,12 块,……现在 30 多块了。

问:你现在老人会的事情不怎么管了,但十几年也有点感情的,你最希望老人会以后怎么发展?你有没有什么想法,觉得老人会有什么地方要提高?

答:这次理事开会,提起来对老人福利事业要搞起来,让老人好享受,别的没关系。对男的(会员),办了理发室;女的(会员)不剃头,给她 6 块钱,她自己买毛巾什么的,由她自己。

问:问一下,外面扫地的大伯是不是老人会管市场的人?

答:哦,他也是老人会(会员),承包给他的。(市场)摊头在卖,随他收,1 块也行,1 块 5 也行,每月交给老人会 150 块。

问:哦,摊位是他收。这里是几天一次?

答:5 天。

问:(解释)开之前,早晨他要在这里划摊位啊,每一个摆摊的要交给他一点钱,他每年定额向老人会交。

答:一个月 150 块。

问:总共有几个人呢?

答:两个人。

问:估计他这个摊位,一个月大概能收多少钱?

答:这个,卖点收点,有的给 5 角。一般都是 1 块。

FT004:080406MZX 访谈

访问时间:20080406

访问地点:杂货店

被访者:MZX

问:您是什么时候出生?

答:(19)36 年。

问:什么时候加入老人会?

答:大概是 1996 年。

问:那时候是自己加入,还是别人推荐?怎么想到要加入老人会?

答:是这样子。退休时,LXK 是会长……

问:希望你来帮助老人会工作?

附录2 部分田野访谈录(FT001-006)

答：对。

问：退休之前，是教书的，我听MJ说，(你)教过他数学。什么时候开始教书？

答：18岁开始，在珠岙那边。19岁当兵去了。

问：什么时候退伍的？

答：退伍是22岁时。

问：退伍之后又继续教书？在哪里？

答：就在自己这里小学，自己本乡。

问：所以你是以人民教师的身份退休的？

答：嗯。

问：刚加入老人会时负担重不重？

答：负担重的。

问：有几个儿女？

答：有3个儿，1个女儿。

问：刚开始负担比较重，表现在哪些方面？

答：(笑)退休以后……

(妻子)答：空账很多。

问：已经加入老人会十几年了，都在老人会做宣传工作，具体做些什么？宣传什么？

答：也没什么事情。有事帮帮忙，出黑板报。每月28日夜间开会。

问：都是你组织？

答：嗯。还有一般九月九老人节，还有过年开茶话会，发言一下。

问：我看见发言稿都是你写的。

答：发言稿都是我(写的)。

问：老人会现在已经十多年了，你印象深刻的有什么？

答：就慢慢下来，没有什么。

问：现在我们老人会十多年下来，制度也比较齐全，各方面都做得蛮好，现在你也是理事。你对老人会下一步怎么做，希望它哪些方面需要提高，理事开会讨论时？

答：讨论时，我们都是这样子讲的，就是把老人福利事业做好。

旁人：帮老人会讨点钱来。

问：如果上面有钱拨下来的话，老人会希望这个钱怎么用？

村庄内源性组织与乡村治理

答：这个问题我们经常谈，为老人服务。按照总收入，60%作为老人的福利。那么现在来看，基本上达到。为什么这样讲呢？九月九老人节的时候，我们发一些礼品，再一个，过年的时候，我们也发一些给老人，白糖；九月九老人节的时候，脸盆、热水瓶。总的是按照总收入的60%，像老人理发，都属于服务。

问：这个小店是承包的吗？

答：这个小店暂时搞搞。

问：还有没有老人没有加入老人会？

答：没有加入的不多。

旁人：最大的宗旨就是为老人服务，其他的也无力承担。

问：家里人支不支持到老人会帮忙？

答：这个当然支持的。

问：我问过好几个，一个说女婿反对，太吃力，没多少钱，身体也不好，都是出于关心。还有一个是非常支持的，岁数虽然大，但是还会做，为老人会服务，尽义务。一开始负担重的时候，支持吗？

答：都没有关系的。总体来讲，我们老人会理事里面都是比较好的。

问：嗯，都看得出来。

旁人：老人会的钱一分一厘都算清楚。

问：一开始的时候还是挺困难的。

答：嗯，昨天晚上说过。

问：最开始的时候会员大概有多少？

答：大概七八十。

问：是一呼应就有这么多吗？

答：开始的时候我不大了解。开始是(19)93年。

问：那个时候你在村里怎么看老人会，在(19)93年到(19)96年加入前的3年？

答：我不大了解。

问：从18岁开始教书，中间有3年在部队……

答：4年。

问：回来后又教书，到60岁退休。

答：嗯，虚岁61岁。

问：算起来有四十多年教书。

附录2　部分田野访谈录(FT001-006)

答:教龄42年。

问:教过什么?数学、语文……

答:小学里面样样来。

问:MJ说你比他高5个辈分。

答:嗯。

问:你是小学老师退休。退休费有多少?

答:一两千。

问:他们农民(老人会非退休理事)没有退休费,你和LSF老伯,还有几个?

答:LCL。

问:有退休费,负担轻一点。

答:总体上感觉他们(非退休)思想非常好。

问:对对。事情这么多,一年只有四五十块补贴,肯定是思想好。有什么事情就过来帮忙。

FT005:080407LNY访谈

访问时间:20080407

访问地点:杂货店

被访者:LNY

问:没关系,随便问问。

答:我要退了。

问:你现在是副会长啊。

答:(人老)没用了,想撤掉。

问:呵呵,理事会就你一个女的,证明你也有能力的。

答:能力,呵呵,人老没办法了。

问:你今年几岁了?

答:岁数70岁了。属兔的。

问:几时入会的?

答:想想看,九几年,十几年了,进去就担任组长。

问:年轻的时候做什么?

答:种田,儿子都在外面。

村庄内源性组织与乡村治理

问：几个儿子？

答：3个。老倌没有了。女儿也3个。

问：那蛮好的。儿子在外面打工啊？

答：嗯。

问：在哪里打工？

答：现在在龙吞。

问：女儿在身边吗？

答：在家里。

问：那蛮好的，家里有人照顾你。

答：（儿子）还有当保安，小儿子。

问：年轻的时候就种田？

答：（现在）田都没有种了。爸（指丈夫）在的时候种种，爸死了就没种了。

问：老倌什么时候（去世）？

答：4年了。早时候钞票都没有，他死了就没有了。

旁人补充：（指）生活费。

问：你年轻的时候做什么？

答：我就在家里。

问：那时候是怎么想到要入会？

答：入会是LXK第二届那年，(19)98或者(19)99（年）。

问：你年轻的时候就在家里，有没有种过田，帮过忙？

旁人：哦，她是种田能手。她曾经得到过什么奖励。

问：很厉害。那个时候入会是自己想入会，还是别人拉你去？

答：自己想入的。

问：怎么想到入会？想帮忙，还是……？

答：都入进去就入（会）了。

问：在老人会做些什么？

答：没什么做做，就是帮忙。其他没什么。

问：现在副会长做什么？

答：没什么（工作）担任的，想退了。

问：你资格老啊。

答：这个（副会长）没有什么。

附录2　部分田野访谈录（FT001-006）

问：就是帮忙帮忙？

答：哎。

问：有事就过来？

答：哎。

问：你入会也十几年了，印象深刻的有什么吗？

答：（笑）没有什么。

问：老人会十几年了，你说想退了？

答：副会长想退了。会不退。没用了，人老，副会长撤掉。

问：对我们老人会有什么想法吗？发展什么的？

答：想兴趣点。

问：为什么他们都不让你退？有什么道理？人热情，关系好，又会做事……

答：入进去就当组长了。

问：哪个组？

答：XG。第三组。本来人最多，现在（有些）人没了（指去世），少点了。

问：家里对你在老人会支持不支持？

答：都支持的。我入得晚，老倌入得早。毛病生来没医好，别的都好的。

问：就是说老倌入会比你早，他入会了，你才入会？

答：我岁数轻点，小点。

问：那个时候岁数没到，所以没有入会。

答：嗯。

问：老倌比你大几岁？

答：差6岁。……眼睛糊掉，都相（看）不中，没得做。

问：身体其他方面好不好？

答：糖尿病，高血压，都病了，没用了。

问：大儿子在外面打工，第二个儿子呢？

答：没去，在家里。

问：在哪里打工？

答：做泥水（活）的，造房子。

问：是不是在宁波？

答：嗯，他在宁波好几年了。（他）早上去（宁波）了。

问：他们是不是都是一帮人一起出去的？

答：不是，自己去的。

FT006：080407LCL 访谈

访问时间：20080407

访问地点：化肥店

被访者：LCL

问：你今年几岁了？

答：我今年 77 岁了。

问：我问过的几个里面你最大。77 岁肖什么的？

答：肖猴的。

问：身体还好的？

答：身体一般来说还可以的。

旁人：老人就身体好就是了。

问：什么时候入会的？

答：忘记了。大概，我(19)93 年退休，回来大概(19)95 年，可能第二届。

问：你属于哪个组？

答：第三，XG，同一个(和 LNY)。

问：刚入会时做什么，后来做什么，都讲一讲。

答：从我们来说，家务(比较重)，协会(的事)一般来说都赶不到。以后，他们的意思的话，像我在家里，同他们一起搞，所以入进去以后，叫我帮助他搞好，搞以后，最后再理事会入进去，这样子。理事会以后，老人会的事情，我有空的时候帮，家里不牵连的情况下都去。其他没有什么。他们的意思，叫我们老人会管那个东西，像祠堂啊，宗祠，修理修理。LKD 啦，叫我们两个人主管这个东西，管那个祠堂修理。

问：今年刚刚修过，筹款也是你们组织的，就你们两个组织筹款？

答：也不是我为主。我们村子里有两个人提出来，这个宗祠不修理一下不像话，应该修理一下。他说他出水泥，两个人出水泥。我们当时因为老人协会经济底子很薄，他两个人能出出水泥的话，我们认为这笔款子是蛮大的，我们自己义务劳动一下，可以解决问题。我们会长提出来，我们相当一部分人有份的，到外面搞赞助去。我家里有牵连，都是 LKD、LCB 他们到外面去。我们就是说当时白手起

附录2 部分田野访谈录(FT001－006)

家,搞到现在大概有六七万块钱。把这个水泥地、水井都浇起来。房子里面原来也都是泥土,一塌糊涂,所以现在我们将房子里面都给它浇起来了。大门走进的两间你们都去看过了,昨天(我)没空去,看过以后都给它浇起来。还有里面地板也买来了,最近也打算给它搞上去。他们为主啦,我都是协助协助、干预干预。实在走不出的话就不去了。我这个家(负担)确实蛮重的。

问:那两个提出意见修祠堂的也是老人会的?

答:也是老人会。一个是两兄弟,另一个我们一起当兵去的。他在浙江宁波石化,原来在那里当供销科科长的。我们(19)53年当兵,他是义务兵。我们6人去的,他原来是团支部书记。我们都(响应)祖国号召,一个小村庄有6个人去当兵,义务兵。回来以后,他提出来,水泥他出了。我们老人协会,特别是会长LCR,说想办法到外面去搞赞助去。

问:是LKD和LCR,还是LCB?

答:LCR提出一个方案,大家协商可以去。

问:是哪两个人出去拉款?

答:去的话,我们也考虑也凭他们的关系。比方说,谁接近叫谁去。这样好说话一点,也容易把钱拿到,这样一个指导思想。LKD做了蛮多,LZC也去了,那么LCB也(去),近的近的去,远的远的去,到宁波去。

问:是找打工的去?

答:不是打工的,就是小老板,有点钱。这样的情况都去。

问:这也是光宗耀祖。

答:哎,都蛮乐意的。这样一搞的话,影响(大了),我们整个村子都知道了,我们老人协会在搞这个东西,那么宗祠,大家都愿意给一点。你愿意给就给,给多少,随便你。

问:当时你们去没有去发动村民?

答:没有(发动)。当时我们考虑水泥拿来了,但是工钱、辅助材料还是不够。你说呢?LCR会长就说我们要到外面去搞一些赞助,那一点钱可以开支。也就是这样子一弄,村里面都知道了,在外面的人都知道了,我拿出一千块的,我拿出五百块的,多少我们不责怪,只要你拿到了,心意就好了。那么现在我们大概有六七万块钱。

问:现在用了多少?

答:现在用了,大概到昨天为止……款子他们一定要我管。我是没有读过书的,不懂事的,他们就是相信我,现金一定要交给我。现在我们还有七千多块钞票。

问:以后还可以继续,这笔钱就是用来这个?

答:对。我们就是筹多少钱搞多少,其他(和祠堂无关的)都不搞的,以后钱又来了,又搞一点。

问:那个时候拉赞助就是村委会那边有没有去拉过?

答:没有。

问:村里没要钱?

答:没有。

问:为什么当时不想到请村里面赞助一点?

答:我跟你说,这个书记一点不关心。

问:他不管村子里面的事情?

答:哎。按道理来说,这个东西是村里面的事,我们老人协会协助为主的,确切来讲。

问:那你们又没有钱的,照道理应该村里面出钱。

答:村里面按理来说,收入里面,有一个蛇盘塘,原来我们老百姓是很困难的,粮食没得吃,吃草啊,个个都去搞塘去。这个是镇里面集中组织的。我们整个镇啊,TP 镇,原来 TP 区啊,区里面各个乡,各个村,出多少劳力,把那个塘做起来,第一期工程,第二期工程,第三期工程。做塘的情况是很困难的,各方面都是农村自己管的,甚至有流血牺牲的。其中有一个在那边冻死了,做塘。

问:我听到还有人淹死过。

答:对,就是那个 LSF 的弟弟。那么从我们心情来讲,你现在做好塘了,有收入了,有钱了,一年大概有 10 万收入。那么死了个人,我们没有钱没办法,有钱的话应该给他衬一点、补充一点。

问:那最后呢? 一点都没有?

答:没有啊。像这样的做法,我们的思想,作为我来说想不过的。

问:连赔都不赔吗?

答:就是说嘛。一开始是说,没有条件,死了就死了。后来有钱了,应该……村里像这种钱都不赔的。肯定不会来修宗祠。我们原来就说义务工。

问:那是什么时候的事情? 修这个。

答:这个时间很长的,我还没有回来,还在单位。

附录2　部分田野访谈录（FT001-006）

问：那是很早的事情。

答：哎，几十年了。后来(19)97年12号台风是有名的，到浙江台州，就在我们三门。把那个塘坝都冲掉的。住在那个塘旁边，连人带草棚都冲掉去，最厉害的。那么到现在我们认为，作为村民，你过去没有钱没办法，他是命丧在那边的，为那个塘，从现在来说，他有家人啊，应该要给他补偿一点。不是说十万、二十万，你每年应该补偿一点。

问：每年一点。

答：有，多一点；没，少一点。或者几千块，或者千把块，或者几百块，随便你。（不给），就是我们心里过不去的。

问：现在拿不到也没办法？

答：没办法啊，那个钱都是村里面领的。他是东开支、西开支，开到哪里我们也不清楚。

问：那这个事情有没有跟镇里面说过？

答：镇里面也不行。

旁人：就是镇里面、村里面一条路。

答：就是啊。反映不了，反映了也没有用。特殊情况你们也不了解，村里面，现在这个村干部最凶。反映，就是我们村里面那个账务应该拿来用在什么地方，实事求是要公布。

问：那还是老人会搞得好一点。

答：我们这个经济确实是一清二楚，一个月专门一个会计、一个出纳，到年终，我们账结好，老人协会代表一起来一起算账。

旁人：村里面村务不公开的？

问：他是说公开，但是有点虚。

答：我说啊，村务是公开，他怎么公开呢？收入是他一个人，开支也是他一个人。那么现在按照上面的政策规定，镇里面代管。账务交给镇里，镇里再给你。这样子，村里来龙去脉不知道的。

旁人：如果村支书跟镇里关系好一点，两个可以串起来做这个账啊。

答：就是。他自己收入、自己支付了。他公布是公布了，公布了以后贴在老人协会。

旁人：也没有质疑这种情况？

问：农村事情很复杂。

村庄内源性组织与乡村治理

旁人：有些村子很厉害，这种事情一发生就上访。有没有想过上访？

答：你说上访的事情对吧？这个上访，上一次我们有个村民就提出来要算账。你说怎么办呢？村里面搞不通，他就想到一个东西，叫村民签字，联名告状。联名告状以后，七弄八弄，(村支书就)把他打掉。这个作为共产党员是不好做的。他是群众，你是党员，最起码你打人，理少一点。所以说，这个东西搞不清楚的。

问：这次没有选他，其他人，这次换过了，不选他？

答：通过这一次党支书选举，他还要讲大话，我愿意当的话，当一辈子也可以。如果选的话，我有多少票有把握的。这个话说起来实际上没有(用)，最后的结果，不行了。

问：这个就是你做了的事情别人不认可，下次就不选你。

答：对的。

问：这个事情是一样的，这个(不给钱、账务不公开)事情我们没办法，我们可以用选票把他选下来。

答：作为党支部的话，应该是党员来说。村民就在说，这一次看你党员究竟怎么想，素质怎么样。如果再选他的话，就要骂那个党员。

问：村里面大概有多少党员？

答：我们村里是6个退休的，把我们退休的踢在外面。

问：这个我昨天也问过，LSF，他说现在都没有人管他了，没有过组织生活。大概农村这一块，也不只刘村，其他地方也……

答：搞不清楚了，究竟是(属于)TP镇，还是其他。

问：农村都有这个情况。

答：按照中央规定，党章规定是不可能的，不应该这样。我们一个党员在单位里，平时都是接受组织生活。

问：你年轻的时候是在哪里？退休以前？

答：我(19)53年参军以后，部队下来以后就到水产。

问：当几年兵？

答：两三年，退伍直接转业到水产。三门水产公司，冷冻厂。

旁人：比如说这种选举，比如说MYQ他势力这么大，就是他家里，只是跟镇里有关系哦？

答：他有一个舅舅在镇里面，原来是副镇长，现在退到人大，他那个舅舅是姓金的。

附录2　部分田野访谈录(FT001-006)

旁人：那现在这个书记新的选上来，会不会好，你觉得？

答：现在这个书记上来是我们原来老村主任的儿子，LSW。他爸爸LKYu最近去世了。

问：你在水产厂，做什么？

答：最后是我负责的，厂长书记都是我当。

问：什么时候退休的？

答：文化大革命开始在那里当。"文革"以前我是搞业务的。"文革"刚开始我已经是副厂长了。副厂长之后是书记。书记以后，我退休了，(19)93年。

问：退休以后怎么想到加入(老人会)？

答：退休以后，我回到家里，村里面老人会组织，他们动员我参加，LCB他们。有一个组织，大家相互照应照应、活动活动。然后，他们叫我参加那个理事会。一个是家(负担重)，一个是我能力有限。

(中断，卖化肥)

问：一天这样有多少？

答：我也不清楚。没有算账的，卖了就算。

问：你这个是个人开的？一个月大概有多少？一个月总要做账。

答：不太清楚，不做账的，卖掉就算。

问：你退休有工资的？

答：我退休时候，当书记不好接班，吃亏了吧。待遇的话，他说你是企业，不能算行政，行政的话多，总有两三千，三千左右。原来很少，(工资上)调了四五年了，现在是一千七。那么作为农民来说，我们是心满意足了。这个东西(化肥)天天涨，昨天通知涨。老人协会就是协助协助。

问：那个入会也是LXK(任上)的时候，把你拉进去的，还是你主动去的？

答：和LCB他们一起入会的。

问：刚入会的时候做什么？有没有当组长？

答：没有。就是后来他们说你到理事会去，通过大家选。

问：什么时候？

答：就是这一届。

问：当理事，你分管什么？

答：就是和LKD分管(祠堂)修理。都是LKD做得多。

旁人：你也应该可以的，不然别人不会让你(负责)。

村庄内源性组织与乡村治理

答：我们可以说是旧社会出身，家庭很苦出身。

问：兄弟有几个？

答：兄弟多得很，现在剩我一个。兄弟4个。讲到兄弟，我是读书时，小学读一期，读一册(书)。读了一(学)期之后，我考第一名。我第二册书买来，我书没得读了。我大哥死了以后，家里就说种田、垦田，送午饭，我没办法读了。就这样子，读了一册书。我认为，让我读的话，我可能会读上去，家里有牵连，没办法。我兄弟有4个，大的死掉了，还有一个哥哥，还有一个弟弟。我是77岁，他(弟弟)今年应该65岁，原来也是在水产，他在船上收购，也是原来我们那个党支部的成员，单位的。后来单位倒掉，他就做生意去了。

问：你入党是什么时候？

答：1956年1月份。

问：你有多少儿女？

答：3个儿子，2个女儿，4个孙(辈)。

问：儿女做什么？

答：大的儿子开店。

问：在哪里？

答：原来公安局出来的地方，海游，卖皮箱、包、读书的拉杆箱，就这些。原来在这里开饭店，现在那个卖水管的房子是大儿子的，他现在租给人家的。第二个儿子卖拉帘门，过一两间，小店开在那边。第三个儿子在路桥打工。他本来可以在那边(水产厂)，后来单位倒掉了。如果单位存在的话，现在(生活)条件也可以的。大的儿子媳妇(贤)惠的，她人聪明，生意好，可以说有点创(业)起来。房子他有两个套房买来，其中一个套房40万买来，装潢大概十多万，早一点买来便宜。还有一个在小菜场这儿，原来木材公司房子，是木材公司拍卖。他有一间买来，一年两三万、三四万，租给人家。他有两个儿子，一个在杭州，大学去年毕业，当时考虑本乡的不愿意读，他工作在杭州。

问：女儿做什么？

答：我的两个女儿比较可怜。一个女儿生了一个女儿，18岁。她的老公不还账，人既没有本事又没有钱。原来是种菜，种菜他本来也种不来的，我女儿给他管掉了，什么种子、什么农药都是我女儿管。管了以后，人家叫他盖房子，一点房子赚了1万块钱。赚了以后他就到外面办生意去了，借了二三十万块钱，借了以后就花掉。第二个女儿本来还好的，就在TP，生了儿子大概14岁。结婚以后，我这个

附录2 部分田野访谈录(FT001-006)

女儿打工做衣服,比较稳定的。现在突然生了一个病,这个病就是没办法医了,尿毒症。她是特别的,我们听也没有听过,只有一个肾的,一共一个肾,这个肾里面4/5坏掉了,唯一的办法就是换肾,换了以后弄不起(指后续花费过高)。三门看了,临海看了,到省里浙医也去了。看看希望不大。没有办法,换肾换了也没有办法。这个事最担心。

问:那还是儿子(生活条件)好一点。

答:第二个儿子做泥水的,很苦很苦,一年365天,他要做370、380天。正月初一他都做。他2个小孩,18岁女儿,16岁儿子,都还好。读上去,大的那个在三中(三门中学),在三门,三门中学算好的。他2个都考上去,这个担子稍微轻一点。

问:嗯,小孩子争气,大人就省心。现在苦点,小孩子争气就有用。

答:哎,就是钞票。他这个遗传身体不好,最近发现甲亢,经常到医院检查。在家里,身体健康是第一。

问:你身体不错。

答:我最近天气一凉,这里肩膀很痛。家务都是我,这样一搞,身体也不行了。

问:太辛苦。

答:可能劳累了。我是苦出身,我老太婆很艰苦,人家都叫她不要养猪,她偏要养,她说应该要养一只给孙子。农民确实困难啊。

问:嗯。我还有一些问题。你在老人会差不多十年,有什么印象深刻的吗?

答:印象深刻的,这两个会长对我们来说都是蛮热忱的。

问:一个是LXK,还有一个是……

答:LCR,现在生病了。这个人办事力度大,各方面关系好,咋讲就咋做,有些事好商量的,左右也考虑一下。再一个老人协会LCB也很好,LCB担子确实是重,像我们修那个祠堂,赞助的钱,都是他先做账,钞票我管,做账我不做,他逐渐一点点要搞起来,都是那个LCB做起来。今天钱拿来,写上、公布,他比较辛苦。

问:老人会不是有自己的出纳和会计,为什么不让他们来做?

答:这个我也不懂啊。有些人就把那个钱花掉,这样一个情况。

问:嗯,都是这些责任心重的人、(让人)放心的人管。

答:我实际上管这个东西,他一定要我管那个现钱。给我一万块就一万块,你用了多少就多少。上坟去(指祠堂祭祀),村里钞票都没有,上坟都没有去。我们就骂人,你说对不对,老太公都不去,你怎么行呢?现在这个关系,MYQ他的爸爸

村庄内源性组织与乡村治理

入赘姓梅的,他的母亲是姓梅的嘛,他姓梅也可以、姓刘也可以。他有4个兄弟,这两个,大的MYQ,还有一个小弟MYB,(族)谱里登(记)的姓刘的。所以说,我们搞活动,他一点都不管。

问:他们钱有没有交?

答:MYQ最后给了500块钱。

问:我们做老人会十几年了,现在制度挺健全的,你对下一步有什么想法吗?

答:(笑)这个想法也没有,我这个思想是偏以实务为主。大家商量,这两年以来,从那边搬到这里来,这房子是乡政府的,实际上这房子应该给我们的。他们说要到县里面老龄委让哪个领导开口证明,我说不可能的,你住得下去就住下去,你找哪个领导说话不可能的,谁答应的,你找任何人,人家不会答复。还有一个地方(指上将第)应该我们管,我们说把这个房子拿回来。最近两年搞基建搞得太多了,以后开支恐怕(要)少一点。譬如昨天说的以会员福利为主,将来好收入的地方再搞一点收入。像我们老人协会,大家都是用力的,大家齐心协力,(祠堂)义务工也给一点补贴,一天30块钱。往后其他地方,我们想尽一切办法搞一点收入,发挥作用,使会员福利方面搞好一点。

答:(补充)现任村主任是老村主任的儿子。老村主任一般来讲还可以,他对老百姓很关心,计划生育各方面,你比方说出了事,LSW是聪明。所以经济的问题呢,作为我们来说,绝对相信也不可能,别的办法也没有,到地区告状要打证明,这个行不行?这个制度不行的啊,下面到地区告状要打证明,谁给你打?没办法,制度问题。

旁人:老人会做好就好。

答:老人福利为主,照道理村里的事我们要懂一点,你做得不对,我们不服气。TP(党员)老人退休多的是,都说村里的工作不好做,政策没有。我们难道会给你搞破坏?我们现在一般不讲的,不讲的,好也不讲。你说对不对?

附录3

部分田野照片

图 1　远眺刘村一角

图 2　刘村村口一角

图 3　刘村沿河一角

图 4　笔者在刘村房东门边

图 5　笔者三人在刘老会会所

图 6　刘老会会馆门口

图 7　刘老会会馆西厢

图 8　刘老会餐厅

图 9　刘老会会馆墙上的通知、公告

附录3　部分田野照片

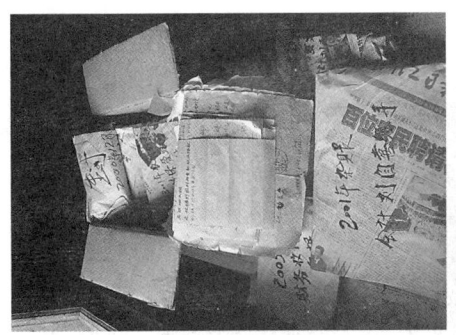

图10　刘老会年度资料

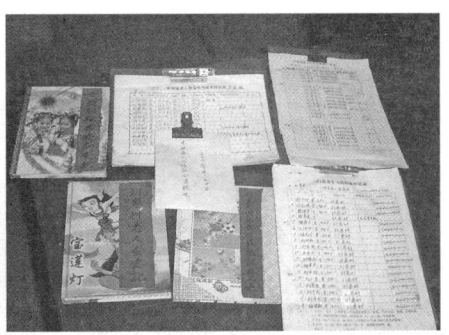

图11　刘老会史记等文件

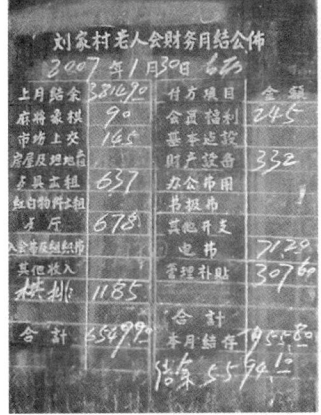

图12　刘老会财务公开

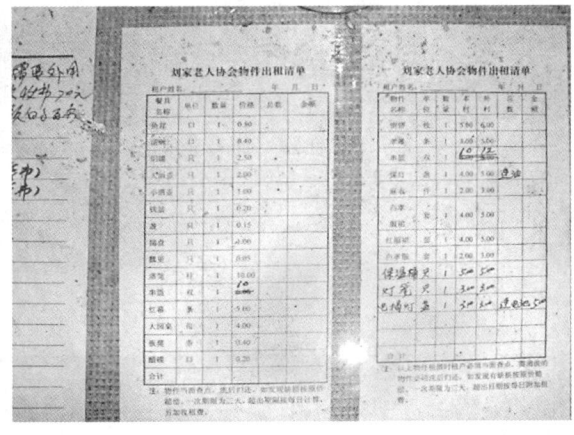

图13　刘老会物件出租清单

图14　刘老会会长、副会长（2007）

村庄内源性组织与乡村治理

图 15　刘老会核心成员（2016）与笔者

图 16　贴在墙上的刘老会会员照片

附录 3　部分田野照片

图 17　刘老会会馆天井娱乐

图 18　老人们聚在刘老会会馆门口闲聊

图 19　老人们在修缮刘老会会馆

图 20　负责刘老会宣传工作的理事正在出黑板报

图 21　刘老会成员正在清明防火巡逻

图 22　刘老会理事会成员会议

图23　刘老会负责经营管理的集市

图24　老人们相互扶持着去刘老会

图25　第一届老人运动会

图26　刘老会会员老人节聚餐

附录 3　部分田野照片

图 27　刘老会正在分发会员福利

图 28　刘氏宗祠

图 29　梅长者祠

图 30　刘氏宗谱的两位保管者
　　　　正在翻看宗谱

图 31　梅氏宗谱

村庄内源性组织与乡村治理

图 32　梅氏冬至祭祖

图 33　清明上坟

图 34　堂前祭祖

图 35　上将第

图 36　GH 中学旧址

附录 3 部分田野照片

图 37　半石头房和墙上标语

图 38　刘村村民正在收割稻子

图 39　刘村的传统手工业编草鞋

附录 4

刘村家庭结构、规模与形态[①]

表 1 刘村家庭结构

家庭类型		数量(户)								
		全村		一区		二区		三区		四区
核心家庭	父母和未婚子女同住	155	255	59	88	30	46	27	50	39	71
	父(或母)和未婚子女同住	22		7		3		5		7	
	没有子女的夫妇	31		11		4		7		9	
	单身者	47		11		9		11		16	
直系家庭	两对(以上)不同辈分的夫妻	12	54	7	23	2	5	1	10	2	16
	至少一对夫妻分离	42		16		3		9		14	
联合家庭	两个或两个以上已婚的兄弟姐妹		4			1		1		2	
	至少一对夫妻分离	4				1		1		2	

[①] 2008年在籍浙江大学的研究生张彦飞参与该统计工作。

村庄内源性组织与乡村治理

续 表

家庭类型		数量(户)				
		全村	一区	二区	三区	四区
联合直系家庭	父母(或其中之一)与两个(或以上)已婚的、有(或没有)孩子的兄弟姐妹一起居住					
总数		313	111	52	61	89

依据资料:2006年刘村户籍册(1—4册)

表2 刘村家庭规模

家庭人口(人)	全村		一区		二区		三区		四区	
	家庭数量(户)	所占比例(%)	家庭数量(户)	所占比例(%)	家庭数量(户)	所占比例(%)	家庭数量(户)	所占比例(%)	家庭数量(户)	所占比例(%)
总数	313	100	111	100	52	100	61	100	89	100
1~4	272	86.9	97	87.4	48	92.3	51	83.6	76	85.4
5~6	41	13.1	14	12.6	4	7.7	10	16.4	13	14.6

依据资料:2006年刘村户籍册(1—4册)

表3 刘村家庭形态

	户数	所占比例	人数	所占比例	每户平均人数
核心家庭	208	66.4%	647	67.5%	3.1
主干家庭	54	17.3%	251	26.2%	4.6
单身家庭	47	15.0%	47	4.9%	1
其他	4	1.3%	13	1.4%	3.3
总计	313	100%	958	100%	3.1

注:核心家庭包括:父母和未婚子女同住、父(或母)和未婚子女同住和没有子女的夫妇这样三种情形的家庭在内;参见刘村家庭结构表。

依据资料:2006年刘村户籍册(1—4册)

附录 4　刘村家庭结构、规模与形态

表 4　刘村家庭形态分册统计

(1) 一区

	户数	所占比例	人数	所占比例	每户平均人数
核心家庭	77	69.4%	242	67.6%	3.1
主干家庭	23	20.7%	105	29.3%	4.6
单身家庭	11	9.9%	11	3.1%	1
其他	0	0%	0	0%	0
总计	111	100%	358	100%	3.2

注：核心家庭包括：父母和未婚子女同住、父（或母）和未婚子女同住和没有子女的夫妇这样三种情形的家庭在内；参见刘村家庭结构表。

依据资料：2006 年刘村户籍册（1—4 册）

(2) 二区

	户数	所占比例	人数	所占比例	每户平均人数
核心家庭	37	71.2%	115	76.7%	3.1
主干家庭	5	9.6%	23	15.3%	4.6
单身家庭	9	17.3%	9	6%	1
其他	1	1.9%	3	2%	3
总计	52	100%	150	100%	2.9

依据资料：2006 年刘村户籍册（1—4 册）

(3) 三区

	户数	所占比例	人数	所占比例	每户平均人数
核心家庭	39	63.9%	118	64.8%	3.03
主干家庭	10	16.4%	48	26.4%	4.80
单身家庭	11	18.0%	11	6%	1.0
其他	1	1.7%	5	2.8%	5.0
总计	61	100%	182	100%	2.98

依据资料：2006 年刘村户籍册（1—4 册）

村庄内源性组织与乡村治理

(4) 四区

	户数	所占比例	人数	所占比例	每户平均人数
核心家庭	55	61.80%	172	64.18%	3.1
主干家庭	16	17.98%	75	27.98%	4.7
单身家庭	16	17.98%	16	5.97%	1
其他	2	2.24%	5	1.87%	2.5
总计	89	100%	268	100%	3.0

依据资料:2006年刘村户籍册(1—4册)

附录 5

刘老会史记[①]（SJ001-045,SJfl001-002）

SJ001：会议项目

1999 年 12 月 18 夜（20000222）

会长 LXK：明年要着重做的几方面工作

1. 核心组的精减

2. 理事会的成立

3. 史记工作的必要

4. 老人会总则的通过

5. 会员的权利和义务

6. 明年的规章制度及其他是否有修改之处

7. 今年春节对 80 岁以上、100 岁以上高龄会员的特殊优待问题的研究

8. 明年集会的有关规定

参加会议的核心组全体人员一致讨论通过，并同意实行。

出席人：LXK、LZC、LKY、LKD、LCG、LKC、LCY、LKS、LKB、LCB（10 人）

SJ002：刘村老人会章程

第一章　集会总则

一、集会自愿，退会自由。

[①] 附录 5 和附录 6 均为刘老会内部文书，遵循田野资料原始样貌呈现。由于文书记录者的文化水平所限等多种原因，这些文书语句可能不够通顺，文字可能不够优美，甚至存在着病句错词，图表数据也可能存在个别小出入。但是为了更为原生态地呈现刘老会，笔者只对错别字和病句做必要的修改。有些不尽如人意的文字表达，如若不影响基本阅读，尊重原文，图表亦保留原貌。

二、凡年满55岁（虚岁）的男女老人，不论何时，只要自愿要求并交纳当年规定的入会费和会员组织费，办理手续后，公认为正式会员。

三、要求退会的，不论何时都有自由权，本会大门随时开着。

第二章 会员的义务和权利

1. 在村两委的领导下，必须有会员的组织性，带头支持和响应党的各项号召和村务工作。

2. 必须加强会员观念，每年自觉地交纳每年规定的会员组织费。

3. 力所能及地自觉地做一些公益的义务事业。

4. 要树立老有所学，老有所为等观念，关心国家大事，遵纪守法。

5. 要发扬尊老爱幼的社会公德，做好家庭团结和互相帮助，调节和各家庭的一些矛盾。

6. 要有爱会如家的思想，关心各项老人事业的发展，使每个会员都有一个安度晚年的保证。

7. 会员有会内领导人员选举权和被选举权，同时也有权向本会提出对老人事业的一些看法和建议及管理制度的意见。

8. 会员一律有享受本会根据资历不同规定的一切福利权。

9. 会员必须爱护本会一切物资，有权抵制那些有损公物和违反本会规定的坏人坏事。

10. 会员必须每年一次性交纳组织费（按当年规定），如一年不交免去当年一切享受，连续三年不交做自动退会处理。

11. 会员有退会自由权利。

第三章 组织机构

会长一人，副会长二人，组织档案一人，会计一人，总务一人，出纳一人（由副会长兼任），财务审查一人（由副会长兼任）；

日常管理员一人（专业）；

以上7人组成一个集体领导班子——核心小组。

下设4个组，每组配有正副组长，以上15人组成一个理事会。

第四章 领导人员分工

会长：LXK

副会长：（1）LKY；（2）LZC

组织档案：LCB

会计：LKC

总务：LKD

出纳：LZC(兼)

财务票据审查签字：LKY(兼)

第五章 核心组成员

组长：LXK

副组长：LKY、LZC

成员：LCB、LKC、LKD、MQQ

等7人

第六章 理事会成员

会长：LXK

副会长：LKY、LZC

成员：LCB、LKC、LKD、MZX、MQQ、LCG、LKYe、LKZ、LKH、LKB、LCD、WXN

等15人

第七章 市管负责人

负责人：LCG

管理人员：当年的承包人

SJ003：管理制度和有关细则说明

(1998年起草初试 1999年实施)

通过两年来试行逐步加以调整和充实形成2000年执行决议

原则是：集体领导 民主管理 分工负责

一、财务管理

1. 收付必须严格按照票据手续。凡收入款项要先开票后入账，现金收入和单据转出纳保管。支付要以发票为先，确无正式发票的代用白纸头票，要经专人核对签字或经本会负责人签字后生效。

2. 收付必须账目分明。会计做账要分清项目，列出明细，每月结算，月月公布。出纳互相配合，在月底前一至三天，必须整理好所有票据交会计结算公布。年终必须选出代表清查核实，总公布一次。

3. 要勤俭治会，严禁不必要的支付和乱费用。开支金额在10元以内的须经核心组同意，百元以上的必须通过理事会全体人员同意，否则不能开支，不得入账。

4. 物件出租付费及其他一切收入，必须按规定办事，任何个人不得任意修改。如确实根据实际情况，认为有要更改的，只能提出看法后，经核心组或理事会研究确定后，或升高或降低，否则要付一切经济责任。

5. 严格收付手续，收付严禁在账外相抵不做账。收入不论多少都应先开收款收据入账。就是淡季要付出的，也必须先开付款发票手续，这样才能明确年总收入和年总付出的实况，避免糊涂账。

6. 有关人员(理发员和日常事务管理员)的工资及补贴，都必须单项登记，造册签字。

7. 娱乐券必须要严格领发登记手续。每月的娱乐费(包括其他费)必须在月底收缴。每月上交现金和发出的券数和留下的票数都必须在账目上准确分明。

8. 加强对理发室的管理。非本会会员同意理发但必须先到经管人员去付钱买票。大人1.5元，小人1元，凭票理发。理发员凭票到会计处结账。会计以票数向经管员收钱。为了发挥理发员的积极性，每张大人和小人票给其5角报酬。管理员每张理发票奖其1角。即老人会大人票每张9角，小人票每张收入4角，作为柴火与其他一切管理开支。其主要是为了有利和方便广大群众。

二、各物件出租费规定

1. 餐具租费：全套(10桌)一次为百元(内8元给管理员手续费)，半套(每样一半)为伍拾元(内给经管人员手续费4元)，半套以下的零租租费参照零租规定办事。附有零租价规定，一次为三天期限。

2. 串篮出租价为每双6元一次(二天)，外村8元。

3. 红幕出租为5元一次(三天)。

4. 孝幕出租价为3元一次(二天)，外村4元。

5. 孝服(夏布衣)每件为2元一次(二天)，外村3元。

6. 红服(红裙)每套为5元一次(二天)。

7. 白服(白裙)每套为5元一次(二天)。

8. 铜锣每枚为5元一次(一天)，外村6元。

9. 烟灯(连油)每盏为5元一次(一天)，外村6元。

10. 麻将每副4元一天(一般不向外租，特殊情况需本会会员出面代租)，损失照价赔偿。

经管员职责：

以上各物件租借，由经管人负责收费到会计处开票交款，再转出纳，不得拖

附录5　刘老会史记(SJ001-045,SJfl001-002)

延。如各户超出期限不还,由经管员负责按时间计算加收租费。有缺损由经管负责按价赔偿。如经管人员失责没有交代或验收,造成的损失由经管员本人自负。有缺损由经管员负责按价赔偿。另外餐具经管员根据情况要适当清理餐具卫生。其他各物件经管员也必须妥善保管好。

(附)餐具零租收费规定

铁盒每只0.15元,盏每只为0.10元,铝制罐每只为1元,酒壶(大)每只为1元,酒壶(小)每只为0.50元,汤碗每只为0.20元,长鱼盆每只为0.30元,汤瓢每只为0.05元,方盆每只为0.50元,竹联每张为0.50元,经管员手续费由租户另付2—3元。

三、娱乐管理条例

1. 老人会的娱乐场所,原则上单供老人活动,禁止非老人参加活动。为了老人保持正常和充足活动的需要,我们必须有管理和各方添置,因此必须收点娱乐管理费来增补活动玩具等的设备支付。

2. 娱乐费的暂行规定:凡老人搓麻将的每人收三角(一桌为1.2元)一次,下象棋的每人收二角(一桌为0.80元)一次,管理员必须撕票收费,严格手续。非老人硬要参加活动,管理人员必须交代清楚,一切后果自负,但每人必须交娱乐管理费五角(即每桌二元)一次,如有意起哄造成损失,不但要按价赔偿还要酌情罚款处理,报有关部门解决。

四、有关对会员病探及终别的规定

1. 会员有病重必须组织人员探望。但由于本会资金能力有限,暂定一次性探望形式(待以后资力实裕,另改多次性探望)。会员如有重病,各组组长负责掌握情况,确实到了需要急于探望关节,必须及时报于本会组织探望。

2. 探望重病会员形式:目前我们只能以礼轻义重的方式组织有关人员进行。一般探望礼品掌握在价值五十元左右。

3. 会员与世长辞后,全体会员必须参加送别,本会必须在会史记载上,重视记载,保持永久存念(日期以仙逝之日为准)。凡治丧之日全体会员由组长通知,除特殊情况外要求自愿参加,但必须先到本会集中统计,有组织地去。必要时我们开个简短的追悼会,全体向亡灵致意,所送丧品目前暂定被絮一条。(说明:此规定大体不变,但其生前确有贡献或负有要职之会员,通过集体研究另作决定)

以上决议通过全体核心组织研究讨论,一致表示同意执行。

1999年12月19日

SJ004：关于新集会有关规定

凡年到 55 岁（虚岁）的老人，必须经自愿要求，一次性缴纳当年规定的集会费和会员组织费，经办理手续后正式成为老人会会员。凡在前半年参加的享受以后老人会的临时性的同样福利和义务。后半年参加的只能享受当年参加后临时性的优待，全年性的优待要到第二年开始同样享受。

（集会费与会员组织费按当年规定的标准数缴纳，每年的标准数根据情况有变动）

刘村老人会
1999 年 12 月 19 日

SJ005：人事变动

SG 第二组：组长 LKS，1998 年至 1999 年农历 11 月 24 日，任期 2 年。

SG 第二组：LKH 任组长（于 1999 年农历 11 月 24 日）

XG 第三组：组长 LCB，于 1998 年入会任组长，现免去组长职务，1999 年农历 11 月 24 日任组织档案工作。

XG 第三组：LKY 任组长

LZC 抓经济；

MZX 负责宣传学习；

LCB 管人事；

LKY 管治保；

LKC 管物件保存；

LCG 负责市场

SJ006：1999 年农历 10 月 30 日夜召开理事会议

2000 年实行

会议内容：

一、提任 LKH 为第二组组长；LKY 任第三组组长。理事会人员通过。

二、对各组长的要求和职责

1. 负责本组会员。根据本组内会员对老人事业有哪些看法和要求，代表本组向本会反映。

2. 代表本会向全组会员转告我们对老人事业的具体情况，通知各会员要做的

附录 5　刘老会史记(SJ001－045,SJfl001－002)

事情。

3. 每年一次收缴会费和必要时代表本会送发给会员福利品。

4. 掌握本组会员的具体情况,会员确属病重,需要及时探望,必须及时反应,或有会员家庭矛盾确需调解的,向本会提出要求,必要时一同帮助调解。

5. 组内会员发生百日之后,必须及时转告本会日期,以便通知各组会员参加送别和悼念。必要时开个追悼会。

6. 必须明确本组男女会员人数,掌握会员增减情况,做好各册登记和保存工作。

三、下个月(农历 12 月)要做的几件事

1. 财务方面：① 会计必须做好年终结算的一切准备工作。② 选派代表全面进行核实查对,结算公布。③ 筹集资金定出春节如何发礼品。

2. 人事方面：必须做好各方面的统计工作(包括男女会员人数,高龄会员数。各组分别数和总计数),并整好史记材料以便总结。

3. 总务方面：库存物资全面盘点一次(包括娱乐物件),落实责任。

4. 经营方面：包括市场、理发室、商店,全面总结一下,有哪些不符合规范,明年该如何去抓好管好。

5. 管理方面：必须总结教训,发现存在哪些问题,如何采取办法和改进措施(包括娱乐管理办法、机构组织形式和机构人员问题、规章制度问题、电视管理问题及出租物件等问题)。

6. 事业方面：如何寻找经济收入门路,扩大经济收入和发展经济效益,使老人事业兴旺发达。

7. 总之,我们要做好年终的一切总结,得出经验,吸取教训,树立榜样,促进老人事业的发展。

SJ007：1999 年财务年终结算公布

单位：元

收　方		付　方	
麻将象棋	3 087.00	管理工资	1 180.00
市　场	1 713.60	福利病探	1 673.98

续 表

收　方		付　方	
红白物件出租	684.70	基本建设	1 133.30
餐具出租	1 165.50	财产设备	2 449.30
房屋坦地	528.50	还暂借款	1 727.50
入会费组织费	883.00	办公用费	180.20
暂借款	2 027.50	电费	230.80
其 他	436.60	报纸费	422.00
上年结余	646.30	其 他	449.85
合 计	11 172.70		9 450.93
结存现金		1 721.77	

核实清账人各组代表：MZX、LKZ、LKM、LKS、LKN

1999 年农历 12 月 2 日

SJ008：理事人员（1999 年）全年补贴

会长 全年补贴 60.00 元

副会长兼出纳 全年补贴 70.00 元

副会长 全年补贴 50.00 元

正组长 全年补贴 30.00 元

副组长 全年补贴 20.00 元

总务 全年补贴 30.00 元

档案 全年补贴 10.00 元

SJ009：高龄榜

加一进十高龄普及	姓　名	性别	说　明	年　龄	走年逃月过日似飞
	LDX（赖）	女	LKB 娘	95	
	LCN	男		85	

附录5　刘老会史记（SJ001-045，SJfl001-002）

续表

姓　名	性　别	说　明	年　龄	
LXZ(罗)	女	LCO 娘	84	
BQH(包)	女	LCD 娘	83	
MYS	女	LKM 娘	81	
LCM	男		80	走年逃月 过日似飞
LKL	男		80	
JSM(蒋)	女	MFX 娘	80	
BJH(鲍)	女	MZB 娘	80	
合计		男3人 女6人		

左侧合并：加一进十 高龄普及

刘村老人协会
1999年12月7日

SJ010：刘村老人会春节前后晚呼稿

喂！大家听牢——

一、春节将到（已到），注意安全

二、小心火烛，防止贼盗

三、小人防火，大人管教

四、老人被头，千万别上

五、水缸要满，灶前要光

六、夜里睡前，关好门窗

七、综合治理，事关重要

八、坏人坏事，人人提防

九、家家和睦，邻里友好

十、毁坏山林，罚款坐牢

十一、遵纪守法，大讲特讲

十二、尊老爱幼，普遍提倡

十三、贺祝老小,春节快乐

1999年农历12月16日—1月16日

SJ011：会长LXK在1999年度年终总结大会讲话

各位会员、各位长辈父老：

今天是1999年度的年终总结暨颁奖大会，我代表刘村老人协会在这次会议上首先向各位问好，祝大家晚年安乐，心情舒畅地迎接春节的到来。

现在我把这一年我们老人协会的概况，简单地归纳一下，向各位汇报：我们老人会现有会员142人，其中男71人，女71人。全会在党和各级政府以及村两委的领导之下，同心同德。我们某些方面的事业是有所发展的。

一、组织机构方面：原则是"集体领导，民主管理，分工负责"。以各组挑选骨干组成13人的一个理事会。成员分工分线负责。全会分为四个组，配有正副组长，全会还配选有妇女代表。大家都是尽义务为公、各负其责、愿做公仆、甘当勤务员。分工有担任会计、出纳、组织档案、市场、理发室、总务、票据审签、治保等各线工作。

二、财务管理方面：坚持严格票据手续，财务月清月结，年终组织核算、清查，公布于众。基本上没有发生出入和差错，符合我们办事方针，就是达到"勤俭办公"，紧缩不必要开支。广抓适当的收入门路，实现老人事业的再发展。凡开支100元以上的，必须要经理事会全体人员研究同意。开支发票，特别是有些白纸头票，务必经专人审查签字生效。各项收入，必须先开收款收据的三联单。

三、规章制度方面：全体理事人员，根据分工不同，订立责任制，落实相对措施，奖罚分明。库存物资全面核实清点，发现有缺，追查责任，及时酌情赔偿，坚持对事不对人。出租一切物件一律按集体研究的规定办事，任何个人不得随意更改。否则，要补赔不足的现金和负责不良的影响。市场、理发室、商店，坚持按承包规定办。订立了以理事会，全体人员和各组长为基础的每月月底一次碰头会，小结本月事业情况和研究明确下月要做的事业。会前学习有关报纸和资料，以少带多，以组长转告并启发带动广大会员。还利用黑板报和晚呼等方式，结合有关要事宣传和好人好事表扬，树立新风尚。年终进行全面的总结及评比工作，总结经验，树立楷模，加快事业的发展，掀起个学赶的生动局面，使广大会员精神焕发，有益于身体康健，达到长寿高龄。

四、事业方面：在我们老人会带头影响下，配合广大村民造成东川岭的一条

附录5　刘老会史记(SJ001-045,SJfl001-002)

机耕路，扩修了百亩洋人行道，前后经村两委的支持，修补了百亩洋沸的一段比较有难度的水沟，为民为下代子孙造福。同时又根据大部分村民要求，为了调节村民精神，活跃农村文娱面貌，在冬闲季节，据自愿原则，担负起挨家逐户筹集钱粮的工作，圆满完成了一次台戏的演出。我们主动帮助个别家庭调解了一些家庭矛盾，我们接受了村两委的委托，担负起维护和整顿管理好市场的责任。通过了多次反复有效的整改，花出了相当心血，从原来每月20来元无人承包管理，到目前每月130元至155元还要通过打算、摸纸阄等方式竞争承包管理，既增加了收入，又使市场较前稳定繁荣。最近年关前后，主动配合有关部门和村两委，为搞好综合治理，使民众安居乐业，过好新年，委派专人晚呼，暂定一个月。我们还公布了高龄榜，对高龄老人表示特别尊重，尊老敬老社会新风尚，使广大老人越活越有劲，人人想长寿，个个争高龄。我们肩负的事务还很多很多，离上级要求还很远很远，有待我们今后去努力，明年再实现。这当然与上级和村两委的领导和支持也分不开。

五、今后的努力方面：首先要整顿领导班子，把真正合格的人选用为领头人，随时总结经验，取长补短，虚心学习各兄弟协会经验，倾听高龄会员及广大老人的正确意见，展开思路，扩大经济收入门路，解决和改变经济贫困面貌，调动一切积极的有效因素，突破经济难关，使各项老人事业全面发展，使每个老人感到加入了老人协会的组织，就好像进入了一个温暖安乐的大家庭，使全体老人掀起越活越有劲、人人想长寿、个个争高龄的新潮流。对今后的工作，我们通过今后的实际，边做边修改边提高。因为我们办会经验不足，能力有限，所以只能边做边学，逐步摸索，也希望大家献计献策，为把我们的老人组织各方面的事业办好而努力。这是各位的切身利益，不是哪一个个人的事，希望大家都要树立起这样一个集体观念，共同协商、齐心合力，把我们今后的事业办得更好。总之，我们今后一切工作要从有利于每个会员利益，符合每个会员意愿出发。

于刘村老人协会1999年度年终总结会议上的讲话。

1999年农历12月20日

SJ012：关于刘村老人会经济情况

副会长兼出纳：LZC 讲话

我们刘村老人协会自1999年领导班子改选后，由LXK同志担任会长。他总结了以前办会经验教训，为使老人会办得更好，他花了不少精力。改组领导班子，

村庄内源性组织与乡村治理

实行了集体领导、民主管理、分工负责。虚心接受会员意见,制定出切合实际的有效管理措施,大抓经济收入门路。搞好会员福利事业,每年经济收入有显著增长。特别对本会经济严格管理,做到白纸头票专人审查签字,开支在百元以上必须由理事会通过,收付账目月清月结月公布,年终由各组选派代表清查财务进行总公布。1999 年总收入一万多元,相比 1998 年增长 30% 以上。其中集资款 2 000 多元,占总收入 20%;娱乐场收入 3 000 多元,占总收入 30%;市场收入 1 700 多元,占总收入 17%;红白事业餐具出租 1 800 多元,占总收入 18%;米厂和其他收入 1 000 多元,占总收入 10%;入会费和组织费收入 500 多元,占总收入 5%。开支方面:由于起初管理经验不足,1999 年总开支 9 000 多元,管理人员工资 1 180 多元,占总付出的 13%;会员福利事业 1 670 多元,占总付出的 18%;基本建设 1 130 多元,占总付出的 12%;财产设备 2 440 多元,占总付出 26%;还暂借款 1 700 多元,占总付出的 18%;办公用费 180 多元,占总付出 1.8%;电费 230 多元,占总付出的 2.2%;书报费 400 多元,占总付出 4.5%;其他开支 440 多元,占总付出 4.5%;总收入除去总开支还结存现金 1 700 多元。因为刘家村老人会基础差,全靠全体会员大力支持,动脑筋想办法,从办会到如今,固定财产价值 7 000 多元,如餐具、电视机、电风扇、理发椅、串篮、锣幕等都是全会财产。今后为了更好地管理经济工作,多挖经济收入门路,要以理事会为核心力量,充分调动广大会员积极性,想办法使每个会员献计献策,并且学习各地先进老人会管理经验,力争 2000 年比 1999 年(总收入)再增长 30% 到 40%。

采取有效措施:

一、红白事及餐具物件出租。为了方便用户,要掌握灵活性,定为整套、半套和零租,管理人员态度和好,热情接待,使租户心情舒畅,租价合理优惠,估计光餐具一项要比 1999 年收入增加一倍。

二、娱乐场严格管理,做到日日不漏洞,场所清洁卫生,桌位多安排。

三、理发室:理发价格合理优惠,给理发人员适当报酬,使非会员多来理发。不但在原来基础上增加经济收入,还要广开经济门路,只有把经济搞上去,才能全面考虑到会员福利和精神上的享受。如老人病探、节日礼品、高龄会员特殊优待,使每个会员都能感受到老人组织的温暖,乐度晚年,达到本会年年发展壮大。为争取实现目的,我们全体会员同心努力奋斗。

祝大家满面红光,健康长寿,合家快乐,过好春节。

于 1999 年年终总结大会上讲话

农历 12 月 20 日

附录 5　刘老会史记(SJ001-045,SJfl001-002)

SJ013：1999 年度年终总结老人给奖大会

评比小组委托 LCB 讲话：

　　各位先辈,会员同志们：我因受刘村老人协会评比小组委托给奖讲话,首先着重地把三个情况向全体会员讲明。

　　其一,因我本人文化程度及讲话水平能力有限,接受评比小组委托讲话,不但实在是抱歉,而且确实难免在评比讲话方面有所不妥当之处,万望大家多多给予谅解和提出宝贵意见及指正帮助,我愿意接受,并且表示感谢。

　　其二,评比目的意义方面,一年一次的年终总结评比工作,表扬和奖励好人好事,树立先进模范,可以促进和推动广大会员积极性,不断发挥作用,使本会在不断巩固的基础上加以发展壮大,能够把我们老人事业办得更好,经济效益得到提升,使每个会员多享受一些福利优待。愉快地过好晚年生活,同时发挥最后一点余力,为社会下一代做出力所能及的贡献。老有所为的高尚精神,能够造福后代,各传千秋,办会宗旨要求大家明确。

　　其三,关于评比难度是有。古老世人话,秤有健慢,手指有长短,又不可以尺刃。由于时间不充足,定出的杠子有限度,又要结合代表性,不可能全部都能评上。当前被评上的也不是十全十美,没有评上的也不是完全都不好,还有很多没评上的好会员。并不是百分之百都完全正确合理,我们评比小组是承认的,希望全体会员互相理解,多提建议,以便明年纠正。

　　今将 1999 年度总结评比工作向大家汇报一下：今年的总结评比于 12 月 13 日下午召开会议,首先制定出杠子。原总会员 142 人,按照百分之十比例分布各组,有代表性(13—14 人),遵循长中取长,短中取长的原则,由各组长提议,经过评比小组反复研究讨论确定。因为本会经济情况不实裕,所以人数有限,奖品只能作留念,表示一点心意,以此鼓励。

　　评比对照条件：

　1. 组织观念强,对每年交纳会费认识好,对规定的规章制度遵守维护。
　2. 对公益事业、社会活动积极参加,义务为公好。
　3. 关心老人事业,以公为家,为办好老人事业献谋献策。
　4. 家庭团结,威望高。
　5. 关心村务工作,为村里各项事业带头配合。
　6. 关心国家大事,遵纪守法好。

　　根据上面六点评出：

村庄内源性组织与乡村治理

一等奖：MQQ、WXN（王）（女）2人，奖给铁壳热水瓶。

二等奖：LKL、LCM、LKQ、LKH、WWC、MFC、LSM（女）、MCG 等8人，奖给塑料热水瓶。

三等奖：ZBY（郑）（女）、LLM、MGH（女），奖给有盖铁罐。

奖品虽小，意义深远。

通过今年这次的总结评比工作，被评上的会员当前要再接再厉，努力向上，积极配合老人协会各项工作，把我们老人事业办得更加兴旺发达。被评上的人对照条件并不是各方面都好，是比较好的或者是较好的，表现突出的也有，尤其像MQQ，我们理事会人员中年纪最大，耳朵最聋，他对老人事业最关心，会费收缴积极。上次村里演戏，不但挨家逐户筹集资金和粮食，而且主动地和其他会员搬来好几条长凳，方便客人看好戏。还有对本会财务方面也很关心，每次他负责交会费及集资款，都把收付账记在笔记本上。因听不见，一些规章制度他都要看一看。像他这种精神，我们理事会一致公认的，是可歌可颂的。LCM也积极参加义务劳动，如活动场所清沟，市场清理，百亩洋沸水沟，他路过都要把水洞实一实，其实他自己在百亩洋没有田，他还说这是他应该做的。LSM 妇女持家有方，婆媳团结和睦，群众威望好。WWC 他是共产党员，组织观念强。刚从外地回来，就同妻 ZJL（邹）（下同，除了刘、梅以外，其他姓氏都加括号注出）一起参加我们老人会，与 LKQ、MCG、MFC 一道积极负责，投入凉山岭机耕路工程建设，起主导作用。当前参加的会员还很多。还有相当一部分会员比较好的，或是相当好的，由于接触面广，难免摸底不清，望大家原谅。"事业不负有心人"，争取明年评上优秀模范会员。以上仅讲几个例子，我们大家学习的好榜样，要求继续发扬光大。其次，LKD、LCG、LKJ、LCB、LKB、MZX、LCD、LKC、RWY、LKM、LKH、YTS、RGH、LKL、LKZ、LKS、MCX 等17人表现较好，对老人事业认真负责，积极参加和配合，口头给予表扬。本来LKL同志这次评比能评上，因失职把一幅麻将牌少了4只，所以今年暂不列入评比对象。

最后我代表理事会，希望全体会员在平凡的日子里，注意把接触到的好人好事及时地向组长和理事会人员口头或书面反映，经理事会研究确定，登上黑板报表扬，记入史册，结合明年评比参照。

最后因为春节即将临近，祝贺大家万事如意，家庭和睦，生活愉快，心情舒畅，迎接新的一年的到来。

刘村老人协会评比小组
1999年农历12月20日

附录5 刘老会史记(SJ001-045,SJfl001-002)

SJ014：关于2000年餐具保管规定

经研究决定：

一、餐具出租3—4天全套100元，串篮优惠一双；半套50元不优惠。

二、出租2天以下，不管是零租，半套或全套，租费一律减半。手续费2至4元，由租户支付给保管人员。（零租租费参照价格表）

三、餐具归还时，保管人员及时报会计开票，交款。

四、租户和经管人员必须当面点清餐具及物件，如发现损坏和缺少由经管人员负责赔偿。

五、如租户来此租借餐具，不管数量多少，随叫随到，服务态度要周到。

六、如有预定租户，必须优先服从。若发现同时租借时，零租服从半套，半套服从全套。

七、经管人员必须保持餐具清洁，在必要时一定要烧烫清洗。

八、在发现租费不符合上述手续或有出入，每次罚款100元。为本会多争经济收入，希保管人员严格按规定办事。

刘村老人会
2000年正月初一

电视室管理条例

一、开放时间定于每天下午及晚上。每逢节日另行开放。

二、电视室内单供放映电视，严禁其他一切活动。

三、室内要保持清洁，不得堆放任何物。

四、室内电视设备及一切公务要认真负责保管。不得损坏，如有损坏，要酌情赔偿。

五、经管人必须做到坚守岗位，在开放时间内，不得无人管理，夜间必须睡在室内。如因失职造成损坏，要完全负责赔偿。

刘村老人会
2000年农历正月初一

附：老人协会电视开放时间原则上是供广大会员精神欣赏和娱乐，一般掌握在本会会员五人以上属于正常开放。管理人员必须按照开放时间，结合会员人数和要求进行按时开放。

村庄内源性组织与乡村治理

SJ015：2000年农历正月七日夜召开理事会全体会议内容

一、关于2000年女会员福利品如何发放；(确定每人发给现金4.5元)

二、关于承包给LCL的小店，各税收要提前主动去各有关部门办理问题的通过；

三、关于元宵节夜娱乐问题的决定；

四、关于小店承包协议书附件的通过；

五、人事调动和机构扩充的决定的通过；

1. 一致同意LZX同志复任为本会会计之职。

2. 免去LKC同志代会计之职，任本会统计之职兼助理会计。

3. LZX同志和LCG同志提任为核心组成员。

核心组为：

组长：LXK；副组长：LZC、LKY

成员：LCB、LZX、LKC、LKD、LCG、MQQ等九人。

理事会为：

会长：LXK；副会长：LZC、LKY

成员：LCB、LZX、LKC、LKD、MZX、LCG、LKH、LKYe、MQQ、LKZ、LKB、LCD、WXN(女)、WWC等十七人。

通　知

元宵节(即正月十五)是民间流传最快乐之节日。

经研究决定：晚上电视、麻将、象棋场一律免费开放。供各位老人会员活动娱乐及精神欣赏之需要。欢迎各位老人自愿参加。

特此通知。

刘村老人会

2000年农历正月初八

SJ016：敢于向烈火搏斗的共产党员LKH

一月二十二日下午一时许，一场猛烈的大火燃烧着清潭上(本村XG四队)的自留山。当时五六级东南风席卷着，火势越烧越猛烈。这时LKH和LSC闻讯后立即赶到现场。不怕火势凶猛，手持小松树向烈火猛扑，哪里火势凶猛就往哪里扑，显示一个共产党员的高尚品格。

当本村书记HXY带领一群社员赶到时,经过一场激烈的奋战,终于将烈火熄灭。看到他们已筋疲力尽。根据在场的几个扑灭烈火的石门坑群众说:"这个不知名的老头真勇敢。"

注:这个老头指的就是敢于向烈火搏斗的共产党员——LKH。

笔者目睹
2000年农历正月二十二日

SJ017:有关坟圹竹园的公告与办法措施

根据中共中央国务院有关农林牧副业全面发展精神,经村两委研究决定,把本村坟圹的竹园授权于刘村老人会管理。

为此发表联合公告:严禁人及牲畜(牛、羊)进入竹园内。若有违者按本会制订的禁令处理。

办法与措施:

一、公开招用管理人员一人(可由本人自愿聘请若干人)。

二、招用管理员暂定一年(今后招用时,在同等条件下优先招用原管理员)。

三、管理员一般吃、住在竹园内(特别是清明节前后及出笋期间)。

四、管理人员报酬、基本工资加奖励,全年稳定在700—800元。月工资50元按月付清,能达到本会要求的奖励金奖给150—200元。

五、管理人员必须按禁令执行,如发现偷窃,按禁令罚款。确有难度应及时上报本会。如隐瞒、失职不报,经查明按禁令加倍罚款。

六、到清明后,出笋期末,经双方核查,确认不成竹的笋归会。中途不准单独动土掘笋,否则追究责任或罚款。

七、等竹笋散枝,经双方点竹后,确定奖励金,以及为全园竹被偷或未偷的处理依据。

八、根据上述条件,愿者在三天内前来报名。

(农历2月18日止)

刘村委会
刘村委会主任 LKeY
刘村老人会
2000年农历2月15日

SJ018：管理竹园禁令

为把我村坟圹竹园管理得到有利于广大村民，造福于后代子孙，经反复研究制订有效禁令：

一、全村老小村民必须共同遵守禁令，服从管理人员管理。

二、牛羊不得放牧竹园内。如有违者每次罚款10元。

三、任何人不得进入竹园内割草掏竹。如有违者按每株竹笋罚款10元计算。

四、竹园周围杉木同样属于管理范围内。如有人砍伐按每株30元计算。

五、竹、笋、杉木，如发生在夜间有人偷窃，一律按上述规定加倍罚款。

六、发生违反禁令，又拒绝不服从禁令处理者按有意破坏竹园上报有关部门严加论处。

特此禁令。

刘村老人协会

2000年农历2月15日

SJ019：全面清理市场障碍物

为了改变市场环境，引进卖户促使市场繁荣，根据村两委对我们老人会市场管理要求。老人会特地于农历5月1日夜间召开理事会成员会议，确定全面清理市场障碍物。

5月2日分别发送书面通知RSYn小店、JXD堆放路旁白石子，及MY门口前倒丕。限期于5月4日各户自行搬掉。逾期将采取相应措施。

刘村两委

刘村老人会

2000年农历5月2日

SJ020：2000年5月30日夜间会议精神

分配事务：

LZC：抓经济效益、各项设备、安全调解工作。

LKY：抓社会公益、财务审批。（主管竹园）

LCB：抓组织档案、史记工作。

MZX：抓宣传学习及书写工作。

LCG：抓市场、小店、会员病探、后事慰问。

附录5 刘老会史记(SJ001-045,SJfl001-002)

LZX：抓会计工作及月结公布。

LKD：抓会员福利杂务(理发室、电视室)。

各组正副组长：抓本组一切老人事务。做好老人会和会员上下连通关系。

LXK：主持召开核心组及理事会会议。提出必须研究统一的内容。掌握全体领导、民主管理的原则,负责各种规章制度的保证。

LKZ、LKY、WWC 三位老党员：为老人事业顾问。

SJ021：关于第三轮市场承包的通知

一、承包方式：投标。

二、承包对象：凡本会会员(包括理事会人员)都可参加。

三、投标杠子：130元至150元为顶。如若干人同标(指投标中最高标者)通过抽签落实承包人。

四、中标者即日签订协议(协议内容与去年相同)同时上交本会押金一个月。期满后归还。

五、报名时间：即日起截至2000年农历8月4日。

刘村老人会
2000年农历7月1日

SJ022：百亩洋水利工程

看到百亩洋一片金黄色的麦穗随风摆动,向我们点头哈腰,不禁想起老人会会长——LXK 同志。

今年入夏以后久晴无雨,做秧田缺水。急得像热锅上的蚂蚁,盼老天爷下雨。可是天不由人愿,正当人们议论纷纷,急不可待时,老人协会会长 LXK 同志想群众所想,急群众所急,为群众排忧解难。即刻与村支部书记 HXY 同志联系,决定修整百亩洋的一条渠坝引水灌溉,HXY 同志不但支持,并亲自与 LXK 等人前去现场查看,设法从经济上、所需的物资上帮助解决。当夜叫人用广播筒通知田户。第二天早晨田户们就拿着工具浩浩荡荡地奔赴目的地。经三天多时间的奋战,巨大的溪水乖乖地顺着渠道流进田间,社员们及时地撒下了籽。能按时得到播种才得到今天一片可喜的结果。

2000 年 8 月 26 日

村庄内源性组织与乡村治理

SJ023：第十三个老人节庆祝大会

2000年农历9月9日

会议程序

一、庆祝大会开始。

二、鸣炮。

三、LKY副会长致大会祝词。

四、LXK会长代表老人会作会史概况和今后方向工作讲话。

五、LZC副会长做经济预算及收支状况讲话。

六、MZX理事做会议闭幕式讲话。

七、村委会主任LKeY代表村两委讲话。

八、会议结束，各组分发凉伞。

SJ024：LKY副会长致大会开幕词

今天我们全体会员欢聚在一起，庆祝第十三个"老人节"，现在我代表老人会理事会宣布大会开始，并预祝大会胜利结束。

SJ025：第十三个"老人节"庆祝大会讲话

会长 LXK

各位会员、长辈们：

今天是2000年农历9月9日，是第十三个"老人节"。在这个节日上，我和大家一样抱着愉快欢乐的心情，共同庆祝自己的节日，并敬祝各位晚年健康长寿。我首先告诉大家一个好消息。我们的老人协会1998、1999年两年度被三门县委、三门县人民政府认定为先进单位，授予先进单位的纪念牌，这是县委、县政府以及各有关部门对我们的关心、支持和鼓励，我们表示热烈的感谢！（拍手）

会长长辈们，我们虽然受到县委、县政府的表彰，但是我们的工作还很不够，今后还必须要团结一致更加努力，取长补短，全面发展发扬壮大，再接再厉来报答领导对我们的关心和支持。

接着我代表刘村老人会在今天的庆祝大会上向大家讲四个方面：

一、党和政府对我们老人的重视和关心。

二、回顾我们刘村协会前届的事业情况。

三、讲讲本届的概况。

附录5 刘老会史记(SJ001-045,SJfl001-002)

四、今后的工作和努力方向。

现分述如下。

一、党和政府对我们老人的重视和关心：

党和政府认为老年人是国家的宝贵财富，他们有一定的社会经历，具有一定的社会经验，有勤劳简朴的优良品质。各方面对老年人评价很高，相当重视和关心。在法律上制定了老人法，维护老年人合法权益和地位，领导成员都是由主要的党政干部担任。社会对老人的事业相当重视。在各级日常事务中列入一项重要事务来抓，号召全社会养成尊老、敬老、养老的社会新风尚，明确严肃地强调如有违反老人法各项有关规定的，必将受到法律上的处分或刑事上的处理。同时对我们老人在社会的作用也相当重视，在各有关资料和报纸上都指出或说明，要求我们在社会上要发挥余热，做出贡献。在各级部门中也要起参谋助手作用。切实排除年老万事休的错误想法，树立年老志不老，年老经历久经验广的责任感和光荣感。党和政府对我们高龄老人特别重视。研究、搜索、总结、推广有关养生的知识和经验，对高龄老人，各级党和人民政府在物质上精神上都给予帮助和关怀。另外社会上的一些义务和负担，对老年人都给予了优惠和免除。总之，党和政府对我们现代的老年人是相当重视和关心的，作为一个新时代的老年人是何等的快乐何等的自豪。特别是党和政府还定给我们一个老人的节日。我们在这个节日里，都更应该欢庆鼓舞。

二、回顾前届：

我们刘村老人协会是1993年成立的，是在上级领导的重视，各兄弟协会的支持下诞生的，至今有七年的会史了。那时候经验不足，机构简单，制度不全，资金不足，事业性的方向也不是很明白，但是通过大家逐步摸索努力，在村两委的大力支持和领导下，还是做了大量的工作：如：1. 白手起家办起了桌凳和娱乐玩具，确定了娱乐场所。2. 据民心所向，接管了村里的农电户头。为民办起米厂，方便广大村民。3. 在老人事业上也做了不少工作，在老人节及春节期间，力所能及地买些礼品去慰问老人。4. 为加强会员组织观念，确定每年会员缴纳会费。5. 凡会员重病及老人过世，会到家探望问候，如老人过世，会参加送别，等等。总之，前任的班子同全体会员的努力，使老人协会做了很多有益和有意义的事业。他们给我们今天的老人协会创造出了一条路子。我们今天的协会必须要保持第一届班子好的方面并继续发扬下去。当然所做的事业不止这些，还有很多。

三、讲讲本届情况：

自1997年农历年底到今年农历年底，整整已有三年，也就是说第二届将要结

束。今天我向大家总结一下本届工作概况:

(一)总会员以及组织情况:截至1997年农历年底,前届会员总共是102人;到今天止,我们现有实际会员是139人。设有四个组,各组配有正副组长,全会以13人组成理事会,分工为会长、副会长、会计、出纳、统计、组织档案,宣传学习、财务审查、票据经办、经营管理治保调解、杂物福利、娱乐管理,分工明确,各负其责。

(二)管理原则:全体领导,民主管理,广抓经济,紧缩开支,扩展事业,勤俭办会。

(三)宗旨:在各级党和政府的领导下,发展事业,关心大事,发挥余热,力争高龄,为国为民,尽作贡献。

(四)规章制度:1. 财务制度:账务月清月结月公布。严格手续,收付票据必须经专人审查核实后签字生效。一切费用和开支必须经理事会全体研究决定。任何个人不得任意开支。每年年底选派代表进行账务大清查、大核对,总公布一次。2. 学习宣传:全体理事人员定于每月月底晚上会集学习有关资料,并研究小结,明确下一步必须要做的事业。我们办起黑板报,表扬好人好事,并宣传党和国家各个阶段的决策和号召,基本上每月为三期以上,指定专人负责,正常保持。另外每年在春节前后,我们指定专人用土扩播进行晚呼。配合有关部门做好防火防盗,做好安全保卫工作宣传,为综合治理做出贡献。3. 经营管理:(1)我们的市场、商店、理发室、竹园米场等都采用合理的承包手续、承包措施,落实了承包责任。(2)娱乐场所及物体租借是专人管理,严格手续落实有关的责任制及奖赔措施。(3)全会财产立册登记,每年一次全面清仓盘点,如有缺损,追查原因,酌情处理。(4)组织建设方面:每年根据工作和适应情况,机构人员(包括组长)全体研究决定人事调整和变动。4. 关心老人:凡本会会员,每逢老人节和春节都聚会进行庆祝,并发些小量礼品表示祝贺。对高龄老人,春节时特别对待,树立高龄榜给予高龄状,表示鼓励和祝贺。平时老人有重病随时派代表探望,故世后,进行送别和悼念,对其家属进行安慰。5. 发挥协会作用:大力发扬老有所为,老不甘休的壮志。紧密配合村两委维持好村务工作,当好参谋做好助手,积极投入社会的各种公益事业活动,如修理堤坝、扩修道路、综合治理、文娱活动,等等。

四、今后的工作和努力方向:

(一)着重要解决经济贫困的局面。经济是一切事业的保证,我们的刘村是村穷会贫,难免造成村、会一切事业进展不快,受约束现象的产生,无法实现事业的发展和壮大。为了逐步解脱这一局面,我们必须采取切实有效的措施,发挥广大

附录5　刘老会史记(SJ001-045,SJfl001-002)

会员的智慧和作用,群谋群策,创造财富,多门多路地寻找和摸索可行的经济收入,使事业更兴旺发达。力争总收入逐年增长,今年比去年同期增长30%。会产逐年扩大,这是我们艰巨的奋斗目标。我相信只要大家同心同德,目标一致,一定是能够实现的。我认为班子是关键,广大会员是因素。

(二)要加强组织建设,整顿生产班子。在这里,借今天的机会首先向各位打个招呼,到12月底第二届的班子已3年了,也就是第三届的班子要进行选举了,要求各位会员有个思想考虑和准备,要慎重、认真对待。目的只有一条,使我们刘村老人协会今后获得更好事业,更加兴旺发达,这于每个会员都有益处的,因此要求大家反复思索,把我们会员中好的、能为大家办事的人选上来成为领导成员,即理事人员。选举时间定于农历11月底。方式:先以各组为单位产生2—3名作为筹备小组和领导小组成员,再以各组实际会员人数按序号制出选举表,表有会长、副会长、理事等分别项目,由选举小组成员送表上门。各会员无记名在表中各项填写被选人姓名,随后各组汇总,以半数以上为当选人,或从上择下,如发现有同票数名单,但又超出了当选人数,这样再经选举小组表决,定出正式当选人数,予以公布。这样做既突破框框,又打破情面,也方便避免全中选举的种种麻烦和不利因素的发生。

(三)要加强完善一切规章制度。我们事业要发展要扩大,必须配备一整套相适应的规章制度,根据事业发展的实际情况和需要,更要紧的在于管理。如果管理不得当,不但没有好处,相反的会造成不应有的损失或结果,或不能发生效益,因此一切事业在于管理。要管理得当又必须要有一套有效的规章制度来照办。理事人员或业务人员都必须要有据可查、有章可循,换句话,就是要有个严格的组织纪律性。

(四)发展组织,壮大队伍。老人会的组织是老年人的群众组织团体,老年人绝不是固定不变,老要过世,壮年人要迈入老年,因此我们的队伍是随时要变动更换的。只要是自愿要求,经同意办理手续都随时欢迎,大门永远是开着的,向老年人热情招手。把所有老年人都团结到我们的大家庭里来,更有意义地度过晚年,使大家都长寿高龄。成为新时代的新老人。

(五)要丰实学习及宣传内容:重视典型示范,大树好人好事。坚持学习制度,一般定每月月底夜间或雨天,总之在空闲时。今后原则上业余时采用多种方式扩大学习宣传,在学习宣传中着重宣传学习老人的有关法律和权益,使全社会形成尊老爱幼的新风尚。

会员们、长辈们：我们要走的路是走不尽，要做的事也做不完，还有更多更艰巨的事业要待后继的老年人去完成。谢谢大家。

发表于 2000 年农历 9 月 9 日第十三个"老人节"欢庆会上

2000 年农历 9 月 9 日"老人节"

SJ026：LZC 副会长作经济预算及收支状况讲话

各位男女会员们：

今天是 2000 年农历 9 月 9 日，我们农村称为九九重阳节。现在由于党中央和各级人民政府的关怀和重视，把它定为老人节，把我们老人都组织起来成立了老人协会。这个组织目前已形成了一支有领导、有组织性、有纪律性的庞大队伍。所以今天我们每个会员都怀着无比兴奋的心情，欢聚一堂，隆重地庆祝自己的节日——老人节。

今年与往年不同，现正值农忙和收割时刻，大家不计万忙来参加第十三个老人节，这种精神是可贵的，也是应该的，这显示出我们是多么关心自己的节日。平时想召全这么多人在一起开会机会也少，所以我谨借此机会，把我们协会自 1999 年年终财务结算公布以来，到目前 8 月份的财务收支情况向大家汇报一下，也就是每个会员关心的。

收入方面：麻将象棋收入 2 331.60 元，市场收入 1 176 元，餐具出租收入 711.20 元，红白事物件出租收入 82 元，其中有几张收入发票记在餐具收入上，暂收 78.90 元，房租坦地收入 900 元，商店承包收入 800 元，新会员入会费收入 65 元，其他收入 382.20 元。

支出方面：娱乐场管理人员工资付出 765 元；电视室管理人员工资付出 233.50 元；坟圹竹园管理人员工资付出 300 元；老人福利总付出 3 167.50 元；基本建设付出 353 元；固定财产付出 778 元，暂付 400 元；书包办公费付出 345.50 元；商店税金付出 477 元；其他开支付出 729.80 元，其中坟圹竹园起小屋材料及市场理路费用记在内。

从目前收付情况可以看出，各项收入相比去年都有所提高。但据我们去年提出的奋斗目标——全年总收入要求增长 30%以上，还有一定差距。为实现这个愿望和目标，必须采取强有力的措施：(1) 调动广大会员的积极性，要求各位会员多献计献策，出主意广开经济收入渠道，不管收入多少。积少成多，狠抓经济收入，讲究经济效益。(2) 在原来各项的收入基础上切实加强管理，掌握灵活性。如餐

附录5　刘老会史记(SJ001-045,SJfl001-002)

具开放出租,理发室实行非会员理发价格优惠,它既能方便群众又有一定的经济效益。另外从今年开支方面,我们原则上是把有限的经济考虑着重放在了老人福利和老人事业上,其次是着重于必需的基本建设上,如男会员免费发票理发,女会员同等享受。去年老人节会员每人发肉饼一桶,今年每人发给一顶伞,经济支出就多了一半还多;还购买了彩色电视设立了电视室,最近又添置了长竹椅三条,供老人们能舒适地看好电视。另外由于大多数村民迫切要求,受村两委委托,老人会接手坟圹管理毛竹园,虽然要付出相当一部分资金和精力,但方向还是正确的,造福下一代,有利于子孙。

　　财务管理制度方面:由 LZX 同志担任会计,做到每月月底结算。收付项目分明,月底公布于众。LKC 为辅助会计,担负当日收付发票工作(如老人会物件出租,娱乐票等)。票据审查由副会长 LKY 负责,凡白纸头票必须由 LKY 签字有效。费用在百元以上必经理事会讨论。如开支不当,会计及票据检查人有权制止做账,尽量做到约缩不必要的多余开支,严格做到加强财务管理制度,基本上实现无差错。

　　随着国家改革开放进一步深入发展,逐步走向市场经济,我们老人会也不例外,要提倡自力创业精神。大家团结一致下决心,千方百计地要把经济搞上去。经济是基础。只有经济实裕,万事才兴旺发达。我们刘村老人会在1998、1999年度中被三门县人民政府评为老龄工作先进单位,这是来之不易的,也是由全体会员共同努力争取得到的。会员们,我希望大家同心同德,为把我们刘村老人协会办得欣欣向荣,力争保先进赶先列而努力奋斗!谢谢大家。

2000年农历9月9日

SJ027:MZX 理事会议闭幕式讲话

各位会员:

　　今天我们全体会员欢聚一堂,欢欣鼓舞地庆祝第十三个老人节。大会上听取了会长 LXK 同志作协会发展的回顾,副会长 LZC 同志作财务收支情况的汇报后,大家一致认为这两个报告实事求是、切合实际。我们老人会自1993年成立以来,所走的历程是艰辛的。我们的组织从小到大不断发展。我们的经济从无到有,固定财产不断扩大,会员的福利相应地得到一些享受,这一切都由我们全体会员团结一致,共同努力所取得。因此1998、1999两年受到县委县政府的好评,这使我们感到自豪。但我们不能以荣誉自居,今后我们必须戒骄戒躁,继续努力,把工作做得更好。

现在我代表老人会理事会全体成员宣布：大会胜利结束。

祝全体会员节日快乐，永远长寿。

谢谢大家！

2000 年农历 9 月 9 日

SJ028：关于刘村老人协会三年一届选举草议通过后形成《决议》

党和各级政府相当重视和关心，从中央到地方都成立了组织机构。不论在政治上，生活上，对老年人权益都有法律法规的维护和保障。基层的协会是老年人的群众组织，是党和政府领导重视下建立起来的。我们为了发挥余热，配合同级部门，响应上级号召，就必须着重搞本级自身的组织建设，使我们协会事业发展壮大，欣欣向荣。要实现和达到这样的愿望，就要有一个较好的领导班子，也就是说要有一个社会信得过、大家拥护的管理团队。社会不断发展，情况也随着不断变化，老班子的成员也有些可能不再适应现实的要求了，加之老年人的体质条件一年与一年不同，新上来的会员比较有才能的也不断出现和产生，因此，经全体理事成员对上述草议反复研究，一致通过决定，本协会理事人员执行"三年为一届，进行民主选举"的决议。

附：在本届中遇特殊情况需要变动或调整参照下列决定（暂时有效期到本届末）：(1) 会长：第一副会长代会长；(2) 副会长：二个还有一个的，不作补充。二人都有变动的，通过理事会研究从理事中提升一人作代副会长；(3) 理事：可以暂缺额。如因需要，由会长提议，全体理事成员通过也可在组长中提择一人作代理；(4) 组长：正组长由副组长代组长，副组长可暂缺额，根据情况也可在会员中适当委提一人代理；(5) 业务人员：（会计、出纳、票据开发、日常管理人员等）聘请相应会员或指定担职理事暂时兼用。

SJ029：刘村老人协会第三届选举领导小组

组长：LKY

副组长：LKN

成员：LZX、LKH、ZBY、LKY、LCD、LNY、LKB、MQQ、LKZ

等共 11 人。

经过选举领导小组研究讨论决定，以各组为选区，按照无记名投票进行，凡本

附录5 刘老会史记(SJ001-045,SJfl001-002)

会会员都有选举权和被选举权利,由本人亲笔填写选举表,选出自己能信得过的会长1人,副会长2人,理事成员4人。

	会员数	参加选举人	在外	弃权
第一选区(ZTY)	26人	24人	2人	—
第二选区(SG)	46人	36人	8人	2人
第三选区(XG1)	42人	38人	3人	1人
第四选区(XG2)	26人	18人	6人	2人
合计	140人	116人	19人	5人

通过民主选举后产生:

会长:LXK 副会长:1. LKY 2. LZC

理事4人:LCB、LKC、MZX、LKD

2000年农历11月18日

SJ030:刘村老人协会第三届第一次会议

这次会议的主要内容:

一、宣布明确分工:

副会长LKY:主管本会经营的各线工作(市场、竹园、小店,监督对一切租借物件的规定等各项经营事业)。

副会长LZC:主管一切经济规划,财产设备工作(经济收支规划预算及安排,财产设备的添置具体部署)。

理事LCB:主管档案,存记人事及组织工作。

理事MZX:主管学习、宣传及政治思想工作。

理事LKC:主管库存财产登记及一切票证开发和统计工作。

理事LKD:主管对一切公益活动及会员福利、娱乐等杂务工作(理发室、电视室)。

会长LXK:主持召集有关会议,从民主的基础上达到统一,形成各有关规章、制度和决议,今后任何个人不得违反或随意更改。同时对分管各线工作的各位同志有责任支持,有出入的同样承担责任,指出纠正的措施。

二、招呼年关必须要做的几项主要任务:

1. 选举代表,全面清理账务,公布于众。

2. 彻底清仓盘点物资,对账入号,发现有缺损的必须追根查底落实责任、酌情对待。

村庄内源性组织与乡村治理

3. 春节高龄老人如何慰问,对广大会员用何礼物慰问,要提前有个规划(人数的统计,礼物的确定,资金的计划)。

4. 对组长以上的人员误工的补贴问题的意见,结合经济能力作出初步计划。

5. 年终如何搞总结评比,工作程序的安排。

6. 对明年要办的主要事业的规划,统一看法和态度。

2000 年农历 11 月 22 日

SJ031:有关餐具租借附加的细则说明

根据在租借时所碰到的实际情况,及目前村民在租借时有些物体自有或问别人租借,而单要租借自己没有、别人也没有的物件。为此本会全体理事通过认真、反复研究讨论,一致认为必须定出不同对待的决定:

一、凡本户自有餐具,而需问本会租借自己没有的物件时,租借价格按全部向本会租借的规定租费都加百分之五十收费。

二、凡本户自己没有餐具而又不问本会租借向别处或其他个人租借,不足或没有的物件,本会不讲租费多少一律拒绝租借。

三、凡今后为公办事(指本村)需要本会餐具或租借各物件,租费免收,但必须根据物件多少或物件的价值付给折旧费 10—20 元。经管人的手续费由双方自行协商,与本会无关。

四、凡根据户头实际需要的餐具及其他物件,多少不论,只要全部向本会租借的一律按原定租费或优惠物件的规定办事。

第三届第一次理事会决议
2000 年农历 11 月 22 日

SJ032:2000 年年终总结及给奖大会开幕词

会长 LXK

各位长老、各位会员:

年终总结及给奖大会今天开始。我首先代表刘村老人协会全体理事会成员祝贺大家春节快乐,万事如意,健康长寿,高龄更高龄。

会员们,今年的春节是我们刘村老人会第二届最后的一个春节,也就是接下去就是我们第三届第一年新行程的起步。在新的一年里,我恳切地希望广大会员团结一致、同心同德,使我们的老人协会事业更兴旺发达,欣欣向荣,焕然一新。

我们队伍日益壮大，掀起一个人人争先，个个做好，奉献余热，带头响应党和政府在各个时期的号召的高潮。紧密团结在村两委的周围，为造福子子孙孙，奉献出我们毕生的余力。

在新的一年里，我们的奋斗目标是：关心国家大事，狠抓各种资料的学习和宣传；大树好人好事，充分发动广大会员的积极性；始终按照集体领导、民主管理的办会方针，逐步改革、充实巩固我们各项规章制度；加强机构组织建设，明确分工负责制；群谋众策，大抓经济收入门路；扩大收入，彻底改变经济不足、事业发展受约束的局面。力争广大会员能受到更大益处，使每个会员是血肉相连的关系。老人协会是每个会员组成的一个大家庭，会员们必须人人重视和关心。它也是我们欢度晚年的安乐窝，我们不但有明文的规定，而且还有法律上的维护。因此，我们必须有高度的认识，团结一条心，力争在新的一年里作出更大的成绩，争取先进。力争本届实现会员享受医疗保健费。

会员们，今年我们的年终评比工作是根据全会总会员 10% 的比例杠子。按照各组初评提名，又经各组组长和全体理事成员共同对比复评，最后经理事会根据杠子限度人数按照长中取长，矮中挑长的办法择评出 15 个先进个人，又根据中间多两头少的原则分成三等。这里面特别要向大家说明一下，评比的目的是为了树立榜样，发扬正气，促进事业发展，把老人会搞得更好，使广大会员人人都能获得更大福利。在这次评比当中，大家提出来的人还很多很多。但由于人数有限，不能一一全评上，因此我们说没评上的不是不够好，同时也不能绝对性地说这 15 个人样样都十全十美，当然也有他的长处短处。总之我说过是根据长中取长，矮中挑长的办法，按照杠子人数得出的。要求大家充分明确认识，通过评比掀起一个学习的新高潮，促进事业更全面的发展。所以物质虽少意义重大。

最后，我敬祝各位新春快乐！谢谢大家。

2001 年 1 月 17 日
农历 12 月 23 日

SJ033：协会会史，组织概况及决议（规章制度）
由 LCB 代表理事会讲话

各位先辈、会员：

　　你们好！

　　今天是农历 12 月 23 日，今年即将结束，所以招呼全体会员在一起开一次年终

村庄内源性组织与乡村治理

总结评比给奖大会很有必要。我受理事会委托，谨代表刘村老人协会作"协会会史""组织概况"及有关"决议"的讲话。

协会会史：

我们刘村老人协会是1993年成立的。是在上级领导重视、各兄弟协会的支持下诞生的。至今有七年的会史了。那时候由于经验不足，机构简单、制度不全、资金匮乏、事业性的方面也不明白，但是依靠大家共同努力奋斗，逐步摸索，在村两委的大力支持和领导下，还是做了大量的工作，确定了娱乐场和办公室。空手起家办起了桌凳和娱乐玩具，还接管了村农用电户头，为民办起了米厂。到1997年年底经过大多数会员选举，提议会长1人，副会长1人，也就是说第二届领导班子产生。回顾和总结了自从办会以来的经验，取长补短，向先进模范兄弟协会学习，扩充组织机构，加强了协会领导，建立了管理规章制度。特别是财务手续严明，做到月清月结月公布，年终选派代表清查核实后进行颁布，如发现有缺损的追究经管人责任。通过会议讨论，酌情处理，保障老人会财产不受损失。每月月底召开组长以上碰头会，回顾月末本会事业情况和安排下月要做的工作。大抓经济收入门路，着重考虑会员精神上和物质上的福利享受，并结合本会具体基本建设。加办了男会员免费理发室，女会员同等享受。发动会员自愿集资办起了电视室，购买了餐具和红白事物件来出租，扩大收入。逐步形成规模，现在老人会财产总价值7000多元。每年"九九"老人节召集全体会员进行庆祝，年终召开总结评比给奖大会，表扬好人好事，树立榜样。根据本会资金情况，节日分发礼品。特别对80岁以上高龄会员，公布高龄榜，并以礼品优待。配合有关部门每年春节期间进行晚呼，管理好坟圹毛竹园，结合村务兴修百亩洋水沟及百亩洋大旬岭边路建设，等等。本会原来是动员老人入会，原有会员102人，如今是要求自愿入会，发展到141人。下设有四个组配有正副组长，全会以13人组成一个理事会，分工为会长，副会长，会计，出纳，统计，组织档案，宣传学习，财务审查，票据经办，治保调解，杂务福利，娱乐管理。分工明确，各负其责。管理原则：集体领导，民主管理，广抓经济，紧缩开支，扩展事业，勤俭办会。

组织概况：

1993年老人会成立，由于初办会经验不足，当时是会长1人，副会长1人，会计1人，出纳1人，娱乐场管理员1人。1998年年初由绝大多数会员选举提议，会长改选1人，副会长2人，再由会长聘请副会长1人，会计1人，出纳1人（副会长兼），财务审查1人（副会长兼），总务1人，日常管理人员1人（专职）。下设有4

附录5 刘老会史记(SJ001-045,SJfl001-002)

个组,配有正副组长,以上7人组成一个领导班——核心小组。15人组成一个理事会。实行了集体领导,民主管理,分工负责制。1999年通过理事会研究讨论确定增设组织档案1人,学习宣传1人,统计及票据开发1人。2000年农历11月18日经过选举领导小组送表进行民主选举产生第三届领导班子,会长1人,副会长2人,理事4人。分工主管路线:

会长:主持召集有关会议,通过会议从民主的基础上达到统一集中,形成各规章制度和决议。今后任何个人不得违反或随意更改。同时对分管各线工作的各位同志有义务支持,有出入的同样担责任,指出纠正的措施。

第一副会长:主管本会各线经营工作:(市场、竹园、商店,监督对一切租借物件的规定等各项经营事业)

第二副会长:主管一切经济规划,财产设备工作(经济收入规划预算及财产设备的具体部署)

理事1. 主管档案及人事和组织工作。

理事2. 主管学习宣传及政治思想工作。

理事3. 主管财产登记及一切票证开发和统计工作。

理事4. 主管对一切公益活动及会员福利娱乐等杂务工作(理发室、电视室)。

对各组长的职责要求:

1. 根据本组内会员对老人事业有哪些看法和要求,代表本组向本会反映。

2. 代表本会向全组会员转告我们对老人事业的具体情况和通知各会员要做的事情。

3. 每年一次收缴会费和必要时代表本会送发给会员福利。

4. 掌握本组会员具体情况,会员确属重病需要及时探望,必须及时反映。或有会员家庭矛盾确需调解的,向本会提出要求,必要时一同帮助调解。

5. 组内会员发生百日之后,必须及时转告本会日期,以便通知各组会员参加送别和悼念,必要时开个追悼会。

6. 必须明确本组男女会员人数,掌握会员增减情况,做好注册登记和保存工作。随着老人事业不断地发展,结合本会实际情况,必须抓实抓好组织建设工作。

决议(规章制度):

一、集会总则

二、会员的义务和权利

三、管理和有关细则说明

四、各物件出租收费规则

五、经管员职责

六、娱乐管理条例

七、有关对会员病探及终别的规定

八、新集会有关规定

九、有关餐具租借附加的细则说明

十、有关刘村老人会三年一届选举决议

以上十条决议都有详细记载对照。

今后奋斗目标：随着社会不断地发展，我们老人事业必须紧跟形势，在提高原有收入的基础上，开发经济收入项目，使本会资金实裕。着重考虑会员在原有福利享受的基础上不断、逐渐提高，我们预计到2003年达到每个会员都有医疗保健费优待，根据资力或分为按月、按季度、按年享受，使每个会员都能感受到老人会温暖，安乐度晚年，个个争高龄。为了达到目的，只有依靠全体会员统一认识，明确方向，团结一致，共同努力，我们有决心有信心，一定能够实现。

谢谢大家，敬祝全体会员春节快乐

2000年农历12月23日下午

SJ034：经济收支状况及经济预算计划

LKC

各位会员和长辈们：

会长LXK已把老人会基本情况都讲过了，我把收支情况讲一讲。每年经济收支是每个会员最关心的大事。老人会搞得好和坏直接关系到每个会员切身利益，提高经济收入是办好老人协会的关键点，因此必须发挥广大会员的积极性，多方面寻找经济收入门路。我把今年本会收支状况向全体会员汇报一下。具体分为三部分：1. 2000年经济收支情况。2. 2001年经济预算规划。3. 到2003年争取达到如何指标。

先讲2000年经济收入情况：娱乐场共收入2 817.60元；市场上交1 626元；餐具收入808.50元；红白物件出租收入121元，暂收1 128.92元；房屋及坦地出租收入1 151.50元；入会费及会员组织费505元；商店上交收入1 200元（内400元留下年）；其他收入382.80元。共计总收入9 341.30元。

附录5 刘老会史记(SJ001-045,SJfl001-002)

各项付出情况:管理工资共付1 678元,占总付出18%;老人福利事业付出3 272.60元,占总付出35%;基本建设付出353元,占总付出4.5%;固定财产付出783元,占总付出8%;暂付付出500元,占总付出5.5%;办公费用付出220元,占总付出2.5%;报纸费付出870元,占总付出8%;电费付出394.20元,占总付出4%;上缴税金付出477元,占总付出5%;其他支付781.50元,占总付出8.5%。共计总付出9 272.20元。

全年总付出9 272.20元。全年总收入9 341.30元,加上年终结余现金740.80元。上年固定财产7 830元,今年又增加783元,现在固定财产8 513元,相比去年同期增长9.7%。

虽然还没有达到会员们的希望和要求——主要我会规章制度没有健全,没有发动各会员的积极性,及不上各地协会。今后努力学习,抓紧工作,同广大会员一起,共同把老人会办好。

根据今年收支情况来看,经济增长率比去年同期,还不够显著提高。明年经济方面要有各项收入指标,扩大经济收入,要从几个方面来抓。1. 经研究确定打算明年办一个餐厅,预计能增加经济收入2 000—3 000元。2. 大家设想明年坟扩竹园建办养鸡场。一定能增加收入1 000—2 000元。3. 各有关管理人员改变服务态度及管理办法,要做到使民众在娱乐场、餐具、红白事物件出租等市场满意和舒畅。这几方面争取比去年增加20%到30%的收入。从多方面抓经济收入,合起来总收入达到15 000元,力争20 000元。比今年同期增长50%以上,这是明年总收入指标。

要看会员和会干们是不是有决心,依我看大家有决心和信心,这指标一定能实现,我会经济一定有更多积累,为本协会发展打好基础,开拓新局面。大家一起完善管理制度,各负其责,充分发挥经济效益,争取全年总收入达到20 000元。有一定经济实力,会员福利事业才能相应提高,目前只有老人病探、理发、电视、节日少量礼品等很少的福利享受。到2003年争取每个会员有保健医疗费享受。为着把协会办好,为使广大会员兴起一个比学敢帮新高潮,所以每年年终评先进,进行奖励,树立榜样。不但老人事业向前发展,而且固定财产迅速扩大,推动老人会更大发展,使新会员上来也有一定基础去增添力量,把我们老人会办得欣欣向荣,代代相传。

最后祝全体会员们:

福比东海水长流　　寿比南山不老松

愿万事如意度晚年　望高龄榜上各有各

2000年农历12月23日

SJ035：2000年度年终总结

各位会员同志：

今天下午召开年终总结暨表彰大会，我受理事会委托把一年来整个老人协会所做的工作向全体会员汇报一下：

2000年这一年，在各级党委和政府领导下，在村两委积极支持及全体会员共同努力下，做了一些工作。

一、一年工作回顾。

1. 健全组织机构：具体分工，各负其责。

整个老人会共有会员140人，由7人组成一个理事会，设会长，副会长2人，政工、学习宣传、财务、总务等，下分4个小组，各组有正副组长各一人。（麻雀虽小，五脏俱全）

2. 制订各种制度：

（1）每月底召开一次理事成员和各小组长会议，总结一个月来执行情况，研究下个月工作部署。

（2）学习宣传制度：在每次会议前学习有关资料，定期刊出黑板报和组织晚会。

（3）财务制度：账目日结月累，公布于众，开支发票由副会长LKY签字才可以报销做账，年终组织清账小组进行账务审查。餐具等各类物资由专人负责保管，并有一套出租手续，年底进行一次全面检查，发现有损坏或差错，经研究作出适当处理。由于有一整套制度，促使负责、保管人员责任意识增强，使今年账务收支平衡，并无差错，各种财产、餐具等并无损坏。电视室定期开放，并有专人保管，制订措施和制度。

（4）年终总结评比制度：总结评比是为了鼓励先进、表彰先进、树立榜样，掀起一种比学赶帮的良好风气，促进老人协会事业更加兴旺，经济实力更加雄厚。这要形成一种制度。今年由于名额有限，仅从矮中取长评出15位先进老人。但由于经济有限，物质很少，以精神鼓励为主。希望被评到的老人戒骄戒躁，继续努力，今后为本会多作贡献。今年没有评上的不必灰心，今后积极努力，争取今后做个先进老人。

附录5 刘老会史记(SJ001-045,SJfl001-002)

3. 老有所为，为群众排忧解难：我们许多老人都认为人的生命是有限的，活着是应为后人多做点好事，为后人留下好的印象。因此，今年本会做了几件事。

(1) XG 的妇女为洗衣没有洗衣台而发愁，今年 2 月间 LKY、LCB、LKZ 等同志发起挨家逐户集资建造洗衣台，并巩固了小桥，一举两得，群众反映很好。

(2) 今年 4 月间天气干旱，正当撒籽集结无水做秧田，群众都很着急。这时会长 LXK 主动去和村书记联系修巩百亩洋的一条沟坝。在修巩中许多会员如 LKJ、LZJ 等不顾年老体弱，起早贪黑拼命地干，在他们的影响下，大家共同努力，仅用三天多时间就完成了修坝任务，使汗水乖乖地顺着沟渠流入田间，及时地撒下籽，避免了布种缺秧。

(3) 不顾年老体弱勇敢地参加山林灭火。今年 2 月间，青潭上的个人自留山被大火烧着，许多同志立即跑去灭火。如 LKH 等同志，不顾劳累，一次又一次地扑向烈火，直至把烈火扑灭，才喘气休息。又如今年 11 月石牛栏弯失火，LKY、MFQi 等十多位老同志闻讯后，丢下手中活，立刻跑到现场参加扑灭烈火的战斗。在灭火战斗中，不顾火势凶猛，一次又一次地与烈火搏斗。MFQi 同志手掌被柴株刺进，鲜血直流，当时都没有发觉，直到烈火被扑灭后看到鲜血，才发觉自己手掌受伤。当我们回到下面时，碰到县局领导，他们看到我们满身泥灰，满脸铁黑时就说："你们也去参加灭火啊！"这对我们是多么大的赞扬。

(4) 朱昇头的一条机耕路，由于路基不坚实，一场雨后路面就出现凹凸不平，行走不便。经常看到 WWC、MF、LKQ 等同志拿起锄头东刨刨西填填，把路填平。

二、转变思想认识，增强组织观念。

1. 领导班子的思想认识。理事会成员包括小组长，过去认为干这些工作吃亏，没什么意思，经常要开会，影响生产和休息时间。今年在会长 LXK 无私奉献精神的影响下，都认为要不辜负大家对自己的信任，因此丢掉了自己的私心杂念，尽力去做好工作。

2. 全体会员的组织观念进一步提高。召开会议，全体会员基本上都参加(如有些干部说开社员大会，一盏米粥都吃不完，而老人会能到得这么齐)。老人去世，开追悼会参加的队伍越来越庞大。

3. 自愿参加组织要求比较迫切，甚至未到入会年龄都想要入会。(说明：今后入会费会逐年提高，原因是固定财产增加)

4. 缴纳会员组织费都很自愿。如 ZBY 听到各组收缴会费，只怕自己缴落了，就把会费送到会长那里。

三、老有所乐及老人福利事业。

1. 娱乐场所经常开放，可供老人娱乐活动。

2. 电视室按时间开放。

3. 男会员理发、女会员享受卫生用品。

4. 探望病人。

5. 老人节发伞。

6. 对高龄会员多发礼品和公布高龄榜。敬祝高龄会员永远长寿，身体健康。

四、存在问题。

1. 对老有所学和老有所乐做得不够全面。在学习上只是对领导班子，没有普及到全体会员中去。娱乐场所中只有男会员麻将，缺乏其他活动内容，特别是女会员没有什么可活动。

2. 没有发挥全体会员献计献策的积极性，因此使本会经济收入还不够理想，会员的福利享受还很不够。

这些都有待于今后改进。

五、今后奋斗目标和工作部署。

今后工作应以江泽民总书记"三个代表"为指导思想，集思广益，开拓门路，增加经济收入，减少不必要开支，逐步扩大福利事业，争取三年后（2003年）使我们会员能享受到一定的医疗保健费。为此下一年准备抓三件事：

1. 改变服务态度，增加原有的娱乐物资出租，增加经济收入。

2. 管好坟圹竹园，有益群众，增加收入。

3. 办好餐厅，方便于民，增加经济效益。

总之，由于本人水平有限，情况了解不够全面，总结很不全面，特别许多老人做了许多好事没有归纳进去，请谅解。有不足之处请多提意见。

最后祝全体会员春节快乐、身体健康、万事如意、合家欢乐。谢谢。

SJ036：2000年被评上先进人物

一等奖：WXN、LKD、LCB

二等奖：LCH、LKH、LCG、LNY、WWC、MF、LKB、LKC、MZX

三等奖：LKL、LKM、MCG

共15人

附录 5　刘老会史记(SJ001-045,SJfl001-002)

SJ037：高龄榜

LDX	96 岁	BJH	81 岁
LCN	86 岁	LKLa	80 岁
BQH	84 岁	HN	80 岁
LCH	81 岁	LSC	80 岁
LKLi	81 岁	LXF	80 岁
ZSM	82 岁	RGH	80 岁
MYS	82 岁	LCD	80 岁

共 14 人

SJ038：刘村老人协会第三届第二次全体理事及组长会议

一、统一认识，增强责任心，坚持一切规章制度。

要求全体理事及组长要同心同德，树立责任感，坚持原则。维护和遵守我们共同拟出来的一些规章制度和一系列规定，同时我们还要做好宣传使广大群众，特别是全体会员，人人都知道我们的规章制度，是完全立足于集体利益，又根据现实的需要，为适应现实情况，有利于事业发展而设立的。我们必须随时采取相应措施和手段，这是完全正确的。首先要求在座各位态度要明确，有个大局观点，维护我们正确的那些制度绝不动摇。今后不论碰到何人何事，各项经办人员都不得任意改变，一律按规定办事，否则不但责任自负，而且还要补偿损失。我认为不管任何事物，刚刚产生都难免有一段时间的抵触。有些人不能接受产生反对，这不奇怪。只要我们坚持执行，加以解释，一定能习惯起来的，也必能按规论事的。因此提醒各位，我们要振作精神，仍然保持认真负责态度。我们要办的事业还很多，必须要同心合力，认真负责。只要是对我们事业有利，对广大会员有益的，我们都要抓紧落实方案，量力而行，分步进行。凡经济和条件不足，我们必须动脑筋创造条件，号召广大会员献计献策、助钱助力。万事在于人为，只有大家有信心、有决心，才能人多力量大、智慧广。相信我们协会事业一定会兴旺发达，走向成功。

二、我们大家必须要研究统一几件事。

1. 关于大圆桌统一规定出租的通知。红事，无脚的每张 4 元，有脚的每张 5 元，其他二天以下的，无脚的每张 3 元，有脚的 4 元。

2. 关于商店经营的研究。根据几年来的情况，按原来的方式双方都比较麻烦。各有关部门收费都必须向经营者收取，我们又不能专门等待办理有关手续，去海游、TP办理又要花工夫、花路费。即使如此去做，经济收入也没有多合算。根据往年情况，还是一切由承包者自理，这样承包者能认真对付有关部门的各税费，免出差错，又能简便双方手续，少花功夫和费用。这一点我们必须和创办者协商，取得一致决定。

3. 电视管理的研究。根据目前的现实情况来看，麻将也不是十分兴旺，电视也不必每天下午开放，就是下午需要开放，也可以委托一个会员负责。因电视开放有一条规定就是要有五个会员以上观看才能开放，否则不开放。因此可以节约人员，节约开支。另外LKL也多次向本会提出由于各种个人原因，不愿管理。大家看看是否由LKLi统一兼顾，给其月工资70元。餐具管理仍按原报酬，每次在租费中提取8%的现金给管理者报酬，出租的规定仍然不变。人员可在内部委托兼管，也可聘请下面会员专管。

4. 聚餐室设办，大家着重认真讨论一下。是否决心办。如果要办，我们必须拟出计划，分步着手。是否搞伙房设施。只要把伙房设施初步形成，其他方面自然会逼着上去。伙房要形成必须首先确定地点，接着要修建门窗、灶。这是基本任务，必须完成。随后再逐步对餐室的设施进行动工。餐室的设施工作，我们本着实事求是，量力而行，从小到大，从土到洋，从粗到细，逐步改变，不能打一步登天的计划，否则会丧失信心、束手无策。我们不论办什么事业，头脑中必须要有决心，古人说万事在人为。我认为只要大家统一思想，团结一致，有个现实主义的观点，我们的理想会感动上天，条件会逐步创造出来的，愿望迟早能实现的，新事物的产生会慢慢地得到群众的接受，最后得到广大群众的欢迎。我们仔细地想一想，社会上不论哪一样事物的产生，不都如此，绝不是一开始就一帆风顺的。我们今天的一些常规的事都不是我们祖先一代代从无到有创造出来的吗？这是唯物论，我们要拿这一观点去分析一切，对待一切。

5. 关于坟圹竹园的管理意见的统一。我们始终承认是接受村两委的委托，管理竹园是造福于子孙后代，对于改变村风，改变不良影响等都有一定的意义。为此，我们接受管理了一年左右的时间，在物力、人力和资力上花了一定的代价。现在具体还没有得到落实解决。现在来看，村两委原则上还是统一的，没有改变。再三明确表态，给予时间和机会，采取适当措施，一定予以解决和落实。这是支书主任HXY，村主任LKYu亲口许诺的。我们大家慎重研究一下，是否半途放弃，还是继续管理下去。如果要继续相信村两委管理下去，马上就是出笋季节，也就是说严加管理的时刻即将来临，我们必须抓紧研究管理的措施，落实相应的职责和有关

附录5 刘老会史记(SJ001-045,SJfl001-002)

规定。

6. 关于组织纪律统一意见的研究。历年来的规章制度逐渐形成,基本上是符合我们事业发展的需要的。通过集体研究讨论,一次又一次地进行了修改和充实。当然今后仍需根据情况不断充实和健全。对于这些规章制度,大家必须一致地保证落实和执行。我们应本着论事不论人的原则。我们不但自己明确,而且要转告和说服广大会员和群众,必须按规定办事,否则,就会造成我们事业在发展上和管理上出问题。这一工作是我们每个人的职责。如果出现和发生对我们的某些规定有抵触或不遵照的现象或不良言论,不但不加以说明解释,反而扶顺应和,那就是会上不言,会后做小动作,不负责任地跟着喊,阳奉阴违,是根本没有组织性和纪律性的。这一点特别对我们理事成员和组长一级绝对强调,绝对不能有如此存在。如果你对某些规定不大欢迎,有意见,可以在会上提出正确的看法。但要少数服从多数,保留个人意见,但不能在会外发表相反言论。这是最基本原则。要求大家同心同德,一个目的就是一心一意把我们的事业办得更好。我们既然组在一起就应该共心合力。

7. 关于男会员凭票免费理发。对女会员的相应福利享受用什么办法?福利还是按比例采取发现金的简便方式?大家看看每人发多少。是否按每个男会员理发费计算,每个女会员发50%,即4—4.5元。这一件事,我们必须及时统一,马上执行,不能再拖,造成被动的影响。我们不能视之为小事。我们必须认真对待,迅速落实。

8. 关于今后对新入会会员的有关规定。凡年满55虚岁的老人,经本人自愿要求,交缴会费2.5元,当年组织费3元,并自带一寸照片两张,到本会专管人处报填出生日期,办理手续后公认为正式会员。对于权利、福利、义务,根据入会时间不同,规定不变。由负责主办者参照执行,有关规章制度都有明确的存案参照。再三强调一下,以后不管碰到何事,各线负责主办者都必须认真负责,唯一的标准就是以明文存案为原则,不能以任何个人为推脱,更不能以自己的猜想大概为依据。所谓要负其责,就是要各位对自己主办的事务要熟练。特别是有关规定要熟背,或者备个参照本,保证在办理事务中不出乱子。争取绝大多数群众对我们有个良好印象。但对这也要一分为二去分析,凡事不可能不出现反面意见,有反对意见我认为是必然的。这看来是坏事,但也可以说是好事。它有助于我们今后对事认真细致,也能使大家看到、觉察到我们对事不对人的办事精神,以及一切规章制度在实际中的具体作用和效力,同时也表达了我们主办人员对执行规章制度的

村庄内源性组织与乡村治理

坚决、认真、负责。如果确实有错或不合现实,我们也及时纠正或调整。只要是对大局有利的善意建议,我们都应该考虑,或作以后参考,或及时补充和修改。但极个别单凭个人利益出发或有意煽动,别有用心的,我们应绝不动摇,坚决照办。它只能促使我们今后更坚定果断,起到对我们的锻炼和考验作用,因此说也是好事。

2001 年农历正月 30 日夜

SJ039:刘村老人协会各物件出租价格表及每次期限

餐具物件名称	单位	数量	价格(元)	一次期限(天)	超出期限每日加收租费(元)		备 注
					本村	外村	
鱼盆	口	1	1	3	0.3		如需本会小方桌代脚,即按有脚计算,夜里2元
汤碗	口	1	0.8	3	0.25		
瓢更	只	1	0.05	3	0.02		
铝罐	只	1	2.5	3	0.8		
大号酒壶	把	1	2	3	0.7		
小号酒壶	把	1	1	3	0.3		
铁盆	口	1	0.3	3	0.1		
泥盏	口	1	0.15	3	0.05		
端盘	只	1	1	3	0.3		
竹帘	张	1	1	3	0.3		
圆桌有脚	张	1	4	3	1.3		
圆桌无脚	张	1	3	3	1		
板凳	条	1	0.3	3	0.3		
麻将	副	1	4	1			
铜锣	枚	1	5	2	2.5	3	

附录5 刘老会史记(SJ001-045,SJfl001-002)

续 表

餐具物件名称	单位	数量	价格(元)	一次期限(天)	超出期限每日加收租费(元) 本村	超出期限每日加收租费(元) 外村	备注
串篮	双	1	6	2	3	4	
红幕	条	1	5	3	1.7		洗后归还
孝幕	条	1	3	日子结束	1	1.7	洗后归还
烟灯	盏	1	5	头七后	1.7	2	连油
麻衣	件	1	2	3	0.7	1	洗后归还
白孝服裙	套	1	4	3	1.3	1.7	洗后归还
白服裙	套	1	4	3	1.3	1.7	洗后归还

注：

一、以上各物件租借时，租户必须当面查点，归还时发现有缺损必须按原价赔偿(不得以物件抵押)。

二、超过限期，包括提前或延迟归还都一律同样作超出期限处理，按每日计算加收租费。

三、租户自己有若干物件，欠缺部分向本会租借亦可。租费按临时租价不变，但串篮按原价6元一双加3元即9元出租。租户自无物件而向别处租借的，而别处没有的物件来本会租借，本会一律拒绝出租。

四、餐具全套出租价100元，半套50元。租借全套的，优惠串篮一双；全套以下，串篮按每双6元计算，外村8元。本村在二天以下租价减半，外村例外不减半(本村减半不包括桌凳)。

五、凡各物件需清洗的，租户必须负责洗后归还。

六、餐具经管员报酬：按出租总租费百分之八付给。

SJ040：聚餐室开业广告(试行)

为了从多方面抓点适量的经济收入，促使老人事业的进一步发展，同时也结合当前的社会走向，有利于广大民众在必要时办宴席的需要，我会在刘家祠堂设办一个简单而实惠的聚餐室。设置基本能满足用户之需要。伙房整齐宽阔，内配有二口灶，三口灶各一只，锅、锅盖齐备，洗水槽、切菜台、碗摊、照明用电等满足需要。还有二间双连间房屋作为摆设宴席场所，能一次性容纳10桌酒席摆设。内配有大圆桌10张，板凳齐全，具有电灯照明，门窗等装置，特别是伙房，门窗严密，能供你连日筹办，保存物资无失。欢迎广大村民需要者来办，定能让你顺利、满意、便当、称心。

　　我们租费便宜合理。用电方面，在伙房内专门配有电度表，按实际用电量付钱。其他一切，包括场所、餐具、桌凳等一切所用物件在内，凡二天以上宴席的，按每桌30元计算收费，桌数多少是按你一次性所租用的餐具桌数为标准，与总共理办了的桌数无关。另外，如若是一次性租用10桌物件的，还可优惠一双串篮的免费借用。凡宴席时间在一天以下的，每桌按25元计算收费。

　　我们还特别确定一个优惠条件：自近期起，不论是谁，第一个开头来理办的，一律按上述条件收费标准减半优待。（电费仍按实用量不减。）

　　我们还愿为民众方便解难尽责，如有理办宴席做厨人员难找，我们也可帮你提供方便，由你自愿欢喜协商，面谈聘请。

刘村老人协会
2001年农历4月20日

SJ041：公告

　　为了接受村两委的委托，加强对祠堂安全及其一切力所能及的管理，又结合有些农户实际的问题，经研究讨论，确定如下规定，望各遵照：

　　一、严禁在祠堂内及三门口走廊堆放稻秆麦柴及一切杂物。

　　二、三门口外走廊东侧两间，如有人需要解决零时晒场的，只要不影响门口通道，可以租用，但必须先办理登记手续，时间一年为限，必须付租费8元，否则一律拒放。

　　三、为解决有些农户大型农具（如打稻机、稻桶）无处存放之实际困难，确定祠堂前厅东侧两间集中租存。确实需要者，必须先办理登记手续，并先交付每件4元一年的租费。（其他零物不得存放。）

　　四、上述规定的目的，一为解决农户实际难处，二为祠堂安全整容，三为积聚点资金对祠堂小修小补，起拼凑资金的作用。望各位从大局出发，共同自觉维护遵照。

刘村老人会
2001年农历4月20日

SJ042：2001年农历4月30日夜组长以上会议内容

　　一、通过提议LCG、LKN为老人会扩补理事。

　　二、通过确定出租物件缺损必须一律以现金赔补，不得拿旧物充补。

　　三、通过对祠堂管理决定。祠堂三门口走廊一律不得堆放稻秆麦柴及任何杂

附录5 刘老会史记（SJ001-045，SJfl001-002）

物。并决定因晒场之缺,如有人愿意租用当晒场,必须先办理为期一年的8元手续费,但须留门口通道。祠堂内为了确保安全齐整,不得乱放杂物。如有少数农户确实有些大型农具无处存放,要求租存,经研究确定以前厅东侧两间统间给需要者作为集存放点,但需要者必须事先办理为期一年的每件4元手续费(大型农具指的是打稻机、稻桶,其他零物一律拒绝存放)。如事后发现加倍付或者有权清除出外。这样的做法,为了真正解决少数用户的难处,也使大多数农户没意见,收点小量的资金,目的是为今后祠堂小修小补拼凑点费用。对这件事,为了今后经常有人抓管,使其形成制度,不管何时何人都须一视同仁,使大家逐渐自觉理解习惯,不发生意见。建议成立一个祠堂安全清管小组。

组长：LCB　副组长：LKC　成员：LCG、LKN、LKB　等五人。

具体主办事务由LKC配合LKL负责（包括道地晒场）。

四、加强对坟圹竹园管理(包括杉木)。为了对管理增加责任性,大家都可以发表看法,提出更有效的管理小组人员。LKY、LKC、LKD三位要保持经常性职责,随时要发现问题,研究办法、解决问题,或者提出纠正的办法。不同的时期必须采取相应的不同措施,为实现我们预计的理想,为全村村民、村两委对我们的评价,更主要的是为改变村貌,造福后代而努力,使我们所作的一些事业后继有人。

五、通过餐室开业广告。今后着重要解决最后一个问题,就是用水问题。大家统一一下看法,我们可以做好一切计划准备（餐室主管：LKD。LKY、LZC、LCB三人密切协助配合）。

六、关于MFC因病不能继续理发,我们作怎样弥补办法。对他所理的报酬,必须及时作出结论。对各有关事宜必须事前作出明确规定,以免今后麻烦。

七、要求各组组长要发挥职责和作用,做好老人会与各会员的纽带作用。把会内所制订的一切规章制度及决议和一切事业情况传达到会员中去,把广大会员对我们的看法带到会内来,使我们之间紧密相连,使正确的建议能及时被采纳,不对的误会也可以及时说明。或者有些要求目前我们还只能是作参考,或者作为今后努力方向,都便于加以解释。另外,因为各组的组长接触本组会员机会较多,所了解的情况比较属实。这当中也有少数会员,由于不十分了解我们的规定和一些事业情况,跟着极个别有意歪曲、内心膨胀的人乱喊乱叫。这时候,我们(包括组长和理事)是全会一切事务的参与者和表决者,就应为维护集体利益大局原则,站出来加以说明和解释,不应该听之任之,更不能动摇、推脱、附和,致使造成一时讹风浊浪。因为我们的一言一语所起的影响作用更大,我们应要光明正大,目的就是同心同德、团结一致把老人事业进一步搞好。这是我们大家走在一起,坐在一块的根本目的。在老人协会的事业中有什么个人名利及私心杂念可图、可争呢?我认为如果大家抱着个人名利及私心杂念,就绝对不会坐在一起操这份穷光蛋的心思了。言归正传,当今时代老人事业自中央到基层相当重视,这是现实趋势,是全人类的切身大事。因此搞好老人事业是每个当代老人的神圣职责,也是党和政府授予的光荣使命。我们要有这样的信念,在一起共同办好自己的事业,特别是我们全体组长、理事,必须要认识这个基本道理,特别是每个组长的任务是繁重的,要接触、深入到每个会员的实际细节。

最后建议:本期黑板报专题编登表扬 LKZ 同志好人好事。

2001 年农历 8 月 30 日夜(20011016)
组长以上讨论决定

SJ043:聚餐室暂行规定

为了使用户便于明确理解,经研究讨论特作以下规定:

红事一次 250 元,优惠串篮一双。白事一次 180 元。出嫁、竖屋一次 130 元。不管办理桌数多少,餐具定能满足需要(一次受餐 10 桌)。用户所需物件必须当面点清。归还时发现有缺损的,必须按原价赔偿(不得以物件抵数)。凡各物件需清洗的,必须负责洗后归还。

用电方面:在伙房内专门配有电度表,按实际用电量付钱。近期起不论是谁第一个开头办理的,一律按上述收费标准优惠 30%(电费仍按实用量不减)。

我们还愿为民众解难尽责。如有理办宴席,做厨人员难找,我们也可帮你提供方便,由你自愿欢喜协商,面谈聘请。

欢迎广大村民需要者来临理办,定能让你顺利、满足、便当、称心。

SJ044:各物件出租有关规定

一、租户自己有若干物件,欠缺部分向本会租借即可。租费按临时租价不变,但串篮按原价 6 元一双加 3 元即 9 元出租。租户自无物件而向别处租借的,而别处没有的物件,来本会租借本会一律拒绝出租。

二、餐具全套出租价 100 元,半套 50 元。租借全套的,优惠串篮一双,全套以下串篮按每双 6 元计算,外村 8 元。本村在二天以下租价减半,外村例外不减半(本村减半不包括桌凳)。

三、凡各物件需清洗的,租户必须负责洗后归还。各物件租借,租户必须当面查点,归还时发现有缺损必须按原价赔偿(不得以物件抵押)。

SJ045：资助刘家祠堂大殿及潭门头浇水泥地资助名单

LCM	680 元	LCY	100 元
LAM	340 元	LKYu	100 元
LCZo	300 元	LCQ	75 元
LZY	300 元	LCH	50 元
LKC	200 元	LKD	50 元
LCY	200 元	LKL	50 元
LZY	100 元	LKQ	50 元
LCC	100 元	LKC	50 元
LCZa	100 元	LKS	50 元
LCS	100 元	TXQ	20 元
LGZ	100 元	LXK	黄沙一吨半
LCCh	100 元	LCY	红砖 200 只
LKN	100 元		

总计共收现金 3 295 元

SJfl001：99 年浙江省第十五届老人节讲话稿

各位领导,全体会员同志们:

今天下午我们全体会员聚在一起,热烈庆祝浙江省第十五届老人节。时间虽短但效益很大,我在这里说的谈不上会议总结,只是个人体会。

在这次会议上我们听取了 LXK 和 LZC 的讲话后,对我们有很大的启发。特别是我们学习了国务院举行国庆招待会,热烈庆祝中华人民共和国成立五十三周年的朱镕基的讲话,使我们全体会员明确认识到,党的十三届四中全会以来,以江泽民同志为核心的第三代领导集体,高举邓小平理论的伟大旗帜,坚持解放思想、实事求是的思想路线;弘扬与时俱进,开拓创新的精神,坚持党的基本路线和基本纲领,团结和带领全国各族人民,在实现现代化建设,实现祖国统一,维护世界和平与促进共同发展的历史过程中,正确应对前进道路上遇到的困难和挑战。要妥善处理国际国内的复杂问题,把建设有中国特色的社会主义的伟大事业推向前进。

中华人民共和国成立50年,特别是改革开放20年来,我国的社会主义建设取得了辉煌的成就,人民生活水平不断地提高。不但解决了人民的温饱问题,而且使我们实现了小康水平。几年来,我们在现实生活中亲身体会到衣食住行的变化:衣、食、住——高楼大厦,行——公路、铁路、航空等现代化建设。就是我们目睹的我们本县的建设,特别是这次青蟹节,打开了全国各地市场,营造了世界各地知名度。正如县委书记李良福所说,这次青蟹节以蟹为媒进行招商洽谈活动,共签订了投资、商贸、科技、银企合作项目44个,总金额达到了5.5亿元,这是看得见摸得着的成果。目前,芩枫高速公路通行,核电站建成,今后我们三门大有前途,大有可为。我们作为三门40万人民的其中之一感到自豪。

老年朋友们,我们要有自尊感,要看到三门的未来。我们这些老年人不要自卑。因此今后我们要在各级党委、政府领导下,努力学习,紧跟形势,遵纪守法,积极锻炼身体,参加社会和娱乐活动。适当参加一些力所能及的体力劳动,为振兴三门添光彩。

最后祝节日快乐,身体健康,永远长寿。

SJfl002:2007年春节讲话稿

同志们:

2007年新春佳节来临之际,我代表理事会首先向全体会员拜个早年,祝大家新年快乐。

同志们,下午,我们刘村老人会举行迎春茶话会,我代表理事会向大会就一年来所作的情况作一个简单的回顾。

一、基本情况

2006年一年,男会员66名,女会员69名,共135人。占全村人口的14%,其中80岁以上高龄的有30人。

二、2006一年的工作情况

一年来在村两委的直接领导下,在全体会员、全体理事会成员及各小组长发扬无私奉献精神,以及全体会员对各项工作的积极支持下,2006年的各项工作进展得比较顺利,具体表现在以下几点:

1. 老有所学

理事会成员及各小组长坚持每月都在学习。通过学习,统一认识到几年来在以胡锦涛同志为核心的党中央的带领下,祖国的社会主义建设取得了伟大的成

附录5　刘老会史记(SJ001-045,SJfl001-002)

就,面貌焕然一新。眼看三门,瞻望全国。我们三门几年来,财政收入翻了几番。工厂林立,村村通公路。甬台温铁路建设迅速进展。核电站在建立,可能要建一条通达黄戏凉的公路。人民生活水平不断改善。

2. 老有所乐,开辟新的活动场所

现在的活动场所比较适中,地方宽敞,实现了我们多年来的愿望。过去有许多阻力,不能实现。去年12月22日以后,我们就搬进来,改成宽敞的活动场所。又可以用作餐厅,一举多得。

3. 老有所为,发挥余热

发挥余热,为社会做贡献,是每个老年公民应尽的义务。这个义务对晚年生活、健康长寿都有好处。全体理事会成员,各小组长及全体会员同志,具有无私奉献精神,为别人服务的精神,不提回报。如理事会LKC同志,分管财务工作,认真负责,积极细致。各小组长工作极其负责,碰到老年会有事,就能立即挨家挨户通知,例如开会、上缴会费、老人已故送别等。

4. 顺利完成换届选举工作,健全新的领导班子。

5. 做好老年证工作。

70岁以上78本,60岁以上30本,共108本。老年证的作用。

三、财务管理情况

我们老年会的财务总体分工细致,制度严格,管理合理。由理事会LKC同志专门分管财务工作,同时有会计、保管员,收入支出凭发票,并由副会长签字方可报销、做账。大的开支必须经过集体讨论。出差补贴,TP7元,海游15元。今年由于地址搬迁,开支比较大,但收入可观。

今天是迎春茶话会,为了愉快地过好春节,我们全体会员必须注意:

1. 做好防贼、防盗、防抢工作。

2. 做好防火工作。老年人抽烟不要乱扔烟头。如果烘火炉,应该注意。要教育小孩不要玩火。

3. 打扫清洁卫生。

4. 讲文明,讲团结,正确处理家庭、邻里之间的关系。

5. 注意饮食卫生。

6. 积极参加有益健康的活动。

以上是我的个人回顾,不足之处请大家指正。最后祝大家新年快乐,合家欢乐,身体健康,万事如意。

附录6

刘老会部分"契约"文书

QY002：协议书

甲方：刘村老人协会

乙方：刘村村民 HCQ

为了发展经济，方便村民，刘村老人协会创办米厂。现将米厂承包给本村村民 HCQ。通过甲乙双方共同协商后，特订立有关事项如下：

一、乙方要付给甲方办米厂费用：1.3万元整。

二、乙方每年要付给甲方房租费：500元整。（租费在1月份付清）

三、加工价格乙方不得任意升高。如电费确实提高，加工价格也相应提高。

四、承包年限25年。从1998年1月1日到2023年12月30日止。

五、乙方在加工期间要注意安全。如发生事故，一切后果要由乙方自负。

六、此协议一式两份。甲乙双方签字后生效。

甲方代表：LKZ、LXK、PDY

乙方代表：HCQ

执笔：LCQ

见中：刘村两委

QY010：理发协议书

为老人福利事业的享受，及适当增加本会的收入，设办老人理发店。承包给 MFC，特订协议：

甲方：刘村老人协会

乙方：MFC

村庄内源性组织与乡村治理

一、时间：暂定三年。但每年双方酌情处理，特殊情况进行商定。乙方每月初二、十二、二十二日按时上班。如有特殊情况，要提前说明，但必须后补，否则按每天扣除20元计算。每年十二月份另加一天，时间定二十八日。

二、理发员报酬：乙方凭理发票每季度到甲方换钱。每年年底结清。会员凭理发票理发。非会员按非会员（包括各村）理发。大人每张票1元5角。小人每张1元。乙方凭票给予理发。（乙方凭非会员理发票每张5角给予奖励报酬。）如发现无票理发，按人次每人罚款5元整。

三、理发房屋、理发椅、镜、用电、柴刀、灶、锅、锅盖、脸盆、脸盆架、水缸、柴、毛巾、提水桶、铝勺等由甲方负责添办，其他一切用具乙方自理。

四、甲方补贴20元，由乙方负责增添电剪。连续三年后，电剪归乙方所有。否则归还甲方20元（从报酬中扣除）。

五、理发室内的一切物件由理发员负责保管。如发现有损，由乙方负责按价赔偿。

六、乙方在理发中态度要主动、热情，力争使理发者满意。

七、上述各项定三年。一般不变动。如在一年中，甲、乙双方任一方在中途违约者，必须罚款500元。

八、此协议一式两份，双方各执一份。

附：年终结算后，以票核算（非会员理发票在内）不足500元的，补足500元。

甲方：刘村老人协会理事会
乙方：MFC
2007年1月21日

QY016：市场承包协议书

甲方：刘村老人会市管组

乙方：LZC等三人

一、承包形式：以组承包，承包不得少于三人（会员人数）。

二、乙方先付30元给甲方作为月清承包费的担保金。

三、乙方每月缴纳承包费155元，限定在本月（农历）二十九日交清。延迟拖欠如迟一天，交款加1元，按天计算。

四、承包组必须按规定管理市场。正规收费，担负市中的一切责任。如有特殊情况，报请老人会或村两委一同帮助解决。

附录6 刘老会部分"契约"文书

五、乙方必须每市日前清理平井市场范围一次,在必要时当天散市后还要清理一次。

六、甲乙双方不得违反协议,如有一方违反协议,必须付对方年损失费1 000元。

七、承包期限为一年(自1998年8月11日起到1999年8月初六止)。

甲方:刘村老人会市管组　LKY
乙方:市场承包组　代理LZC
刘村老人协会
1998年

QY029:招用竹园看管员合同书

为了管好坟圹竹园,有利于当代,造福于后代,经村两委授权,村老人会接管。公开招用竹园管理人员。经双方酝酿,特立此合同如下。

甲方:刘村老人协会

乙方:LKB

一、招用时间暂定一年(后在同等条件下优先服从招用人)(自2000年农历正月19日至2001年农历2月19日)。

二、要求:管理人员一般吃住在竹园内(特别是清明前后笋期)。

三、管理员报酬形式:基本工资加奖励,全年稳定在700—800元月工资,50元按月兑现,200元作为年满奖励。

四、管理员必须按禁令执行。如确有难度上报本会。如隐瞒或失职不报,经查明在奖金内酌情扣除。

五、时到清明后出笋期末,经双方检点,确如处理不成竹之笋归会,中途不得单独动土掘笋。

六、待竹笋散枝后,本会与管理人员共同清点,作为奖励金发放条件及今后全园竹数依据。

七、上述各条,甲、乙双方通过面议同意,今后不得推翻。

甲方:刘村老人协会
乙方:LKB
2000年农历正月十八日

图书在版编目(CIP)数据

村庄内源性组织与乡村治理：浙东刘村老人会的人类学研究：1990—2020 / 阮云星等著 . — 上海：上海社会科学院出版社，2022
　ISBN 978-7-5520-3920-7

　Ⅰ.①村… Ⅱ.①阮… Ⅲ.①农村—群众自治—研究—浙江—1990-2020 Ⅳ.①D638

中国版本图书馆 CIP 数据核字(2022)第 136123 号

村庄内源性组织与乡村治理
——浙东刘村老人会的人类学研究(1990—2020)

著　　者：阮云星　相丽均　褚雯莉　崔若淋
责任编辑：王　睿
封面设计：黄婧昉
出版发行：上海社会科学院出版社
　　　　　上海顺昌路 622 号　邮编 200025
　　　　　电话总机 021-63315947　销售热线 021-53063735
　　　　　http://www.sassp.cn　E-mail:sassp@sassp.cn
排　　版：南京展望文化发展有限公司
印　　刷：上海龙腾印务有限公司
开　　本：710 毫米×1010 毫米　1/16
印　　张：23
字　　数：325 千
版　　次：2022 年 9 月第 1 版　2022 年 9 月第 1 次印刷

ISBN 978-7-5520-3920-7/D·656　　　　定价：118.00 元

版权所有　翻印必究